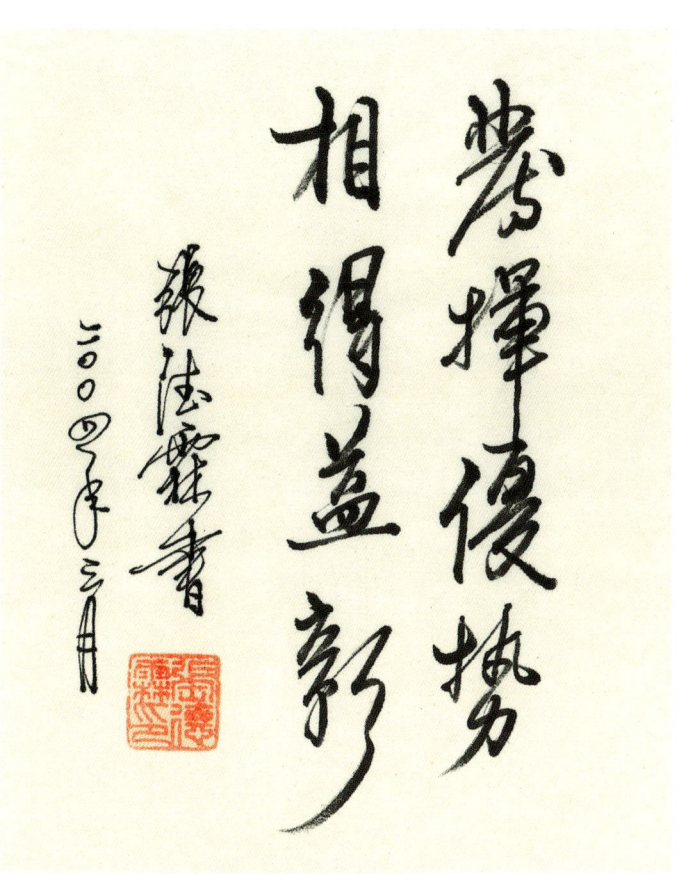

「発揮優勢　相得益彰
　　張德霖　書　　二〇〇四年三月」
各自優勢を発揮し，相乗効果を得る

アジア太平洋センター研究叢書—15

東アジアのコーポレート・ガバナンス

中国・韓国・日本における現状と課題

森　淳二朗　編著

九州大学出版会

はしがき

　本書は，財団法人アジア太平洋センター（現・財団法人福岡アジア都市研究所）の第8期自主研究（2002～2003年度）8Ｂプロジェクト「アジアのコーポレート・ガバナンス——中国・韓国・日本における現状と課題——」の研究成果をとりまとめたものである。

　この研究構想が浮かんだのは，バブル破綻後出口の見えないまま低迷するわが国経済を評して「失われた10年」という言葉が使われだした頃であった。すっかり輝きを失ってしまったかにみえたわが国企業の活力は，どうすれば取り戻せるのか，どうすれば企業不祥事をなくすことができるのか。それが，商法の研究者である我々にとって，大きな関心事であった。他方，2001年末に中国のWTO加盟が決まり，アジアに新たな時代が到来しつつあることを予感させる頃でもあった。そうした時代的背景のなかで，この共同研究はスタートしたのである。

　共同研究の日本側メンバーとしては，中国の事情に明るい末永敏和大阪大学教授，韓国の事情に明るい髙橋公忠九州産業大学教授，そしてベンチャー企業に詳しい砂田太士福岡大学教授に加わって戴いた。韓国側メンバーとしては，王舜模慶星大学校法学大学副教授，中国側メンバーとして李黎明北京大学副教授兼九州大学助教授（当時）が参加して下さった。また，李先生の紹介により，張德霖・国務院国有資産監督管理委員会政策法規局局長を顧問として迎えることができたことは望外の喜びであった。

　国内で合同研究会をもつだけでなく，2002年9月には中国の現地調査を行った。廊坊経済技術開発区，国家経済貿易委員会，国有企業，法曹関係者，北京大学などを訪問し，中国の国有企業を中心に，法制・政策，企業実務，ベンチャー企業，裁判，等について幅広く実状調査を行った。

　続いて，同年10月には韓国の現地調査を行い，釜山大学，慶星大学校で

のシンポジウム・研究会を通じて多くの研究者と意見交換し，また韓国上場会社協議会では韓国におけるコーポレート・ガバナンスの実状について，詳細に意見交換する機会を得た。

さらに，2003年10月には，再び中国の現地調査を行い，民営企業の制度・政策を重点的に調査するとともに，それを支える裁判所，上海証券取引所の活動などについてヒアリング調査を行った。

これらの調査研究の成果として，以下のことを挙げたい。第1は，2004年1月に福岡市で，国際研究交流会議を開催したことである。中国から張徳霖・国務院国有資産監督管理委員会政策法規局局長と恩永中・廊坊経済技術開発区副主任を招き，「躍進する中国企業VS進出する日本企業」のテーマで，講演・パネルディスカッションを行った。予想をはるかに上回る多くの聴衆の参加を得，こうした問題に対する関心の広がりを改めて知る思いがした。

第2は，本書である。本文の序章で述べているように，本書は，東アジアにおけるコーポレート・ガバナンスの制度的仕組みだけを論じたものではなく，東アジアにおける企業の現実を，政策・制度・理論という3つの視点から分析したものである。

この共同研究を始めるに際して，まず気付かされたことは，コーポレート・ガバナンスというテーマの「堅苦しさ」「分かりにくさ」であった。「このコーポレート・ガバナンスの研究が，福岡市の市民にとってどのような意義を持つものか，分かりやすく説明してほしい」「研究の成果を市民に還元できるように努力してほしい」という注文に戸惑いながら，どうすればその注文に応えることができるのか，思い悩むことが少なくなかった。企業を政策・制度・理論の3つの視点から見るという本書のスタンスは，そうした模索の結果とも言える。

しかし，今振り返ってみれば，この共同研究によって得られた真の成果は，この研究プロジェクトでのご縁が契機になって，交流の輪が広まったことではないかと考える。中国および韓国の現地調査で，多くの研究者，専門家，経営者と交流しえただけにとどまらず，その後も交流の輪は広がりつつある。2003年4月には，韓国上場会社協議会研修団が来日，福岡で合同研

究会を行ったのは，その一例である。また，今，杜鋼建国家行政学院教授（当時）のイニシアティブのもとで，福岡市と中国の新たな交流計画が動き出そうとしているが，それも，この共同研究なくしては，実現しえなかったであろう。

このように，この研究プロジェクトが一応所期の目的を達しえたとすれば，それは，多くの方々の熱意，献身に支えられたからである。とりわけ，王舜模学兄には，韓国企業・法制の調査に際して，通訳・受け入れ準備など全面的にお世話になった。その行き届いた配慮のお蔭で，韓国の多くの研究者や実務家と親しく交流することができ，心から感謝せずにはいられない。

中国に関しては，情報・資料の収集において困難が伴ったにもかかわらず，多くの知見を得ることができたのは，ひとえに李黎明先生のお蔭で，心からお礼を申し上げたい。二度にわたる中国現地調査に際して，通訳・受け入れ準備で献身的にお世話してくださったばかりでなく，その素晴らしい人脈を生かして，中国企業の現実にできるかぎり迫ることができるように，腐心して下さった。今回の研究プロジェクトは，李先生なくしては，成り立たなかったといっても過言ではない。

最後に，我々の共同研究に辛抱強く付き合ってくださり，色々とお世話してくださったアジア太平洋センターの会長兼理事長（当時）権藤與志夫氏をはじめ，役員・職員の方々に，心からお礼を申し上げたい。とくに本書の編集・校正等に関してご苦労をお掛けした松永美帆さんに，お詫びとお礼を申し上げたい。

[注記] 2005年6月29日に日本の商法は全面的に改正され，新会社法が成立した。しかし，新会社法は施行前であるため，本書では，現行法の条文と新会社法の条文を併記している。

なお，商法は（商），「株式会社の監査等に関する商法の特例に関する法律」は（商特），商法施行規則は（商施規），新会社法は（会社法），とそれぞれ略記している。

2005年7月5日

福岡大学法科大学院教授　森　淳二朗

目　　次

はしがき …………………………………………………………………… i

序　章　東アジアの企業統治を見る3つの視点 ………………… 3
　1．本書の意義と特徴
　2．本書の構成

第1章　中国の企業法制とコーポレート・ガバナンス ………… 9
　はじめに…………………………………………………………… 9
　第1節　国有企業の改革とコーポレート・ガバナンスの変遷 ……… 11
　　1．従来の国有企業とコーポレート・ガバナンス
　　2．改革初期における国有企業とコーポレート・ガバナンス
　　3．改革中期における国有企業とコーポレート・ガバナンス
　　4．改革後期（現段階）における国有企業とコーポレート・ガバナンス
　第2節　コーポレート・ガバナンスの問題点と新たな改革案 ………… 23
　　1．コーポレート・ガバナンスの問題点
　　2．新たな改革案
　　3．国有企業の民営化
　第3節　コーポレート・ガバナンスのあり方と課題 …………… 35
　　1．国有会社法と一般会社法の二本化
　　2．コーポレート・ガバナンスと行政改革
　むすびにかえて ………………………………………………… 42

第 2 章　中国国有企業改革のプロセスと今後の動向 ……………… 47

　はじめに ………………………………………………………………… 47

　第 1 節　中国国有企業改革のプロセスと簡潔な評価分析 ……………… 47

　　1．第 1 段階（1978-1992 年）

　　2．第 2 段階（1993-2002 年）

　　3．第 3 段階（2003 年-現在）

　第 2 節　中国国有企業改革の成果と比較分析 ……………………………… 51

　　1．改革の成果

　　2．主な問題点

　第 3 節　中国国有企業改革が直面する新情勢と基本動向 ……………… 56

　　1．新段階の国有企業改革が直面する新たな情勢

　　2．中国国有企業改革の基本的動向

　第 4 節　中国国有企業改革における対策の選択 ……………………………… 59

　　1．ミクロ的視点から見たコーポレート・ガバナンスの改善

　　2．マクロ的視点から見た国有経済の配置と構造調整

　　3．国有資産監督管理体制の完備

　　4．健全な現代的財産権制度の確立

第 3 章　民営経済の発展における行政政策上の障害と
　　　　　その排除のための対策 ……………………………………………… 81

　はじめに ………………………………………………………………… 81

　第 1 節　民営経済発展における行政上の障害と問題 ………………… 81

　　1．行政管理体制における障害と問題

　　2．政府の管理職能と管理方法における障害と問題

　第 2 節　民営経済発展における政策上の障害と問題 ………………… 87

　　1．市場参入における政策上の障害と問題

　　2．投資融資面での政策上の障害と問題

    3．財政税収面における政策上の障害と問題

    4．財産権保護における政策上の障害と問題

    5．国有企業改革改造への参与における政策上の障害と問題

    6．民営企業の不公平な待遇

 第3節　民営経済発展のための政策上の提案 ································· 98

    1．行政審査制度改革の推進

    2．市場参入条件の緩和

    3．撤退援助制度の構築

    4．民営経済を発展させる金融サービス体系の構築

    5．民営経済主体の合法的権益の保護強化

    6．企業家諮問委員会の創設

    7．政府指導と組織的保障の強化

    8．財政利息補助による支持の拡大

    9．民営企業のための価格政策

   10．民営企業のための政策

第4章　韓国企業法制とコーポレート・ガバナンスの
　　　　現状と今後の課題 ··· 115

 はじめに ·· 115

 第1節　商法および証券取引法の改正の主要内容 ························ 117

    1．第1次商法改正（1998年12月28日，法律第5591号）

    2．第2次商法改正（1999年12月31日，法律第6086号）

    3．第3次商法改正（2001年7月24日，法律第6488号）

    4．第1次証券取引法改正（2000年1月21日，法律第6176号）

    5．第2次証券取引法改正（2001年3月28日，法律第6423号）

    6．第3次証券取引法改正（2002年1月26日，法律第6623号）

 第2節　社外取締役制度 ·· 123

    1．導入背景

2．社外取締役制度の概要

　　3．社外取締役制度の関連する制度

　　4．社外取締役制度の運営実態

　　5．社外取締役制度の問題点

　　6．設問調査による社外取締役制度の改善策

　第3節　監査委員会制度 …………………………………… 142

　　1．導入背景

　　2．監査委員会制度の概要

　　3．監査委員会の運営実態

　　4．問題点および今後の課題

　第4節　結びに代えて …………………………………… 154

第5章　企業の内部統治機構とコーポレート・ガバナンス ……163

　はじめに …………………………………………………… 163

　　1．資本集中機能（企業規模の拡大）と危険分散機能（株主有限責任）

　　2．市場経済社会における主体機能

　　3．所有と経営の分離

　　4．各国会社法の生成と発展

　第1節　会社機関の分化の態様 …………………………… 168

　　1．日　本

　　2．韓　国

　　3．中　国

　第2節　各機関への権限分配 ……………………………… 169

　　1．日　本

　　2．韓　国

　　3．中　国

　第3節　各国における問題点 ……………………………… 171

　　1．中　国

2．韓　　国
　　3．日　　本
　第4節　解決への道 ……………………………………………… 173
　　1．中　　国
　　2．韓　　国
　　3．日　　本

第6章　株式市場とコーポレート・ガバナンス …………… 181
　はじめに ………………………………………………………… 181
　第1節　アメリカ型株式所有構造の特徴と
　　　　　コーポレート・ガバナンスへの影響 ………………… 182
　　1．株式市場によるコントロール
　　2．アメリカの株式所有構造の特色と成立の背景
　第2節　中国における株式所有構造の特徴と
　　　　　コーポレート・ガバナンスへの影響 ………………… 185
　　1．現代企業制度導入と国有企業の改組
　　2．現代企業制度化と上場政策
　　3．中国企業の株式所有構造の特徴
　第3節　結びに代えて …………………………………………… 193
　　1．日本および韓国企業の株式所有構造と特徴
　　2．支配株主の固定化とガバナンス制度

第7章　韓国における企業会計法制の現状と課題 ………… 205
　はじめに ………………………………………………………… 205
　第1節　韓国における企業会計法制の一元化への試み ……… 207
　第2節　韓国における外部監査法と「企業会計基準」との関係 …… 210
　　1．外部監査法の改正と会計基準制定主体の民間化
　　2．「企業会計基準」の法制化に伴う問題点

3．「企業会計基準」の法的地位
　第3節　韓国における商法と「企業会計基準」との関係 ……………… 227
　　　1．商業帳簿の作成に関する包括規定の新設
　　　2．商法上の計算規定と「一般的に公正・妥当な会計慣行」との関係
　　　3．「一般的に公正・妥当な会計慣行」という文言の意味
　　　4．「一般的に公正・妥当な会計慣行」と「企業会計基準」との関係
　　　5．商法第29条2項に違反した場合の法律効果
　第4節　結びに代えて ……………………………………………………… 238

第8章　ベンチャー企業法制 ……………………………………………… 247
　はじめに ……………………………………………………………………… 247
　第1節　中国のベンチャー企業法制 …………………………………… 247
　　　1．はじめに
　　　2．中国の株式会社と有限会社
　　　3．個人独資企業
　　　4．中国のパートナーシップ企業
　　　5．中関村
　第2節　韓国のベンチャー企業法制 …………………………………… 251
　　　1．はじめに
　　　2．ベンチャー企業育成に関する特別措置法
　第3節　日本のベンチャー企業法制 …………………………………… 252
　　　1．はじめに
　　　2．商法上の規制
　　　3．新事業創出促進法
　　　4．法規制の姿勢
　第4節　日本のベンチャー企業法制への示唆 ………………………… 254
　　　1．はじめに
　　　2．最近の商法改正に関する動向

3．ベンチャー企業法制のあり方
　おわりに …………………………………………………………… 259
終　章　東アジアのコーポレート・ガバナンスから学ぶ ……… 269
　はじめに …………………………………………………………… 269
　　1．これまでのコーポレート・ガバナンス論の限界
　　2．支配株主の規律付け
　　3．ポスト産業資本主義に向けたコーポレート・ガバナンス論へ
　　4．分析の視点
　第1節　韓国・中国・日本における会社支配構造と規制 ……………… 274
　　1．韓国における「財閥による会社支配」と法規制
　　2．中国における「国家による会社支配」と法規制
　第2節　中国・韓国のコーポレート・ガバナンス改革の問題点 ……… 277
　　1．韓国における会社支配規制の問題点
　　2．中国における会社支配規制の問題点
　　3．支配株主が苦手な伝統的理論
　第3節　会社支配のコーポレート・ガバナンス ………………………… 282
　　1．取締役選任決議に関する2つの解釈論
　　2．経営統括（管理）の機能の牽制と活性化
　第4節　最後に ……………………………………………………… 285
　　1．会社支配の類型
　　2．「支配株主の規律付け」＝経営統括（管理）の規律付け
　　3．「経営のガバナンス」のみで足りる場合
　　4．東アジアのコーポレート・ガバナンスの課題
あとがき …………………………………………………………………… 291
巻末資料 …………………………………………………………………… 293

東アジアのコーポレート・ガバナンス
―― 中国・韓国・日本における現状と課題 ――

序　章
東アジアの企業統治を見る3つの視点

1．本書の意義と特徴

　21世紀はアジアの時代と言われる。アジアと言っても，そこで念頭に置かれているのは，中国を中心とした東アジアであろう。とりわけ，中国の発展は，今世界の注目を集めている。

　そうした中国の発展は，企業の仕組みづくりと切り離して語ることはできない。企業の発展なくして，国の経済発展はありえない。それは，何も中国に限った話ではない。韓国でも，同じことが言える。1997年に通貨危機に陥りIMFの管理体制下に置かれた韓国経済が，その後大方の予想に反して，いち早く立ち直ることができたのは，思い切ったコーポレート・ガバナンス改革に負うところが多いとされる。

　そうした東アジアの企業の姿を，本書は，以下の3つの視点から分析している。

　第1は，政策の視点である。企業の政策とは，企業の制度的な仕組みをどのように作っていくのか，国有企業の民営化をどの程度進めていくのか，雇用・社会保障などの政策とどのように調整していくか，等に関わる。

　法・制度が個別企業を対象とし，ステークホルダー（利害関係者）の利害調整を行うのに対して，政策は，企業一般を対象とし，国家的・社会的観点から企業の担うべき役割，進むべき方向を示すものと言える。いまだ企業数の7，8割を国有企業が占めている中国においては，この政策の視点は，必要不可欠と考える。

　中国の国有企業の政策については，国有企業を管理監督する立場にある国務院国有資産監督管理委員会政策法規局長の張徳霖氏が，また，民営企業については，これまで民営企業振興に尽力されてきた国家行政学院教授（当

時）の杜鋼建氏が，それぞれ現状分析を踏まえながら，積極的な提言を行っている。

それぞれ国有企業と民営企業の現実をもっともよく知りうる立場にあるお二人の論稿は，いわば「内側から」現在の中国の企業政策の現状と課題を論じるものと言え，貴重にして有益な資料と考える。

第2は，制度の視点である。個別企業の構造・行動を規制する法・制度は，コーポレート・ガバナンスの在りように直接的に影響を及ぼすため，法学的側面からコーポレート・ガバナンスを論じるときには，もっぱら制度の面から分析されるのが一般的である。

そのため，本書でも，多くを法・制度の分析に割いているが，とりわけ，制度の視点から注目すべきは，韓国のコーポレート・ガバナンス改革である。通貨危機を契機に，コーポレート・ガバナンスの制度的仕組みの構造転換が図られたからである。それは，具体的には，それまでの監査役中心の日本型モデルから，取締役会・社外取締役中心の米国型モデルへ方向転換したことを意味している。この制度的仕組みの構造転換によって，韓国は何を成し遂げ，何をなしえなかったのか。その挑戦の行く末を分析評価することは，監査役設置会社か委員会等設置会社かの選択制を採用したわが国からみて，きわめて興味深いものがある。

本書が，制度の視点を重視するのは，コーポレート・ガバナンスへの関心だけからではない。一国の企業のダイナミズムを支える重要な企業法制として，本書は，ベンチャー企業の法・制度も取り上げている。

近年，わが国でも起業のための環境整備が強調されているが，北京・中関村地域におけるベンチャー企業の集積には，圧倒される思いがした。中国において，ベンチャー企業法制の整備にさいして，抵抗勢力となるのは国有企業である。その国有企業の圧力を排して，北京市がベンチャー企業法制の整備を積極的に推進しているのは，北京市の租税収入の8割強がベンチャー企業から得られているという背景があるためということであった。中国のベンチャー企業法制のもつ意味は，わが国に比してはるかに重いと言わざるを得ない。

第3は，コーポレート・ガバナンスの基礎理論の視点である。コーポレー

ト・ガバナンスは多様に定義される概念であるが，その意味をひとことで表現すれば，経営の規律付けということになろう。そのように理解される最大の理由は，株式会社とは「所有と経営の分離」を特徴とした企業形態とみるためである。

株主は株式会社を所有するが，所有から経営を分離するとき，経営が所有の利益を害しないようにするために，または，経営が所有の利益を増大させていくようにするために，経営を規律付ける必要があると言うのである。このようにコーポレート・ガバナンスとは，経営を規律付けることだと考える今日の考え方は，所有を所与・前提とし，不可侵の聖域とみているところに大きな特色がある。

ところが，中国では国家が支配株主であり，韓国では財閥ファミリーが支配株主である。支配株主がいるところでは，支配株主の在りようが，コーポレート・ガバナンスの在りように大きな影響を及ぼす。しかし，これまでのコーポレート・ガバナンス理論は，経営を規律づけるための論理・理論ばかりで，支配株主を規律付けるための論理・理論をもたない。

そのため，支配株主が実在する東アジアの企業では，コーポレート・ガバナンスの実現が難しくなるおそれがある。東アジアでは，コーポレート・ガバナンスがうまく働いていないと言われることが少なくないが，それは，そもそも，今日のコーポレート・ガバナンス理論が東アジアの企業に適合していないためとも考えられる。

とすれば，コーポレート・ガバナンスの理論は，どのように考えるべきか。東アジアの企業は，コーポレート・ガバナンスの基礎理論のあり方という視点から見て，魅力的な材料を提示しているのである。

2．本書の構成

以上のように，本書は，政策・制度・理論という3つの視点から東アジアの企業を分析している。この3つの視点が同時に必要となるのは中国の企業である。というより，本書は，中国の企業の分析に重点を置いたため，こうした3つの視点を取り込まざるを得なかったと言える。

本書は，全部で9章から成り立っているが，以下のような構成になってい

る。

　まず，第1章「中国の企業法制とコーポレート・ガバナンス」（李黎明）では，タイトルの示すとおり，中国の企業法制とコーポレート・ガバナンス改革が全般的に概観される。

　第2章「中国国有企業改革のプロセスと今後の動向」（張徳霖）では，国有企業改革の現状と課題が制度・政策の両面から論じられている。ミクロ的な問題，マクロ的課題も取り上げられており，国有企業改革の全体像が浮き彫りになっている。

　第3章「民営経済の発展における行政政策上の障害とその排除のための対策」（杜鋼建）では，民営企業を取り巻く障害の多くが，行政の領域にあることが詳細に分析指摘されている。日本の民間企業とはまったく異なった環境が存在することが明らかにされており，中国に進出する企業にとって参考になるところが少なくない。また，その障害を取り除くために，どのように行政改革を進めていくべきかについて，政策的提言がなされている。

　第4章「韓国企業法制とコーポレート・ガバナンスの現状と今後の課題」（王舜模）では，韓国のコーポレート・ガバナンス改革の主要な論点が，分析検討されている。コーポレート・ガバナンス改革による企業実態の変化が数字によっても示されており，細部にまで踏み込んだ考察がなされている。

　第5章以下では，それぞれのテーマについて，中国と韓国そして日本を比較検討する形で，論じられている。

　第5章「企業の内部統治機構とコーポレート・ガバナンス」（末永敏和）では，株式会社における内部ガバナンスの仕組みが分析されている。会社の機関の分化と権限の分配に関する中国，韓国のそれぞれの特色を明らかにしつつ，問題点が指摘されている。

　第6章「株式市場とコーポレート・ガバナンス」（髙橋公忠）では，株式会社の外部ガバナンスに関わる株式市場の問題が取り上げられている。中国では，株式市場の制度整備はいまだ不十分で，生成過程にあるものが少なくない。

　第7章「韓国における企業会計法制の現状と課題」（王舜模）では，企業会計法制の側面から，韓国法と日本法が比較検討されている。企業会計の仕

組みは，経営機構の仕組みより，より直截にコーポレート・ガバナンスの実効性に影響を及ぼすとも言える。本章は，会計基準の国際化の流れを背景にして両国において急速に進められた企業会計の制度改革の意義と問題点を分析するものである。

　第8章「ベンチャー企業法制」（砂田太士）では，中国・韓国・日本におけるベンチャー企業法制の比較検討がなされている。

　最後に，終章「東アジアのコーポレート・ガバナンスから学ぶ」（森淳二朗）では，これまでの「経営の規律付け」中心のコーポレート・ガバナンス理論では東アジアの企業の所有構造に適合的とは言えず，「所有」の領域にまで踏み込んで，新たなコーポレート・ガバナンス理論を構築していく必要があると論じている。

[森　淳二朗]

第1章

中国の企業法制と
コーポレート・ガバナンス
——現状と課題——

はじめに

　中国の企業は，所有別，形態別，規模別，産業別等に，別々な法律により規制されている。そのため，中国の企業問題を考える際，どういう企業を対象にするかによって，異なる展開になることもある。それゆえ，本論に入るまえに，企業を類別する必要があると考え，図1-1のような所有別および形態別による基本的な分類をしておく。

　国有企業における国有独資企業とは，現在も「全人民所有制工業企業法」により設立され，規制される企業のことであり，企業改革の視点から見ると，それはまったく変わりのない従来の計画経済の下での企業そのものである。よって，国有独資企業は本章の検討対象にしない。非国有企業のうち，外国資本の参加を有する外資系企業は，法制上特別扱いされているので[1]，別の機会で検討することにする。また集団企業，私営企業および個人独資企業の問題もコーポレート・ガバナンスの題目と離れているため，本章の論外にする。

　本章では，所有別と形態別の視座から，企業改革の主要対象であり，現在でも依然として中国企業社会の主流である国有会社企業を対象に，そのコーポレート・ガバナンスの変遷，現状，問題および課題について検討する。

図 1-1　企業類別

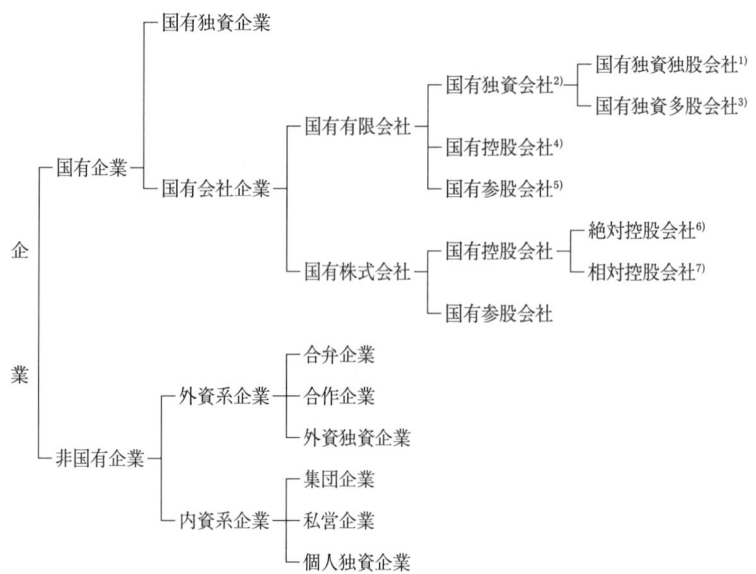

1) 全額国家出資の国有独資会社であり，しかも株主が 1 人である場合。
2) 国有独資会社について，会社法第 2 章「有限責任会社の設立と組織機構」の第 3 節「国有独資会社」の第64条に定義されている。それによると，国有独資会社とは，国家の授権を受けた投資機構または部門の単独投資により設立された有限責任会社のことである。
3) 全額国家出資の国有独資会社であるが，株主が複数である場合。
4) 国が絶対多数の株式所有により，会社支配のできる国有会社のこと。
5) 国が株式を有するものの，支配的な大多数の株式を持っていない会社のこと。
6)「株式会社国有株権管理暫定弁法」(股份有限公司国有股権管理暫行办法) によると，国有株権の持ち株比率が会社の発行済株式総数の50％以上を占める会社のこと。
7) 上述暫定弁法によると，国有株権の持ち株比率が会社の発行済株式総数の30％以上，50％未満を占める会社のこと。

第 1 節　国有企業の改革とコーポレート・ガバナンスの変遷

1．従来の国有企業とコーポレート・ガバナンス

　社会主義型の国家体制の下で，中国は生産手段の公有制を施行する国有企業制度を 30 年かけて築いてきた。従来の国有企業は政府に直属し，法人格がなく，独立採算もせず，すべて政府の計画または指示によって動くので，一企業がただ国または政府の一工場のような存在であった。計画経済の理論によれば，社会レベルでの経済を計画により比例的に発展させるためには，①全社会が一つの企業としてその機能を行使すること，②企業は普通の工場の機能に制限されること，③市場価格メカニズムの代わりに，計画により資源を分配すること，が必要であるとされてきた[2]。また，企業が国家経済の担い手のみではなく，社会保障の担い手でもあるのである。即ち，企業

図 1 - 2　改革以前の企業

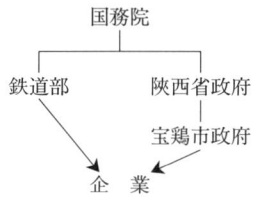

```
                    国務院
                   ／    ＼
              鉄道部      陝西省政府
                              │
                          宝鶏市政府
                   ＼    ／
                    企　業
```

生産工場
幼稚園，小，中，高校 専門学校，夜間大学 商店等のサービス業 映画館等の娯楽施設 独身寮及び従業員住宅 病院 墓場

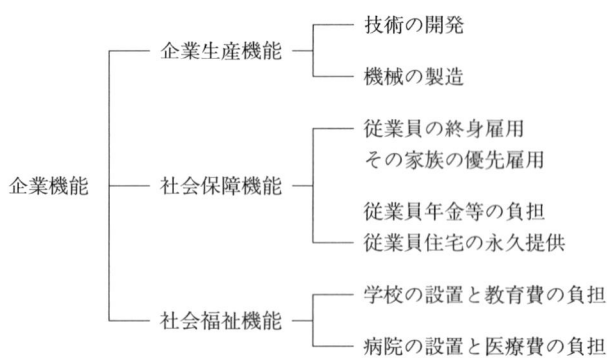

図1-3　計画経済下の企業機能

そのものがまた人々の生活の場でもある。当時の企業のことを企業生活共同体と呼んだほうが適切であろう。

筆者が20年間生活していた企業（鉄道部宝鶏工程機械廠）を例に，企業の一工場としての地位とその生活共同体としての存在を簡単な図で示してみる（図1-2）。

図1-2のように，従業員3,000人あまりの企業は，中央官庁の鉄道部に直属すると同時に，地元の市政府[3)]にも管轄，監督されている。商品の開発，原材料の仕入れ先および仕入れ価格，また生産台数，販売先および販売価格，さらに従業員の採用割り当て，賃金基準等も，すべて中央政府か地方政府によって，統一的に計画され，決められている。そのかわり，企業に欠損が生じた場合，政府に補塡され，従業員の医療福祉なども，企業から捻出するが，企業の負う責任が最終的に国負担となる。

機械を造る企業であるが，まず，すべての従業員に無料で住まいを提供しなければならない。また，幼稚園から高校まで備えており，技術労働者を養成する専門学校も労働者夜間大学もある。さらに病院，商店，映画館，美容院も揃っており，墓場まで持っている。このような企業はまさしく生活共同体のような存在であり，企業の機能が生産的機能とともに，社会保障や社会福祉のような社会的機能も持っている。それを図でまとめると，図1-3のようになっている。

このような生活共同体たる企業からなる中国社会は，まさに「企業は小社会のようで，社会は大企業のようだ」と言われている。中国がずっと独自の計画経済体制を堅持するなら，このような企業社会も続けられるかもしれないが，国際社会の一員になろうと開放するなら，通用しなくなるであろう。従来の計画経済下の国有企業とコーポレート・ガバナンスが，政府に把握され，完全に行政化されたので，自由競争が許されないし，莫大な社会保障の負担も背負っているため，効率が極めて低かった。このような国有企業が国際競争に相応しくないことが明らかになってから，中国では「対外開放」「対内活性化」という2つの国策が同時に打ち出され，ついに経済体制改革に繋がったのである。

中国の経済体制改革は，企業改革を中心に進められてきたのである。その企業改革が，経営改革と所有改革という2つの次元において行われてきた。次は，改革における国有企業の変遷とそのコーポレート・ガバナンスについて，三段階[4]に分けて概観してみる。

2．改革初期における国有企業とコーポレート・ガバナンス

改革の初期段階（前世紀80年代）では，従来の国家所有制を固く堅持しつつ，企業の生産効率の向上を目指す改革が行われた。即ち，所有関係不変の下で，生産効率を高める戦略であった。最初は，ただ国有企業の利益上納制（企業が国に利益のすべてを納める制度）を租税上納制（企業が国に所得税を納める制度）に改めたのみであった。その後，経営改革として，小型国有企業には賃貸（リース）制が採用され，大中型国有企業には，いわゆる「経営請負制」[5]が推進されたのである。

小型国有企業の賃貸（リース）制とは，経営者が企業の政府主管部門と賃貸契約を締結し，政府に賃貸料を支払えば，自主的に経営を行うことができる経営方式のことである。この賃貸制は小型国有企業の採用する経営方式なので，企業社会の改革にとっては，それほど影響がない。よって，本章ではこれ以上論じないことにする。

大中型国有企業の「経営請負制」とは，企業の全人民所有制[6]を堅持するうえで，所有と経営の分離という原則に基づき，契約で国家と企業のそれぞ

れの権利，義務，責任等を定め，企業に自主的に経営させ，損益も自己負担させるという経営管理制度である（1988年「全人民所有制工業企業経営請負制暫定条例」第3条）。簡単に説明すると，「経営請負制」とは，企業の公有制性格の不変を前提に，請負契約をもって，経営者が政府からその経営管理の権限を請負，責任をもって国への上納利潤額を確保するという国有企業の経営管理制度である。この制度の中心的内容は，国家という出資者（経営請負契約の発注者）に定額の利益をおさめたら，利益の余剰を経営者（経営請負契約の受注者）の裁量で経営側，労働側また企業に分配できるものである。

当該制度は，企業制度改革が全面的に展開された83年前後から試行開始されたが，1988年3月1日「全人民所有制工業企業経営請負制暫定条例」が発効するにつれて，経営請負制が全国的に普及されるようになったのである。この経営請負制の実行によって，一定の範囲内で，企業の経営自主権が実現できて，一時的に経営者および従業員の働く意欲を引き出し，国に上納する利潤もある程度確保できた。しかし，その反面，経営者が，短期間で利益を上げれば，上納額以外の余剰利益がすべて自分のものか，自分の裁量下のものになることから，利益のみに関心があり，新技術の不開発，投資の不増加，設備の使い捨てなどの行為が目立つようになった。「経営請負制」を実施するところでは，ほとんどこのような短期行為[7]が目立ち，企業の長期発展が問題になってきた。また，経営者一人の独断で企業を支配することや，企業にも経営者にも自己所有資産がないため，利益が出たら経営者の得，欠損が出たら国の損というような無責任経営の問題もよく指摘された。さらに，経営者と政府間の経営請負契約の締結も客観的な根拠がなく，双方の駆け引きによるものであって，経営者と政府役人の間の癒着問題も多発するようになったのである。「経営請負制」は，あまりにもその経営者の個人的な能力，人格に頼りすぎて，また，経営請負契約には，あまりにも双方の主観的な要素が多すぎて，近代的企業には向いていないことや企業改革の主旨にも合っていないことが，請負契約が履行されて何年か後に，徐々に実証されたのである。すると，企業制度に関する抜本的な改革案が要請されるようになった。それに応じて，国有企業の株式化（以下，「会社化」と称す）が始まったわけである。

第1章 中国の企業法制とコーポレート・ガバナンス　15

3．改革中期における国有企業とコーポレート・ガバナンス

　改革の中期段階（前世紀90年代）に入ってから，国有企業の改革は経営の次元のみならず，所有関係も含め，抜本的な改革が行われるようになった。この頃より中国の企業法制は，会社制度を取り入れ，企業活動の権限，利益，責任を整合し，良好なコーポレート・ガバナンスを確立することを目指しはじめたのである。1994年の「中華人民共和国会社法」（以下，「会社法」と称す）の施行とともに，近代的企業制度を確立するために，国有企業の会社化改革[8]が本格的に行われるようになった。

　市場経済体制をとる国とは違って，中国における会社制度導入は，計画経済体制下の国有企業に対する改革であり，国有企業の形態変更である。即ち，国有企業の財産を評価して，それを国の投資額と確定し，国がこういう国有株式を保有する国有株主になるだけの改革である。簡単に言えば，国有企業が国有会社になるだけの話である。外形的に会社という組織になったが，中身は，会社制度の本来の制度主旨と裏腹に，依然として国家，政府の支配下にあるし，経営メカニズムの転換という会社化の目標が達成できなかったのである。

　このような会社化の法的根拠となる中国の会社法も，40年余り推進してきた社会主義公有制を堅持することを基本原則とし，計画経済から市場経済への移行を背景とする体制転換期特有の性質——私法兼公法の性質を有するものである。従って，中国企業社会の独特なコーポレート・ガバナンスも生まれるのである。

　ここで，国有企業会社化以後の株式構成および国家株に関する法政策，法

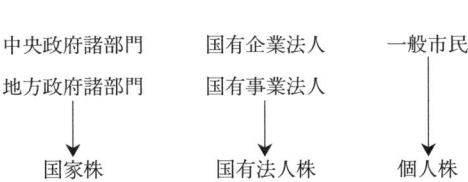

図1-4　株式構成と所有

規定を通して，中国型コーポレート・ガバナンスを考えてみたい。

中国では，会社，特に大会社のほとんどが，従来の国有企業から変更されたものであるため，発行する株式をその保有者の資格によって，「国家株」（国家名義で投資を行う政府部門または機関が，会社化された企業の既に有する国有資産を評価し，それを国家出資とすることによって受け取る株式），「法人株」（法人が所有する株式のこと。そのほとんどは，国有企業が自主的に使用できる国有資産をもって，他の株式会社に出資することによって形成された株であるため，法人株のほとんどが国有法人株である），「個人株」（一般の個人が保有する株）というように分けられている。そのうち，国家株と国有法人株は，究極的には国家所有であるから，国有資産株とも総称されるが，一般的には国有株と略称される[9]。

厳密に言えば，これは会社法理に基づく株式の分類ではなく，公有制を堅持する中国会社法の基本原則とその特質による結果であった。国家株と国有法人株は，国の直接投資または国有企業の投資によって形成される株式のことであるから，公的な性格を持つものだと認識されている。会社の発行株式総数のうち，この2種類の株式の占める割合を絶対多数に保つことで，その会社の公有性が保証されるという考え方である。それゆえ，この改革の中期段階において，株式会社における国家株，法人株，個人株という三者の比率については，行政手段で制限され，国家株と法人株の譲渡や，個人株の増加についても，当然厳しく制限されている。1994年に国家国有資産管理局と国家経済体制改革委員会が共同で「株式会社国有株権管理暫定弁法」（股份有限公司国有股权管理暂行办法）を公布した。その第11条では，国有企業を会社に変更する場合，国家株または国有法人株の支配地位を保証するものとする，と定められている。さらに，本暫定弁法によると，会社の国有株権の支配は絶対的支配と相対的支配とがあり，絶対的支配は，国有株権の持ち株比率が会社の発行済株式総数の50％以上，相対的支配は，30％以上，50％未満であるとされ，株式の分散で相対的支配の場合でも，国は株式会社に対して支配的な影響力を有すると規定されている。

また1995年の「株式会社の利益配当と新株発行時の国有株の権益保護に関する緊急通知」（关于在股份有限公司分红及送配股时维护国有股权益的紧

急通知），1996年の「株式会社国有株権管理を規範化する問題に関する通知」(关于规范股份有限公司国有股权管理有关问题的通知），1997年の「株式会社国有株主の権利行使に関する規範意見」(股份有限公司国有股东行使股权行为规范意见）等においても，国有株について全面的かつ詳細に定められている[10]。陝西省における株式会社62社の株式構造に関する実態調査によると，国有資産管理機構の投資からなる国家株が，発行済み株式総数の平均38％を占めており，60％強を占めるものもある。また，国有企業の出資からなる国有法人株は発行済株式総数の40％以上を占めている。つまり，国有株の株数（国家株と国有法人株の合計数）が発行済株式総数の70～80％を占めているわけである[11]。要するに，株式会社の発行済株式の高い比率を国有株が占めることで，しかも市場での譲渡，流通を禁止することで，社会主義公有制を維持することができ，ひいては，社会主義体制も堅持することができるのだと認識されているのである。

また，会社法第3条は「有限会社および株式会社は企業法人とする」と定めながら，同法第4条3項には「会社における国有資産の所有権は国家に属するものとする」と規定している。会社法理から考えれば，この規定の意味は理解に難しいが，逆に改革期に誕生した中国初の会社法の理念，性質を如実に表した規定でもあろう。このような公有制概念のもとで整備された企業法制およびコーポレート・ガバナンスが，国家利益を重んじ，大株主（国有株主）を有利にする傾向があると言わざるを得ない。それは改革の中期段階における株主総会の運営にも会社経営にもかなり影響したのである。

当時の多くの株主総会の開催通知を見ると，1万株または10万株以上を保有することが総会出席の条件とされているものが多かった。むしろ大株主しか株主総会に出席できないのが常識であるかのようになったのである。1995年4月14日の中国証券報の記事によると，多くの会社が株主総会に参加する株主の資格を所有する株数で決めたのである。たとえば，山西汾酒は5万株以上の株式を保有する株主には，はじめて株主総会に参加する資格があるとするのである。他にも1万株から10万株までの「株主の価格」が，あらかじめ決めつけられる会社が多数存在している。ところが，どれほどの株主がそのような資格を持っているかというと，当該記事によると，94年

末まで，上海，深圳の証券取引所に上場する会社の発行済株式総数のうち，個人株主の平均持ち株数がわずか1,800株で，会社の決める出席基準に達する個人株主は10％未満である。すなわち，90％以上の個人株主の株主総会に出席する権利が奪われたのである。

零細株主が会社の運営に関心を持たず，総会に出席しなくなるのは，株式分散に起因する株主総会の形骸化問題として，諸外国ではよく論じられているが，中国の場合，それとは違って，発行する株式がほとんど国有株であるため，分散ではなく株式集中による株主総会の形骸化が問題となるのであろう。

4．改革後期（現段階）における国有企業とコーポレート・ガバナンス

2000年に入ってからも，会社化された企業の状況が一向に改善されなかった。現在，国有企業は依然として欠損を出したり，多くの労働者が失業に追い込まれたりする。さらに問題となっているのが，国有資産の流失である。また，株価操作や不実開示など，組織的な不正行為ないし犯罪も多発している。こういった問題を解決するために，さまざまな努力が行われ，コーポレート・ガバナンスにおいても，会社内外の監督システムが強化されたのである。監督システムの強化を説明するため，中国会社法上の機関構成を図1-5で示しておく。

図1-5　中国会社法上の機関構成

```
                株主総会
         ┌────────┴────────┐
      ┌─董事会─┐              監事会
      │ 董事長 │
      └────┬───┘
          経理
```

現行会社法によると，有限会社（国有独資会社を除く）であれ，株式会社であれ，その会社機関が，株主総会[12]，董事会[13]，監事会[14]および経理[15]から構成されている。

現行会社法の下では，株主総会によって選出される董事会が，業務執行に

関する意思決定機関のようなものである。董事会では，また経理という下位の業務執行機関を選出し，具体的な業務執行をさせるのである（50条1項，119条1項）。董事長が会社の法定代表機関である（45条4項，113条2項）。さらに，株主の代表と従業員の代表からなる監事会という内部監督機関もある。中国会社の機関構成は，コーポレート・ガバナンスの観点から見ると，いわば二元制かつ二層制のような機関構造である。日本会社法上の機関構成に似ている。しかも監事会の弱さも似ている。中国会社法制の整備は監督システムの強化からである。

　まず，会社法においては，1999年12月25日に初めての改正が行われ，国有独資会社には監事会を新設したのである。会社法旧67条の「国家の授権を受けた投資機構または部門は法律，行政法規の規定に基づいて，国有独資会社の国有資産に対する監督・管理を実施する」という条文を「国有独資会社の監事会は，国務院または国務院の授権を受けた機関，部門が派遣した者からなり，かつ会社の職員・労働者の代表が参加するものとする。監事会の構成員は，3人を下回ってはならない。監事会は，第54条第1項第1号，第2号に定める権限および国務院が与える権限を行使する（1項）。監事は，董事会に列席する（2項）。董事，経理および財務責任者は監事を兼任してはならない（3項)」のように改正し，新67条になったのである。

　また，国務院が，国有企業のコーポレート・ガバナンスをめぐって，一連の関係条例を公布した。そのうち特に注目に値するのが，2000年2月1日に公布された「国有企業監事会暫定条例」である。これは国有企業に対する監督システムの強化を目的に，国有重点大企業の監事会設置に関する特別条例である。

　当該条例の第2条には，「国有重点大企業の監事会が国務院に派遣され，国務院に対し責任を負い，国有重点大企業における国有資産の運用状況について，国家の代表として監督する」と定められている。また，第5条は，監事会の職責について，以下の4項目を定めている。①企業の関係法律，行政法規および規則などの執行状況を検査すること，②企業の財務会計資料および企業の経営管理活動と関連する資料を閲覧し，企業財務報告の信憑性と合法性について検査すること，③企業の経営効果，利潤分配，国有資産

の運用状況などを検査すること，④企業役員の経営行為を検査し，その経営管理の業績を評価する上に，賞罰ないし任免に関する議案を提出すること，である。

こうして，「国有企業監事会暫定条例」に基づいて派遣された監事が，会計監査権のみでなく，業務監査権もある。その上に，執行役員の賞罰任免にもかなりの発言力を持っているから，相当強い監査権を有するのである。さらに，この強い監査権を有効に行使するためには，必要に応じて，自ら税関，税務，工商などの関係省庁と連携して調査することもできるし（同条例7条），公認会計士に検査の依頼をすることもできる（同条例13条）。監事人事については，当該条例は以下のように詳細に定めている。監事会主席が国務院により任命され，副大臣クラスから選出されるものとし，監事が監事会管理機構により任命され，司（局），処クラスから選出されるものとする。監事会における従業員監事は，従業員代表大会から選出し，監事会管理機構に認可を申請するものとする（同条例15条）。監事の任期が3年で，従業員監事を除き，監事の同一企業における再任を禁止する（同条例16条）。監事会の運営費用がすべて国の財政から給付するものとし（同条例20条），従業員監事以外，監事が企業から報酬を貰わず，企業からのいかなる贈与，接待なども受けてはならない（同条例21条）。

それから，2001年8月16日，中国証券監督管理委員会が，上場会社に対し，「上場会社における独立董事の設置に関する指導意見」（关于在上市公司建立独立董事的指导意见）を公布・施行した。さらに，2002年1月7日同証券監督管理委員会と国家経済貿易委員会が共同で「上場会社統治準則」（上市公司治理准則）を公布・施行した。前者は上場会社には独立董事[16]という制度を導入し，所有による大株主の支配を牽制しかつ執行役員への監督にあたり，内部者支配を軽減しようといった目的で作られたのである。後者は上場会社の株主総会から董事会，監事会，経理および利益関係者，さらに，上場会社の開示制度まで詳細に規定し，上場会社のコーポレート・ガバナンスを全面的に確立するものである。

「上場会社における独立董事の設置に関する指導意見」を公布するとともに，中国証券監督管理委員会が，2003年6月30日までに各上場会社の董事

会には少なくとも独立董事が3分の1を占めなければならないと指導した。統計によると，2003年6月30日までに，1,250社の上場会社のうち1,244社が独立董事を設置した。独立董事の総人数が3,839名に達し，各上場会社が平均3名の独立董事を有するのである。独立董事を設置している1,244社の上場会社のうち，独立董事が全董事に占める割合が3分の1以上であるものが800社あり，全体の65％である。独立董事が全董事を占める割合が4分の1以上であるものが1,023社あり，全体の82％である[17]。独立董事の人数から見ると，上場会社のほとんどが要求通りに，独立董事を設置した。

にもかかわらず，理論界では独立董事制度に関する議論が激しさを増す一方である。特に現在上場会社が施行されている独立董事制度の実効性について，疑問視されるのである。またこの独立董事制度を作った中国証券監督管理委員会の「上場会社における独立董事の設置に関する指導意見」という文書の合法性についても，質疑するものもある。それによると，中国会社法には独立董事制度に関する規定がないため，独立董事制度を中国の会社に導入する法的根拠がない。また，中国証券監督管理委員会が国務院の一機関ではないから，そこで作られた「上場会社における独立董事の設置に関する指導意見」などの文書が，行政規定のレベルにもなっていないので，法的な効果，拘束力がないとの意見である[18]。但し，実務レベルでは，この独立董事制度が進められている。

「上場会社統治準則」導論は，「本準則が我が国上場会社統治の基本原則であり，上場会社の董事，監事，経理など執行役員の遵守すべき基本的行為準則と職業道徳を明示するものである」と説明している。さらに，導論には，「上場会社が本準則の精神に基づいて，コーポレート・ガバナンスを改善しなければならない。上場会社が定款を制定または改正する場合，本準則の内容を基本にしなければならない。本準則は上場会社のコーポレート・ガバナンスの健全性を測る主要な基準であって，証券監督管理機構が，問題のある上場会社に対し，本準則に基づいて改善命令を出すことができる」と定めている。

「上場会社統治準則」は，「会社法」，「証券法」といった法律を基礎にする上に，国際的に定着したコーポレート・ガバナンス論を取り入れ，それを上

場会社レベルで制度化したものである。例えば，第52条には,「上場会社は株主総会の決議をもって，董事会に戦略，監査，任命，報酬および評価等専門委員会を設置することができる。専門委員会のメンバーは董事からなるが，そのうち，監査委員会，任命委員会，報酬委員会および評価委員会においては，独立董事が多数を占めなければならないし，委員会の招集人も担当しなければならない。監査委員会には少なくとも1名の会計専門家がいなければならない」と定めている。

こうして，中国の上場会社のモデル的な機関構成が，図1-6のようになったわけである。

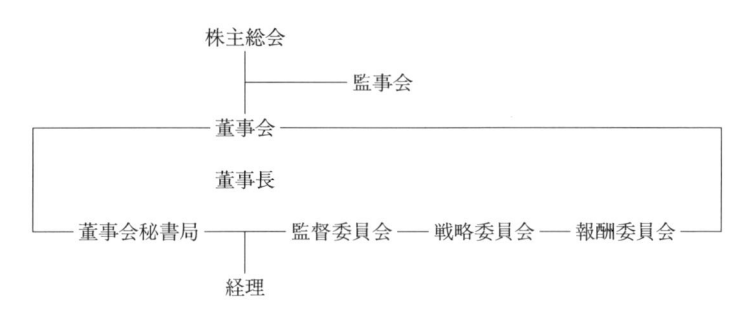

図1-6　上場会社のモデル的な機関構成

```
              株主総会
                 ├────── 監事会
      ─────── 董事会 ───────
              董事長
  ├── 董事会秘書局 ─── 監督委員会 ─── 戦略委員会 ─── 報酬委員会
              経理
```

図1-6は中国石油化工株式会社の現在の機関構成である。

中国石油化工株式会社の董事会は13名の董事で構成しているが，うち4名は独立董事である。この13名の董事がそれぞれ監督委員会，戦略委員会，報酬委員会に属し，具体的な職権を行使する。また12名の監事から監事会を構成し，うち株主監事が8名，従業員代表監事が4名である[19]。

国有企業改革の過程とコーポレート・ガバナンスの変遷については，ここまでにポイントだけを紹介しておくことにした。第2節では，コーポレート・ガバナンスに関する問題を法制上と実務上とに分けて検討し，新たな改革案についても分析してみることにする。

第2節　コーポレート・ガバナンスの問題点と新たな改革案

1．コーポレート・ガバナンスの問題点

(1) **法制上の問題**

① 監督権の強化

前節の国有重点大企業（国有独資会社，国有控股会社）に対する監督権強化規定は，会社法上の規定もあるし，行政的規定もある。行政的規定も中国会社法制の枠組みに入るのが通説である。これにより中国会社法制上の監督権が強化されたと言えよう。ただ，問題点として，以下のようなものがあるのではないかと考える。

第1に，現行会社法第67条は，監事会が同法第54条第1項第1号，2号に定める会計監査権と業務監査権以外に，国務院が与える権限をも行使すると定められている。国務院がどんな権限を与えるのかは，条文上不明である。法律の枠を超越する行政権力の行使が懸念されるのである。

第2に，監事会主席が副大臣クラスから，監事が司（局）クラスから選出される（「国有企業監事会暫定条例」15条）との規定であるが，官僚出身の監事には莫大な権限があるわりに，責任については言及していないのが問題であろう。企業役員の業務執行を監査し，その業績を評価するうえで，賞罰ないし任免に関する議案を提出するという，まるで大昔の生殺権を握っている皇帝の特使のような存在である。もし，監事の権限行使で，経営が思わしくない結果となった場合，監事本人が責任をとるかそれとも派遣機関が責任をとるか，それは行政責任であるか民事責任であるかは問題である。

第3に，「国有企業監事会暫定条例」は，監事の任期は3年とし，従業員監事を除き，同一企業における再任を禁止する（16条）のである。この再任禁止の制度主旨についてはよく分からないが，監事と企業の癒着を断ち切ることとしか推察できない。ただ，企業経営が複雑で，継続的なものであるから，監事人事を頻繁に変えなければならないことが経営には支障をもたらす

恐れもある。ここに強行規定をもって一律に再任禁止するのは、いかがなものかと考える。

この監督権強化規定が国有独資会社および国有控股会社についての規定であるが、今回の会社法改正法案においては、一般会社までにも拡大する話が出ていたので、検討する余地があると考える。

② 会社代表権と業務執行権との乖離

中国会社法上の機関構成と関連し、法制上問題となるのは、董事長の法定代表権と経理の業務執行権との乖離である。現行会社法は、董事長を唯一の法定代表者と定めながら、職権としては、董事会決議実施状況の検査、会社の株券および社債への署名、株主総会の司会役および董事会の招集・司会（114条1項）の3項目しかない。これに対し、経理は上述董事長の3項目以外の業務執行上のすべての職務を負いながら（119条1項）、法定代表権がない。つまり法定代表権のあるものには日常の業務執行権がなく、日常業務のすべてを執行する者には、法定代表権がないということである。このような会社法上の矛盾が、会社実務に多大な困惑と障害をもたらしているのである。実務レベルでは、だれが業務執行の権限を有するのか、それは法人代表権を含むのか否かは、外部から判断するには極めて難しく、会社内部も経営陣自身も混乱する話をよく耳にする。国有か民営かにかかわらず、ほとんどの会社がこの問題を抱えている。中国会社法はこのような一律的な権限配分規定が多くて、会社代表権と業務執行権を乖離させ、経営の不効率または独断経営などの問題を惹起したのである。

現在改正作業中の会社法案は、この点について大きな改正が行われる予定である。それによると、会社の代表権を含むすべての業務執行権について、現在の強行規定から任意規定に変える。即ち、こういった権限が定款に定められるものにする。定款により、会社の経営特色を出すことが認められるようになったのである。

③ 董事会権限の不明確

董事会の権限と株主総会の権限が混同する問題もある。会社法には、董事会への出席についても、株式総会の議決権の代理行使と同じく委任状による出席が認められている（118条1項）。董事会は定時株主総会の年1回よりわ

ずかに多く，年2回以上開催するものとされている（116条）。年に2回しか開催しない董事会では，業務執行に関する意思決定を行うためには，回数が少なすぎるのではないか。したがって，董事会および董事長は，本当の意味での会社の業務執行機関および対外的な代表機関というよりも，むしろ株主総会の常設機関のような存在であろう。これについて，中国会社法上の株主総会と董事会の関係は，まさに中国政治体制における全国人民代表大会と常務委員会のような関係で，董事会が株主総会の閉会期間中，総会の職権を行使する常設権力機関であり，董事長は対内的に株主総会，董事会の主席とし，対外的に会社を代表するものだ，という積極的な説明がある[20]。

　これに対し，董事会が株主総会の常設機関のような存在であってはならないし，また株主総会にかわるような存在でもない，というのが私見である。董事会は，あくまでも業務執行に関する意思決定機関であるため，執行機関として機能しなければならない。逆に，株主総会の閉会期間中は，常にしなければならないような職務内容も存在するはずがなかろう。もし必要であれば，臨時株主総会開催制度が，会社法にはすでに用意されている。常設機関説は，現行会社法上の制度規定を形式的に解釈するのみであって，董事会本来の機能を無視し，董事会と株主総会を両立する制度主旨を見逃したのである。董事会と株主総会の権限混同問題は，董事会が株主総会として動き，株主の権利が侵害される一方，業務執行に関する意思決定機関が存在しない結果となる。

(2) 実務上の問題
① 経営者選任問題

　前述したように，中国会社の業務執行機関は董事と経理の二層制設置であり，両者ともに経営者と呼ばれている。ここでは，経営者の選任問題として，両者を一括して検討することにする。会社法によると，董事は総会により（38条，103条），経理は董事会により（50条，119条）選任，解任するものとする。しかし，実際のところでは，行政改革停滞の背景もあって，国有会社の経営陣人事がいまだに中国の行政システムのなかに収められている。換言すれば，彼らの進退は会社法に基づく選任，解任ではなく，政府行政部

門が決めるものである。

　従来は，各レベルの政府行政部門が国を代表し，国有企業の経営陣を指名，派遣することによって，国有企業の経営に介入してきた。こういう従来の行政管理下の企業社会とも言うべきやり方が，行政改革が進まない今日では，まだ根強く残っている。董事であれ経理であれ，国有会社役員のほとんどは，政府行政部門の決めた人事案をもって，形式的に株主総会または董事会に通すのみで，選任されるのである。この意味では，国有企業の所有関係も経営関係も，形の上で会社化されたものの，実質的には会社化以前とは，それほど変わっていないと言わざるを得ない。

　このような現状の下では，董事にせよ，経理にせよ，当然株主総会よりその背後にある政府行政部門の意思が優先的に考慮され，経営理念の中にも政治的な思惑が混ぜられるのである。従って，国有会社の経営者が企業家と官僚の二重的性格を持つものになるのである。これもまた理論的にも実務的にも深刻な問題となる。

　この問題はコーポレート・ガバナンスのみに止まらず，刑法の分野でも問題となっている。1997年に施行された新刑法第163条には，企業役員の収賄罪が定められている。その中に，一般企業の役員と国有会社・企業の役員の収賄を区別し，同様の収賄行為であっても，その行為主体によって，異なる刑罰を受けるものとする。即ち，一般企業の役員の場合，5年以上の有期懲役に処する（163条1項）ことに対し，国有会社・企業の役員の場合，同法第385条の国家公務員の収賄とみなし，第386条に基づいて処罰する（163条3項）と規定されている。さらに，その第386条を見ると，収賄罪を犯した場合，収賄の金額と情状により，同法第383条の規定に基づいて処罰すると定められている。第383条は，国家公務員の横領罪を処罰する条文で，その中に，情状が特に重い場合，死刑に処するとの定めもある。まとめると，国有会社・企業の役員が収賄罪を犯した場合，国家公務員の収賄とみなし，さらに国家公務員の収賄罪を横領罪と同じ条文，同じ刑罰で処することとなっている。こうして，一般企業の役員と国有会社・企業の役員が同じ収賄行為を行っても，異なる刑事罰を受けることになる。前者は最高5年以上の有期懲役を受けることに対し，後者は最高死刑を受けることもあるのであ

る。

　このような刑法の規定が適当かどうかは別として，国有会社・企業の経営者（董事・経理および監事等）が依然として国家公務員の性格を有するところに，現在の中国におけるコーポレート・ガバナンスの問題の一面が如実に反映されていると言えよう。
　②　大株主による会社支配
　前にも触れたが，従来の企業制度においては，中央または地方政府が国を代表して直接企業の経営者つまり工場長または経理を指定し，企業の生産経営にも直接指示管理するのであった。すべての企業も自分の「政府主管部門」に所属し，その指示によって運営されるのであった。これはまさに「政府と企業の未分離」であり，「所有と経営の未分離」である。これこそ生産の盲目性，また効率低下など中国企業の病理のもとであると指摘され，「政企分離」，「所有と経営の分離」という目標を目指して，中国企業の改革がスタートし，会社化に進んだのである。しかし，会社化以後，政府行政部門が国家株主となったり，従来の国有企業が国有法人株主となったりして，資本多数決原理に立つ中国の株主総会を支配し，さらに会社全体を支配するのである。即ち，支配的な持株比率を有する国家株主または国有法人株主が董事を派遣したり，選出したりすることによって，人事計画，投資計画，生産計画などを全面的に指揮するのである。
　こういった大株主による会社支配が，さまざまな問題を引き起こしたのである。よく報道された猴王株式会社[21]（上場会社）破産の例を見てみる。猴王株式会社の大株主―猴王集団会社（国有法人株主）が，猴王株式会社の経営に対し，直接支配するのみでなく，猴王株式会社から資金を取ったり，猴王株式会社の名義で融資したりして，1999年12月31日までに，猴王株式会社の財産を無断に占有した額が，11.3億人民元に達した。これに対し，猴王株式会社の純資産額はわずか3.3億円に過ぎないのであった[22]。
　会社化によって，国有企業が従来の単独の主管機関に所属する体制から，複数の国家株主または国有法人株主に支配されるように変わったものの，公有制を堅持する原則の下で，国有株の自由売買が許されず，大株主の地位が保障されている。また，こういった大株主を規制する法整備が不充分なた

め，猴王株式会社のように大株主に強要され，つい破産してしまったケースが少なくない。大株主による会社支配が，中国の企業社会における大きな問題となっているのである。

現在，中国の企業社会では，株主により選出される董事は，当然その株主の代理人であるとの認識が一般的である。現行会社法においても，董事会は株主総会に対して責任を負う（112条2項）との規定があるし，大株主つまり国家株主の選出する董事は，大株主の利益つまり国家利益の代表者として働くよう一般的に要請されている。これに従う論説もよく見られ，このような董事のことを素直に「株権董事」と呼ぶこともある[23]。この会社法第112条2項の規定は，現代的コーポレート・ガバナンスの観点からも，企業の社会的責任の観点からも，問題となるが，株主総会即ち国家株主に対して負う責任には，政治責任優先という伝統的なイデオロギーの問題も潜在するのではないかと考える。

③　国家株主の主体問題

現に推進している会社化改革においては，国有株主権を行使する主体が不統一かつ不明確であるという現実的な問題もある。すなわち国家株主としての主体が，まだ法的には確立していないことである。

会社化改革に伴って，国家株主の数も増えてきた。企業が直属する従来の政府主管機関がその企業の国家株主になったのもあるし，国有資産管理局のような新しい政府機関そのものが国家株主になったのもある。他に，政府が授権した投資機構―資産経営会社や資産管理会社なども国家株主とするのである。さらに，国有大企業が子会社の国有法人株主となる例も少なくない。

このようにして，中国の会社制度導入による株式所有の多元化は，民間に放出するのではなく，国家株の所有者を複数化することであった。この複数化によって，国家所有権がいくつかの主体に分散された。複数の国家株主による支配は，まだ改革されていない現在の行政システムの下では，かえって非効率的になることもある。こうして，国有企業の行政管理下にある従来の問題が，会社化によって解決されていない上に，国家株主の主体に関わる新しい問題も出てきたのである。

最近目立つ問題としては，国家株主が，株主の機能をまったく発揮しない

ということである。一人の国家株主がいくつかまたはもっと多くの国有会社の株主になる場合もある。国有会社が全国に散在しているため，国家株主としては，その国有会社に関する情報をインターネットで収集し，年1回の株主総会に職員を派遣するだけになってしまうケースも少なくない。これは即ち形だけの国家株主である。監督体制は追い付かず，必要な法整備も不充分なため，国有資産の流失という問題に繋がったのである。

　国家株主が人格的な主体ではないし，国家株主としての運営制度もないので，国家株主とは，漠然とした概念にすぎず，企業にとっては，幻のような存在である。一方，幻の存在たる国家株主の背後に，依然として強硬な政府行政部門が従来のまま実在するから，依然として企業管理の機能を発揮し，企業経営に干渉するという問題もある。

　現在，中国のコーポレート・ガバナンスを確立するには，考えなければならないのが，誰が国家株主を代表するのか，また代表できるのか，国家株主の主体をいかに合理的かつ制度的に確立するのかということである。結局国有会社が成功するかどうかは，その国家株主と直接に関わるのである。国有会社の国家株主をよくするためには，国家株主と個人株主との経営性格や役員選びなどにおける違いを念頭に，国家株主として有効的に機能できる制度をつくるのが必要不可欠である。と同時に，政府組織の健全化を目指す行政制度の整備も重要である。

2．新たな改革案

　企業改革が二十数年も経ち，会社制度も中国社会に徐々に定着してきたが，問題も少なくない。その中，一番注目されているのは，コーポレート・ガバナンスである。いかに中国の実状に相応しくしかも国際的にも通用する現代的コーポレート・ガバナンスを確立するかは，当面中国企業改革の最大の焦点である。本項においては，最近新たに展開される国有企業の改革とそのコーポレート・ガバナンスについて，2つの側面から考えてみる。

(1) 会社法の改正

　会社法の改正も証券法の改正も，すでに全国人民代表大会常務委員会

2003年の立法計画に入れられ，その大幅な改正作業が進められている。最終的にどういう法改正になるかは，まだはっきりした段階ではないが，マスコミに報道された改正意見をまとめると，以下のようなものがある。①董事会の職権を明確にし，董事会の開催および議決について詳細に規定すること，②董事長は会社の唯一の法定代表者とする規定を削除し，会社の代表者については，株主総会により定款に定めること，③経営者の忠実義務については，もっと詳しく定めること，④監事会の職権について，具体的な規定を設けること，⑤法定資本制から条件付きの授権資本制に移行すること，⑥上場会社に関する規定が盛り込まれること，⑦累積議決権を定めること，⑧有限会社から株式会社へと組織転換する場合の組織変更規定を設けること，⑨多くの強行規定を任意規定に変えること，などである。

　これは，会社法を施行してきた経験に，外国の立法例を参照した結果であるが，中国のコーポレート・ガバナンスを確立する大改正であるだけに，国内外に注目・期待されている。

(2) 国有資産監督管理委員会の新設

　2003年に，第10回全国人民代表大会第1次会議が採択した国務院機構改革案により，国務院国有資産監督管理委員会が設立された。今後，国有資産監督管理委員会が国有会社の唯一の国家株主として，国家を代表し株主権を行使することになる。

　すでに述べた国家株主の主体が流動的で，幻のような存在であるといった問題のほかに，国有会社にはその国家株主権の不統一，不明確，つまり株主権の分散行使という問題もある。ここに言う株主権の分散行使とは，国家株主権に現れる収益権が財政部に属し，執行役員の選任権が組織部に属し，重大事項の決定権が各国家株主に属することである。そうすると，個々の国有会社の株主が，形式的には株主名簿上にあるものに限られるが，実際的には，国家の財政部門も人事部門も，異なる側面から国を代表して国有会社を支配するのである。こうして，「政企不分」（政府と企業の未分離），「政資不分」（政府の行政管理機能と国家資産管理機能の未分離）の問題もなかなか解決できないわけである。

今回の国務院機構改革方案により，国務院国有資産監督管理委員会が唯一の国家株主として，株主権から派生した前述3つの権限を統一的に行使することになり，分散した国家株主権が統一されたのである。

　但し，国務院国有資産監督管理委員会が株主として直接管理する国有会社は，上位189社に限定されている。各地方政府において，地方レベルの国有資産監督管理委員会が設置され，その地方にある国有会社の唯一の国家株主として機能している。国有資産監督管理委員会の国家株主たる機能が，自然人株主の場合とは勿論のこと，法人株主とも異なるところがある。これについて，2003年5月27日に公布された「企業国有資産監督管理暫定条例」において，以下のように定めている。

　①　国務院の授権により，「中華人民共和国会社法」等法律と行政法規に基づいて，出資者の職責を履行し，国有企業の改革と再編を指導かつ推進する。国有資産の管理を強化し，企業にある国有資産の有効運営を監督する。国有企業における現代企業制度の確立，特にコーポレート・ガバナンスの改善を推進する。国有経済の構成とその枠組みの戦略的調整を推進する。

　②　国を代表して，一部の大企業に監事会を派遣する。監事会に対し，日常的管理，指導の責を負う。

　③　法的手続きを通して，企業経営者の任免，評価および賞罰をする。社会主義市場経済体制と現代企業制度に適応する人材育成の道を探り，経営者奨励システムと制限システムを整備する。

　④　統計・審査などを通して，国有資産の運用状況を監督する。国有資産有効運用のデータシステムを開発し，その評価基準を制定する。国有資産出資者の権益を保護する。

　⑤　国有資産管理の法律，行政法規を起草し，関係する規則を制定する。法に基づいて，地方の国有資産管理に対し，指導と監督の責を負う。

　⑥　国務院に依頼される他の事項を担当する。

　当該国家株主に対する規律規定は，初めて全面的に国有資産管理体制を整備したものであり，国有資産管理体制改革の新しい幕開けとも言えよう。

3．国有企業の民営化

　中国の企業社会全体を見れば，国有企業（会社）が主流で，国家株主による企業支配も一大特徴である。但し，市場経済の原理も導入されつつある中，国家株主が完全に企業を支配する以上，市場経済の原理が働かないという矛盾が出てくるのである。これを抜本的に解決するためには，国有企業の戦線を縮小せざるを得なくなる。最近，会社化こそ公有制を実現する手段であるとの認識が一般的になり，国有企業の民営化を推進しようとする新たな政策と改革案も打ち出されたのである。

　具体的には，国有企業の数を減らすかあるいは企業における国家持分を減らす，といった方向に推進されるのである。しかも，国内外を問わず，国有会社の持分または営業財産を譲渡するようになったのである。これに備える関連条例も次々に公布・施行された。

　例えば，「外資による国有企業の改組に関する暫定規定」（利用外資改組国有企業暫行規定）が，2003年1月1日から施行され，「外国投資者による国内企業買収暫定規定」（外国投資者并购境内企业暫行規定）が2003年4月12日施行され，「企業の国有資産譲渡管理に関する暫定弁法」（企业国有产权转让管理暂行办法）が2004年2月1日から施行されたのである。

　ここで，「外国投資者による国内企業買収暫定規定」の内容を見てみると，外国自然人または法人の中国企業を買収する際の権利義務および手続きなどについて詳細に定めている。当該規定第2条によると，外国投資者による国内企業買収とは，外国投資者が協議により，国内の非外商投資企業[24]（以下，「国内会社」と称す）の株主の持分を買い取りまたは国内会社の増資を引き受けて，当該国内会社を外商投資企業として変更設立すること（以下，「持分買収」と称す），あるいは外国投資者が，外商投資企業を設立し，当該企業を通じて，協議により国内企業の資産を買い取りかつ当該資産を運用すること，または外国投資者が協議により，国内企業の資産を買い取り，かつ当該資産をもって外商投資企業を設立し，当該資産を運用すること（以下，「資産買収」と称す）を指す。

　この第2条は，外国投資者による中国国内企業を買収する場合の4つの方

図1-7　外資による国内会社買収の類型

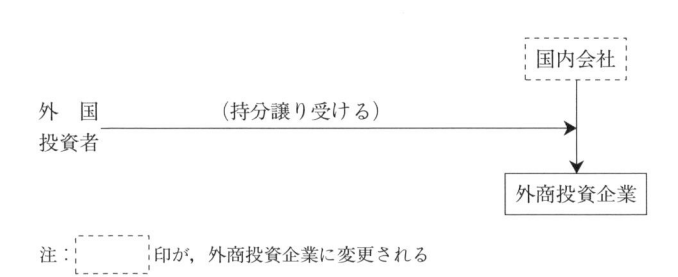

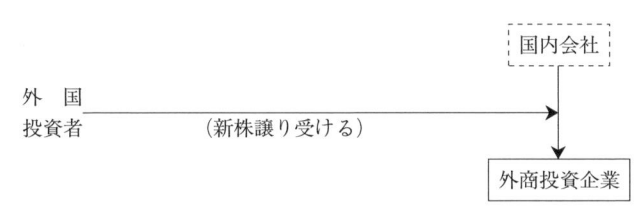

①

外国投資者 ──（持分譲り受ける）──→ 国内会社 → 外商投資企業

注：[ ]印が，外商投資企業に変更される

②

外国投資者 ──（新株譲り受ける）──→ 国内会社 → 外商投資企業

注：[ ]印が，外商投資企業に変更される

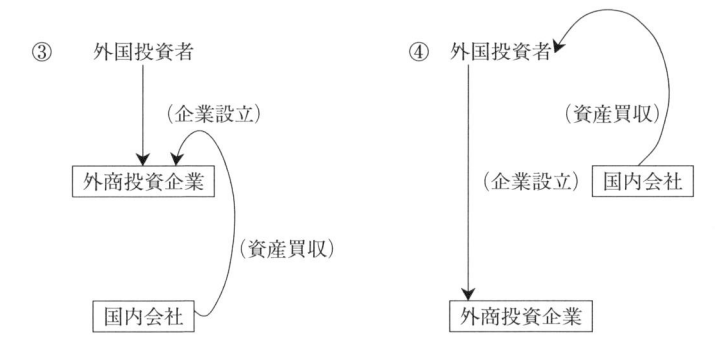

③　外国投資者
　　　↓（企業設立）
　　外商投資企業
　　　↓（資産買収）
　　国内会社

注：まず外商投資企業を設立し，当該企業によって資産買収を行う

④　外国投資者 ──（資産買収）──→ 国内会社
　　　↓（企業設立）
　　外商投資企業

注：まず資産買収をし，買収した資産で外商投資企業を設立する

法を定めるものである。それらを図で示すと，図1-7のような4つの買収類型になる。

①と②は，持分譲渡による企業買収であるため，持分買収型と言えよう。これに対し，③と④は，資産譲渡による企業買収であるため，資産買収型と言えよう。

外国投資者による国内企業の買収は，部分買収か全部買収かについての制限が原則上ない。但し，同規定第4条においては，以下のような間接的な制限がある。即ち，「外商投資産業指導目録」により外国投資者の独資経営が認められない産業については，外国投資者が買収によって企業の持分全額を保有することができない。中国側の持分支配または相対的持分支配が要求される産業については，当該産業の企業が買収された後，中国側が依然として企業における持分支配または相対的持分支配の地位を有しなければならない。外国投資者による経営が禁止されている産業については，外国投資者は当該産業を経営するための企業買収ができない。

また，同規定においては，いくつかの柔軟な定め方もある。第7条においては，外国投資者が持分を譲り受ける場合，譲り受けた後に設立される外商投資企業が元国内会社の債権および債務を承継する（1項）。外国投資者が営業を譲り受ける場合，既存の債権および債務が元国内会社に帰属する（2項）。外国投資者と元国内企業，債権者およびその他の当事者の間，元国内企業の債権債務の処理について，別途協議することができる。但し，当該協議は，第三者利益および社会公共利益に損害を及ぼしてはならない。債権債務の処理協議は，審査認可機関に届け出なければならない（3項）。これらの定めによると，前述①，②の方式による買収の場合，元国内企業の債権債務は変更後の外資系企業に属するものとし，前述③，④の方式による買収の場合，元国内企業の債権債務は国内企業に属するものとする。このほかに，外国投資者，国内企業，債権者および他の当事者が債権債務について協議することもできるのである。

当該暫定規定は，国有会社の民営化を促進するものであり，さらなる対外開放を推進するものである。最大の問題点が，やはりコーポレート・ガバナンスにあると考える。外商投資企業法制による合弁企業の機関構成には，会

社法の定めと異なり，株主総会も監事会もない。中・外出資者の派遣する董事からなる董事会が，最高の意思決定機関であり，最高の業務執行機関でもある。董事会が合弁企業の重大事項について，全員一致で決定することとする（中外合弁企業法第6条，同法実施条例第33条）。董事長が法定代表者とする（同法実施条例第34条）。しかしながら，年1回開催してもいい（同法実施条例第32条）董事会が，董事長の代表権を含め，業務執行に関する権限をすべて総経理に委任するケースもあるし，董事会自身が万能機関として存在するケースもある。

要するに，外資による国内会社買収の進むにつれ，中・外企業間が実務的に接近し，融和するところもあるが，一方，国内企業法と渉外企業法とはコーポレート・ガバナンスをはじめ，まださまざまな異なる定め方をしている。そこでどういった矛盾があるか，どういう問題が生じるか，どう対処すべきかは，まだ実例の少ない現在では定かではないが，十分に検討する必要があると考える。換言すれば，国内企業を買収し，外商投資企業と変更された後のコーポレート・ガバナンスは，法制度上どう調整していくかについては，立法論の立場から，検討しなければならないのである。

第3節　コーポレート・ガバナンスのあり方と課題

1．国有会社法と一般会社法の二本化

この中華人民共和国初の会社法には，内外から大きな期待が寄せられているにもかかわらず，約10年間の実践経過を考察すると，その結果は失望させるものになった。今度の抜本的な改正が行われることで，さまざまな分野から多くの意見および提案が出されたことはすでに述べた。

現行会社法においては，各国の会社法制を参考にし，会社の設立から，解散まで，原則的に会社らしい制度づくりをしていたが，中国における社会的イデオロギーや従来の国有企業の理念および中国社会の慣習など反映する内容となった。例えば，社会主義精神文明の建設（14条），従業員権益の保護

(15条)などを会社の義務としているし,また,企業またはその経営者に対して,民事責任の代わりに行政責任を定める条項(第10章法律責任)が多い。ここでは,このような具体的な制度についての論評を割愛し,中国のコーポレート・ガバナンスを確立するには,国有会社法と一般会社法(一般の民間会社を規律する会社法)の二本化が先決であるとの私見について,論じることにする。

現在は,国有会社のことも,民間会社のことも,一本の会社法の中に定められている。それゆえ,法規定は常に両者のバランスを取りながら定めなければならない。にもかかわらず,現行会社法の条文内容を見ると,不公正や不合理など感じたりする。それは性格の異なる国有会社と民間会社を一本の法律で規律するのは,もともと無理があるからであろう。このような現実に対応するため,政府がさまざまな国有会社を規律する特別条例を出しているが,それはまた法制度の整合性の問題や法規範の繁雑性の問題などが残るのである。今回の会社法改正を契機に,国有会社と民間会社とを明確に区別し,それぞれの実状に基づく制度づくりないしコーポレート・ガバナンスの確立が望ましいと考える。

中国企業社会の問題については,ただちに企業の全人民所有制(国有制)を堅持しているからだとか,法整備が不充分だからだとか言われる傾向があるが,そう一概に言えるような簡単な問題ではないと思う。実際のところ,当面の中国においては,全人民所有制は,どの国よりも必要とする理由がある。そういうところで,完全な国家所有の企業は,組織形態が会社であろうと何であろうと,とにかく国民全体のために国が責任を持って運営するものとすべきである。一般的には,国民生活と緊密な関係にある産業,即ち公共性の強い産業(鉄道,電力,水道など)は国有企業でまかなわなければならない。これらの国有企業または国有会社について,特別に国有企業法または国有会社法を作るべきである。これ以外の業種については,完全な民営化を推進し,一般意義上の会社法を整備すべきである。

実は,国有中小企業の民営化については,1997年の中国共産党第15回全国人民代表大会においては,すでに「抓大放小」(この方針に対する理解が多少違うところがあるが,主な意味は,大企業をしっかりと掌握し,小企業を手放

すこと）という方針が出され，それにしたがって，各地方政府がその管轄下の小企業を売却することを試みた。しかしその売却価格が驚くほど安かったり，無償贈与の話までも出てきたりしたので，政府が一転して国有企業の売買を禁止する態度に変わったのである。このことを説明するため，一例を見てみよう。

　瀋陽市大東区政府に所属する「瀋陽微電機廠」は，長年にわたる債務超過の国有企業であった。1998年に瀋陽市産権取引センターで競売にかけられ，元工場長の程文氏に1元（14円）の価格で落札され，しかも，操業1ヵ月で数十万元もの利益を得たという。その後，大東区政府が，競売参加者が1人しかいなかったとの理由で，この競売は無効であり，当該企業を政府に返還すべきだと要求した。これに対し，競売センターの関係者はこの競売自体が適法なものであると説明した。買主もこの取引のすべてが適法であり，自分の企業として生産を続けると主張した。このような対立をしているうちに，政府関係部門が当該企業への送電を停止させた。この国有企業買収をめぐる争いは，1998年11月11日の中央テレビ「経済30分」という番組で報道された時点には，結論がまだ出ていなかった。

　当時，これと類似する争いが中国各地で続出した。マスコミも，裁判例も，国有中小企業の安売りに対する非難が強かった。しかしながら，国有企業にはたいてい債務が多く，しかも普通に調べてもなかなかわからない潜在的な債務が多いことが否定できない。それ故，国有企業が買主の少ない市場において，やむを得ず安売りに出された一面もある。ただし，瀋陽微電機廠のように，民営化後1ヵ月で，赤字企業から，黒字企業になった場合は，考えさせられるところがある。即ち，同じ経営者の下で，長年の赤字がこんなに簡単に黒字に変えられるなら，なぜいままでできなかったのか。その原因には，経営者の無責任経営とか，職務の怠慢とか，あるいは行政管理側の責任とかもあるのではないかとの指摘がある。経営者の経営責任こそ問うべきと，赤字を出している企業の経営者による国有企業の買収は禁止すべきだという声が強かったので，国有企業の安売りが原則的にストップさせられた。国有中小企業を完全に民営化するための売却を禁止するような明文規定はないが，安く売ることが広く社会的な批判にさらされるから，この「抓大放

小」という民営化改革がしばらく沈静化していた。

　2001年12月11日のWTO（世界貿易機関）加盟によって，中国の経済体制改革がまた加速させられた。政府の直接的な経済管理機能が余儀なく減らされ，間接的な市場調整機能が要請されたため，国有経済の戦略的調整という方針の下で，国有企業の民営化も再び推進されるようになった。しかも，公共事業以外の競争領域におけるすべての国有企業がその対象となり，国有企業の民間資本による買収のみならず，外国資本による買収もできるのである（本章第2節の3を参照）。その中に，特に注目され，議論されているのが経営者買収（MBO）という買収方法のことである。

　国有企業の経営者がすでに自分の経営管理下にある国有企業の持分や営業を国から譲り受けることを経営者買収（MBO）[25]という。実は，これが前述の事例とは，ほぼ同じストーリーであり，また同様の問題を抱え，さらに同様の大論争をひきおこしたのである。論争の中身を見てみると，民営化には賛成するが，具体的な問題として，例えば，経営者の経営責任の有無，国家財産の安売りや売買する際の不正経理等についての指摘が多い。即ち総論には賛成，各論には反対的な論説が多く，経営者買収に関する制度作りが急務であり，法制度未整備の状況下の国有資産に関する取引が違法であるということである。その中，2002年10月8日証券監督委員会が「上場会社の買収に関する管理弁法」を公布し，経営者買収の方法および情報公開，監督監査などについて，具体的に定めたのである。ただし，当該管理弁法が上場会社のみを対象とするものであり，すべての経営者買収を規律するものではない。その後，国有企業買収問題に鑑み，財政部が国有企業の経営者買収を一時的に停止する措置も取ったものの，国家国有資産監督管理委員会の設立（本章第2節2の(2)を参照）とともに，経営者買収による国有企業の民営化が再開された。

　筆者は従来国有中小企業の完全民営化つまり売却には賛成であるが，民営化へのプロセスが重要であると考えている。民営化の方法については，合理性，合法性，公正性，透明性などを念頭に，まず法制度を整備しておかなければならないと考える。国有企業はまた全人民所有制企業とも称するように，全人民の財産である。従って，全国人民代表大会の立法により，国有企

業および国有資産の譲渡を法律の枠内におさえ，法的手続に基づいて行わなければならないものであって，いかなる政府部門も行政権で売却したりしてはいけないものである。国レベルの独立的統一的な民営化統括機構を設置し，民営化しようとする国有企業に対し清算しなければならない。たとえ債務超過があっても，それはいままでの国有企業時代にできた債務であるかどうかによって，その処理方法が違うと考えるのである。このような清算手続を通し，債務負担がなくなった国有企業は，はじめて正確な市場価格がつけられるのであろう。国有企業も完全に民営化されてからはじめて真の意味での会社となり，会社法の制度基準に従えるのである。そうすると，中国の企業が市場経済原理の下で，国際経済社会に参入し，自由競争もできるのではないかと考えるのである。

中国においては，国有企業のことをぬきにして企業制度の整備が考えられないし，一方従来の国有企業体制のままでは，とても国際経済の舞台にあがれない。今後の改革方針ないし企業制度づくりとしては，補完関係にある健全な国有企業と純粋な民間企業という両輪を設置することが望ましい。それと同時に，国有企業を規制する国有企業法または特殊会社法と一般意義上の会社法という2本の軌道をしっかりと整備し，国有会社と民間会社という二輪車がこの軌道に乗せられれば，中国における現代企業制度ないし良好なコーポレート・ガバナンスが確立されると言えよう。

2．コーポレート・ガバナンスと行政改革

一般的に，コーポレート・ガバナンスの研究は，所有と経営という2つの側面から議論されるが，中国のコーポレート・ガバナンス研究には，もう一つの側面があると言われている。それは行政というものにほかならない。中国の行政には2つの機能がある。一つは，他の国の行政と同じく，行政管理機能である。もう一つは，他の国の行政にはない資産運用機能である。中国社会のシステムを考察すれば，後者の方が常に優勢的に発揮してきたことがわかる。換言すれば，行政管理機能より資産運用機能ひいては企業ないし経済を支配する機能がよく働いてきたのである。「政企分離」（政府と企業の分離）は中国企業改革のターゲットとして，さまざまな政策と措置が講じられ

てきたが，いまだに「政企不分」(政府と企業の未分離)，「政資不分」(政府の行政管理機能と国家資産運用機能の未分離)の問題が残されている。ここからも，行政と企業の関係がいかに緊密に結ばれてきたのかを窺うことができる。

　企業改革においては，導入された会社制度があまり機能しなかった重要な原因の一つは，行政改革の停滞であると言わざるを得ない。企業改革の進むにつれて，従来の行政システムの弊害がますます顕著になってきた。ここで，現在も依然問題とされる企業への行政の関わり方を考察することによって，中国の行政体制がいかにコーポレート・ガバナンスに影響するかについて考えることにする。

　まずは，会社の国家株主およびその背後にある政府部門による行政干渉という問題がある。国有会社の大株主の好き勝手に支配される問題はすでに触れたが，その背後には政府の国家資産運用機能が，相変わらず存在していることが原因である。こうして，国有企業が国有会社に変更されたものの，行政の機能がまったく転換されていないかまたは形だけの転換で，企業に対する実質上の支配権が依然行政側にある。これは改革以前の国有企業の直接に行政機関に所属したときの状況とそれほど変わりがない。そうすると，会社法も，そこに設定されたコーポレート・ガバナンスも当然無視されるのである。例えば，董事会のメンバーが株主総会により選出され，経理が董事会に選出されるものとする，と会社法には明文をもって定めながらも，実際のところ，国有会社の役員人事が，従来どおり行政に決められるものとなっている。こうして，国有会社の経営陣が何を考え，何のために働き，誰に対して責任を負い，誰の監督を受けるかは，問題であろう。現在，このような会社法外にある国有会社のコーポレート・ガバナンスは議論の元になってきた[26]。

　つぎは，会社と直接関係のないその他の政府部門による行政干渉という問題である。企業改革以後，各政府行政部門が新しい権力行使の手段として，「行政許可権」という権力を自分で自分に与え，その許可不許可による行政干渉が企業改革以前より，ある意味では酷くなったのである。ここで一例を見てみよう。

　ある地方政府が，50人以上の宴会を開くには，政府関係部門にあらかじ

めその許可を申請しなければならないという地方条例を作ろうとしている[27]。報道によると，政府の理由は，伝染病予防のためという。しかし，このような行政条例を作ったら，さまざまな副作用，後遺症が出てくるにちがいない。もともと食事をするのが人間の基本的権利であり，食事を提供するのも飲食店の本務である。宴会を許可するかどうかは，一法人としての飲食店の生存権に関わるものである。地方政府がこのような人々の基本権利を制限する権限がない。また，申請に対し行政が何を基準にして判断するのか，許可したあとの食中毒については，行政側が責任を負うのか，さらに，許可を申請せずに宴会を開いた場合，どういう罰則を設けるべきかが問題であろう。その後の報道がないが，おそらく条例が成立できなかったであろう。

残念ながら，これに類似する行政条例があちこちに作られ，企業本来の権利が制限されたり，奪われたりして，いつのまにか企業の周囲に厚い行政の壁が作られてきた。申請に所要する時間も費用も掛かるため，当然，企業の生産効率が低下し，企業の自由空間も縮小したのである。このような行政干渉により，企業が倒産したりした例は，枚挙する暇もない。

にもかかわらず，なぜ理不尽な行政許可制度が多く存在するのか，本来法律でしか制限できない権利について，なぜ行政条例で制限しているのかといった疑問があろう。主に以下の要因があると考えられる。一つは，中国では，法律が原則的かつ抽象的で，裁判の基準にならないとの問題がある。それを補うために行政条例が多く活用され，法律として看做されるという中国特有の法政事情がある。2つ目は，地方格差を考慮して一部の法律自身が法の適用について，具体的な定めまたは細則を，各地方の行政条例に任せているのである。3つ目は，従来の行政管理企業社会においては，法に従うやり方ではなく，企業の行動はすべて行政の裁量に左右されてきた。現在，法治国家へと変えようとしたら，行政担当者の主観的裁量ではなく，行政条例を作るべきであり，それに基づけば，完璧な法治主義になる，といった思い込みがある。ほかには，地方保護主義および部門利益の争いや，申請に伴う手数料の利権などが考えられる。これらは，中央政府の行政条例のほかに，地方政府の行政条例も多く存在している現状に繋がる要因であろう。

中国の企業と行政はもともと一体であり，切っても切れないような関係に

ある。それで，企業だけを改革し，もう一方の行政を改革しなくても済むようなことがなかろう。現在はまさに，改革された企業社会と改革されていない行政システムとの矛盾が顕著になってきて，避けて通れない状態に陥ったのである。それに，中国は2001年に世界貿易機関（WTO）に加入したため，中国に進出する際の手続の簡略化や行政活動の透明性，安定性などに対し，国際社会にも強く求められるようになったのである。

　このような現実を踏まえ，中国では2003年から本格的に行政改革を推し進めるようになったわけである。その中に特に注目されるのが，2003年8月27日，第10期全国人民代表大会常務委員会第4回会議で採択され，2004年7月1日に施行された「行政許可法」[28]である。

　前述したように各政府行政部門が，さまざまな理由で行政許可制度を設けたのであるが，中国国務院の調査によれば，中国で行政許可制度が設けられている項目は中央政府部門では4,000以上，各省など地方政府でも2,000以上に及ぶという[29]。このような市場経済活動を妨げる行政許可制度を改革しようと内外の要請に応じて生まれたのが，この行政許可法である。当該行政許可法は，行政の権力を限界づけるものとして，また行政管理システムを改善するものとして，高く評価されている。

　中国のコーポレート・ガバナンスを確立するためには，効率のよい近代的な政府行政制度の確立が不可欠の前提条件であると言われている。またその近代的な行政制度の確立が，行政改革から始めなければならない。中国の行政改革は，企業改革より難しい課題に直面しているが，すでに始まったのである。政府をはじめ，中国全体がどのように取り組んでいくかは国際的にも注目されている。

むすびにかえて
―― コーポレート・ガバナンスと社会保障制度の整備 ――

　企業改革によって，従来の「企業は小社会のようで，社会は大企業のようだ」といった生活共同体たる企業社会が崩れ，従って，従来の企業による社会保障システムも完全に崩壊してしまった。企業が「経営請負制」や会社化

などの改革段階を経て，市場経済下における完全生産型（脱福祉型の）企業体制を確立しようとしたのである。しかし，問題は市場経済社会における社会保障制度が不備なため，リストラされた場合または企業倒産した場合の従業員の住宅問題，年金問題および医療費負担問題などが浮き彫りになり，企業改革の妨げとなっている。これは中国に現れた貧富の格差という社会問題の一要因でもある。このような人々の死活に関わる問題が，結局社会の不安定に繋がるから，最近国内外に重要視され，市場経済下の企業体制の確立とともに，市場経済下の社会保障体制も確立しなければならないことが認識された。ただし，中国の実状を考えると，社会保障体制の確立は時間もかかるし，それなりの努力も要するものである。

　要するに，市場経済下の社会保障体制を確立しない限り，健全な市場経済下の企業体制の確立がないという認識のもとで，社会保障に関する理念，政策などの策定や社会保障システムおよび法制度の整備なども，中国における良好なコーポレート・ガバナンスを確立するために，考えなければならない重要課題の一つである。

［李　黎　明］

注
1) 中外合資経営企業法，中外合作経営企業法，外資企業法など，外資系企業に関する渉外企業法の分野がある。
2) 李維安『中国のコーポレート・ガバナンス』（税務経理協会，1998年），22頁参照。
3) 中国には自治体という概念がなく，省，市，県のような地方の行政団体のことを地方政府という。
4) 企業改革の過程に対して，種々の分類のしかたが見られるが，ここで本章の説明には相応しいと思う分類をさせてもらうことにする。
5) 経営請負制の原文が"承包経営責任制"であって，経営責任請負制と訳すのもあるし，また経営請負責任制と訳すのもある。本章では，経営請負制と訳すことにする。
6) 全人民所有制とは，国家所有制のことである。
7) 短期行為とは，長い目を持たず，短期間で利益を上げればよいとの考え方による新技術の不開発，投資の不増加，設備の使い捨てなどの行為を言う。即ち，請負人が自分の目の前の利益だけを考え，国有企業については，無責任な経営をすることを指すのである。
8) 企業の「会社化」とは，厳格に言えば国有企業の会社への組織変更であるが，本章ではとくに中国国有企業への「会社化導入」を指すものとする。

9) 国家国有資産管理局，国家経済体制改革委員会「股份制試点企業国有資产管理暫行規定」第3条，「股份有限公司国有股权管理暫行办法」第2条による。
10) ここに記すものは，国家国有資産管理局単独で，または国家経済体制改革委員会と共同で公布する行政規定であるが，他の国家機関による同類の行政規定もある。
11) 遅福林主編『国企股份制改造実例』（外文出版社，1998年）。
12) 中国では，有限会社の持分のこと，社員のこと，社員総会のことを，株式会社の場合と同じ，株式，株主，株主総会と称する。
13) 中国の董事とは，大体日本の取締役，董事会とは取締役会のことに当たるが，董事長については取締役会会長と訳す例もあるし，代表取締役と訳す例もある。会社法に唯一の法定代表機関とされることから，董事長は代表取締役に近いと考える。いずれにしても，用語の中身が完全に同じではないので，本章では原語を使うことにする。
14) 日本語に訳すと監査役会のことである。中国の監事会が株主代表と従業員代表から構成されるのである。
15) 中国の会社用語の経理については，社長と訳すのもあるし，支配人と訳すのもある。もともと中国においては，同じく経理と言っても，個々の会社により与えられた職務が，社長に近いものもあるし，支配人に近いものもある。実務的には，社長に近い意味の経理を総経理といい，支配人に近いものをただの経理と呼ぶのが一般的であるが，総経理は会社法の用語ではない。そこで経理についても，会社法上の原語のまま使用することにする。
16) 日本では外部取締役と称するものである。
17) 参照"証監会有関負責人提出以四大措施完善独董制度"，
http://finance.sina.com.cn/y/20040206/0722619309.shtml
18) 許彩国「我国独立董事制度的十点質疑」商業経済与管理，2003年第4期。
19) 参照 http://www.sinopec.com/company/introduction/
20) 薄越亮『董事必備』（中国物質出版社，1992年），82-83頁。
21) 猴王株式会社は1992年成立し1993年上場した。当時の国家株主は宜昌市国有資産管理局であった。1995年宜昌市国有資産管理局が所有する猴王株式会社の国家株を猴王集団会社に授権したため，猴王集団会社が猴王株式会社の大株主となった。
22) 梅慎実著『現代公司治理結構規範運作論』（中国法制出版社，2003年），519-520頁参照。
23) 桔栄霖主編『現代企業制度—国有公司化改造』（中国人民大学出版社，1995年），246頁参照。
24) 外商投資企業とは，外資系企業のことで，非外商投資企業とは，非外資系企業つまり国内企業のことである。
25) 経営者買収は MBO（Management Buy-out）の中国語訳である。英国の経済学者 Mike Wright に1980年はじめて使われた。張加宁「管理層買収—国有企業改革的新思路」2頁参照。
26) 前掲梅慎実著『現代公司治理結構規範運作論』81-82頁を参照。
27) 法制日報，2002年10月9日「从吃飯審批説起」による。
28) 行政許可とは行政機関が申請人の申請することに対して，許可する行政活動のこと

をいう。「許可」「特許」「認可」を包摂したような概念である。
29) http://www.people.com.cn/GB/shizheng/11026/2041216.html「行政許可法草案通過：審批型政府走向服務型政府」による。

第2章

中国国有企業改革のプロセスと今後の動向

はじめに

　中国国有企業改革は，中国経済体制改革全体における中心的要素であり，重要課題である。その改革の進展が順調か否かは，経済改革全体の成果を大きく決定づける。今日，中国国有企業は，その企業数，資産規模，分布領域の広さ，そしてその影響力の大きさにおいて，世界一と言うことができる。こうしたことも，各国各方面の専門家や学者諸氏が中国国有企業の運命と前途に対し格別なる関心を寄せ，研究意欲を高めている理由となっている。中国国有企業は，旧ソ連や東欧国家と体制上共通項を有しているとは言え，中国5,000年以上の文化的経緯と歴史の源流は，過去も現在も，企業制度に中国特有の確固とした「烙印」を残し続けている。そのため，中国国有企業の分析と研究を行う際は，歴史とロジックの統一がなされ，静態と動態が融合し，マクロ的観点とミクロ的観点が一致し，そして経済学と法律学共に通じる科学的方法論を用いる必要がある。そこで，本章は，歴史と現状，問題と要因，試練と今後の動向，対策と選択という4つの方面から，中国国有企業改革のプロセスと動向を分析，論述していく。

第1節　中国国有企業改革のプロセスと簡潔な評価分析

　1978年末は，中国改革史上一つの節目[1]とされ，ここから中国国有企業改革の歴史が始まることとなった。現在までに，すでに25年の歳月が流れ

ている。これに対し，中国の学者諸氏は，様々な基準により改革の段階や特徴を区分[2]している。筆者の考えによると，国有企業改革が結局いくつの段階を経たのかという点において，最も重要なのは，企業制度の刷新と，本質的変化の有無である。この意味から言えば，中国国有企業改革は，以下の3つの段階を辿ったと言えるだろう。

1. 第1段階 (1978-1992年)

この期間，国有企業改革は，中国農村の「請負制」改革の成功経験を手本とし，同時に旧ソ連や東欧各国の改革方法を吸収し，「放権譲利（権利を企業へ渡し，利益を留保する）」を中心とした改革路線を歩んだ。その主な形態は，企業経営自主権と請負制の拡大である。

計画経済体制期，および改革の初期においては，中国の国有企業は国営企業と呼ばれ，実際は政府の所属物であり，経済的意味での資産としての地位はなく，法律の意味での独立人格も持たなかった。このため，政府は企業経営の自主権拡大を決定し，企業への規制を順次緩和し，企業の積極性と自主性を高めようとした。1984年5月，中央政府は，国有企業が生産や経営における方針決定など，10方面の自主権を持つことができると明確化した。これ以降，企業自主権の効果的な実施をさらに促進するため，国有企業内において様々な形での請負制が試行された。1988年末までに，絶対多数の国有企業は揃って請負制を実施した。1992年7月，国務院は「全国所有制工業企業経営システム転換条例」を公布し，行政法規の形で，国有企業が有するべき14項目の自主権を規定した。請負制は，以前の計画体制下の国営企業と比較すれば改善があったものの，制度上の欠陥は全く解決されていなかった。そのため，各方面での評価分析や反省が行われた。そして1987年，中央政府は，一部の国有企業において株式制度を試みる旨を発表し，小規模の国有企業は有償で譲渡できるとした。こうした試みは90年代前半になってようやく理論上の突破口を得て，実践における改革を実現することができた。

この時期，立法機関は，国有企業の改革と発展に関する2つの重要な法律を制定した。一つは「企業破産法（試行）」(1986年12月)，もう一つは「全

国人民所有制工業企業法」(1988年4月)である。これは，新中国成立以来の，国有企業に関する初の基本法律である。この2つの法律は，この時期重要な作用を及ぼしたが，その後の実践において，時代に追いつかない部分がますます顕著となってきた。その中で特に目立ったものは，立法思想が所有制を中心路線に据えているということである。そのため異なるタイプの所有制企業に適用した法律法規をそれぞれ制定したが，それがすなわち国有企業法と集団企業法，そして「三資企業法」(中外合資企業法，中外合作企業経営法，外資企業法) であるが，これは企業が進化し発展した歴史の道のりに沿って立法されたものではない。

2．第2段階 (1993-2002年)

この期間，中国の市場化という改革目標の確立に伴い，国有企業改革の中心路線も制度改善から制度刷新へと転換し，「会社制（原文：公司制）」企業を典型的な形態とする現代的企業制度の建設を目指した。

中国国有企業改革は，一貫して経済体制改革全体における重要構成要素であり，そのため国有企業改革の方向，目標や経路も，一貫して経済体制改革目標の選択範囲[3]に内包され，かつ，その制限を受けた。中国の改革初期に選択された目標は，「計画経済を主とし，市場の調節を補足とする」[4]というものだった。1984年以後，中国は「計画性のある商品経済」という改革目標を選択した。80年代末になると，消費と投資の「二重膨張」が引き起こした「市場の疲弊（原文：市場疲軟）」を経験した後，改革目標を「計画経済と市場調節の結合」[5]に定めた。当然，こうした改革モデルの選択において，国有企業改革の方向も，「放権譲利」とするしかなく，制度の刷新[6]を求めるものではなかった。1992年まで，中国共産党第14期大会は，改革目標を社会主義市場経済体制の建設と定めていたが，翌年11月の中国共産党第14期第3回全体会議で可決された「中国共産党中央による社会主義市場経済体制建設の若干の問題に関する決定」で，初めて国有企業改革の目標と方向を「財産権の明確化，権利責任の明確化，政府と企業の分離，管理方法の科学化」という現代的企業制度の確立に定めた。これを境に，中国国有企業改革は，放権譲利から，市場化による企業制度の刷新へと転換した。2000年に

なると，大多数の国有大中規模中核企業は，初期段階の現代的企業制度を確立した。国務院および各地が選んだ現代的企業制度の試行企業27,000社以上の企業のうち，大多数は会社制改革を行った。国家統計局が行った2,473社の試行企業に対する統計調査によると，全体の81.5％[7]を占める2,016社の企業が制度改革を行った。

この期間，中国は，ある非常に重要な法律を公布した。それはすなわち「会社法（原文：公司法）(1993年12月)」である。これは所有制を中心とした立法思想を初めて打破したものであり，中国で会社（公司）を設立する2種類の形態（有限責任公司と株式公司）を規定した。同時に，上海と深圳で証券取引所の開設が始まり，大量の国有企業の組織再編と上場を促した。ここから国有企業の会社制改革は，法治の道を歩み始めたのである。

3．第3段階 (2003年-現在)

この期間，中国のWTO加盟と経済のグローバル化という新たな変化に伴い，中国は，市場経済体制の改善と小康社会の全面的建設という目標を確立した。特に，各レベルの政府の国有資産監督管理機関の設立に伴い，国有企業改革は，より開放的に，より市場化する方向へ，コーポレート・ガバナンスの健全化，国有経済の再配置と構造調整の加速化，国有資産監督管理体制の完備へと転換し始めた。

中国は，1993年以降の10年の改革を経験し，経済体制改革の理論と実践において，共に大きな進展を遂げた。初期段階の社会主義市場経済体制が確立し，全方位的な，広範囲な，多階層的な対外開放の枠組みが，基本的に形成された。しかし，多くの体制上の障害が，中国生産力の急速な発展を未だに制約し続けているのは否定できない。国有企業改革は，この期間において少なからぬ進展を遂げ，「3年で貧困を脱出する」[8]目標を実現したとはいえ，体制の面から見た国有資産管理体制と，ミクロ的視点から見た企業コーポレート・ガバナンスの面で，その制度改革の進展は未だ思うような成果を得ていない。これが，次の新しい国有企業改革の最重要課題となっている。

新たな国有企業改革は，幕を開けたばかりである。その明確な動きとしては，次のものがある。①2003年3月に，国務院を代表し，専門に国有資産

の監督管理を司る機関であり，または国有資産出資者を代表する特設機関，つまり国務院国有資産監督管理委員会（SASAC）が設立された。その後，各省も相応する機関を設立し，国有資産に対する各レベルの責任の所在を明確なものとした。②2003年5月27日，国務院は，総理令第378号により「企業国有資産監督管理暫定条例」[9]を公布した。これは，国有資産監督管理の実施についての基本法律である。③同年10月14日，審議の末「中国共産党中央の社会主義市場経済体制完備における若干の問題に関する決定」が可決し，迅速な国有企業改革の必要性と，国有資産監督管理体制の完備という戦略的配置と，全体的な要求を明確に取り上げた。こうしたことから，この新しい国有企業改革を「ポスト国有企業時代」[10]と呼ぶ者もいる。

第2節　中国国有企業改革の成果と比較分析

中国国有企業は25年の改革を経て，確固とした進展と積極的な成果を得た。しかし国外の企業と比較すると，制度面であれ，その発展であれ，共に少なからぬ落差が存在しており，深層部の問題を解決するために，さらなる改革の進展が待たれる。

1．改革の成果

中国国有企業改革の進展と成果において，特に際立ったものは，以下のものが挙げられる。

(1) 国有企業の発展

国有企業は，国民経済において主導的役割を果たした。25年近くの間，中国では天変地異のような変化が起こり，国民経済が20数年にわたって年平均9％の高成長を維持してきたばかりでなく，工業化も急速に進展した。2003年になると，国民一人当たりの所得は1,000ドルを超え，なおかつ総合的な国力は絶えず増強を続け，国民の生活レベルはこれまでになく改善された。その重要な原因の一つとして，国有企業の改革と発展が挙げられる。

2002年末の時点で，全国の国有企業総数は15万9,000社あり，国有資産（資源としての国有資産は含まない）総量は11兆8,300億元（特に説明のない場合，すべて人民元を指す）[11]，前年比8.2％増となっている。1995年から2002年，国有資産総量は年平均11％増加した。国有資産総量の中で，経営性国有資産[12]は7兆6,900億元であり，全体の65％を占め，前年比5.2％増となっている。非経営性国有資産は，4兆1,400億元[13]であり，35％を占め，前年比14.4％増となっている。2002年末には，これらの国有企業は共に利潤3,786億3,000万元を達成し，納税額は6,794億1,000万元となった。中国企業連合会の研究報告によると，2003年の中国トップ企業500社中，国有および国有持ち株企業（国有独資企業，国有独資会社，国有持ち株企業を含む）は368社あり，全体の73.6％を占め，その資産は全体資産総数の96.4％，利潤は全体の85.4％を占める。明らかに，国有企業は国民経済全体において，依然として主導的作用を発揮している。

 (2) 企業の淘汰

　企業制度は絶えず改善され，多くの競争力を持つ企業が現れた。2002年末になると，15万9,000社の国有企業のうち，半数以上が会社制改革を行った。1998年から2002年末までに，国有および国有持ち株企業の中で，組織再編し，上場した企業は442社あり，累計資金は7,436億元であり，その中で国外調達資金は352億ドルとなっている。1997年から2002年までの間，世界トップ企業500社に入った中国大陸の企業は，3社から11社へ増加し，これらの企業すべてが，国有および国有持ち株企業である。中国海洋石油会社は，香港とニューヨークの資本市場において特に優れた評価を得たため，2002年イギリスの「ファイナンシャル・タイムズ」により世界最優秀管理企業として選ばれ，アメリカの「グローバル・ファイナンス」により世界最優秀石油業界企業に選ばれた。その一方で，長期的赤字を抱え，債務返済が望めず，資金繰りに行き詰まった多数の企業と鉱山は，閉鎖され破産処理された。これらの企業を閉鎖し破産処理するにあたっての困難は，世界共通の難題である。中国にとっては，社会保障体系が未だ完全でない状態にあり，その難度はさらに大きなものとなった。中国政府は，政策的に閉鎖破産

処理を実施することにより，重要度に従って，紡績，石炭，有色金属などの業種の国有企業の破産閉鎖問題を解決していった。1994年から2002年，全国で政策的に破産処理が行われたのは，3,080社あり，不良債務補填のために銀行が支出した損失引当金は，1,995億4,000万元，レイオフ後再配置された従業員数は530万人[14]に及んだ。これは国有経済の配置と構造における戦略的調整を牽引しただけでなく，企業自身の淘汰メカニズムの確立と改善をも促進した。

(3) 国有企業の競争力と収益効果

　国有企業の競争力とその収益効果は，絶えず向上している。世界銀行が発表した「国際経験をふまえた中国の国有企業資産管理」の研究報告が示すように，1997年から2001年末まで，中国国有企業数は，262,000社から174,000社となり，88,000社減少した。1998年から1999年の間，国有企業の収益能力はすでに向上し，純利益はほぼ以前の2倍となり，赤字の国有企業の比率は，3分の2から半分へと減少した[15]。新しい国有資産監督管理体制により，国務院国有資産監督管理委員会が管轄する，189社の中央管轄国有企業は，2003年末までに販売収益が4兆元を突破し，3,000億元を超える利潤を実現した。

(4) 国有経済の配置と構造

　国有経済の配置と構造は，さらなる調整と最適化が行われた。一切を包括する計画経済体制下の国有経済が抱える，戦略目標期間が長く，配置範囲が広く，領域が多く，効率が悪いといった深刻な問題は，近年一部の国有企業の市場からの撤退という形で，調整を加速させた。1995年から2002年まで，国有および国有持ち株工業企業は，7万7,600社から4万1,900社となり，46％減少した。近年，各地方政府は，組織改革，連合，合併，リース経営，請負経営，株式合作，有償譲渡などの各種の形式を通じて，国有中小企業の活性化を図った。85％以上の国有中小企業は，揃って制度改革を行い，その中で県一級の国有小企業の約80％と，地（市）一級の国有小企業の約60％は，有償譲渡され非国有企業へ変革する方法が採られた。統計に

よると，2002年末，中国国有中小企業は，14万9,000社であり，1995年の財産資本監査時と比較して14万5,000社減少したものの，利潤総額は286億9,000万元，実際の納税額は1,504億2,000万元を実現した。

2．主な問題点

中国国有企業の改革と発展が，明らかな成果を得たとはいえ，問題は依然として存在する。主な問題点は以下の通りである。

(1) 国有資産の運用効率

マクロ的観点から言うと，国有経済の配置は完全に適切であるとは言えず，構造は合理的でない部分もあり，資産運用効率も理想的とは言えない。中国はいまだ工業化の進展途中にあり，経済全体は，粗放型から集約型へ転換を遂げている途中であるため，国民経済全体の運用効率は，早急な向上が必要とされる[16]。このような発展段階とマクロ的な背景の下，国有経済の運用効率と資産の質は，自ずから早急な改善と向上が必要とされている。推測では，現在国有経済が社会総資産中に占める比率は60％となっており，銀行で新たに増加する流動資金融資額における比率は，約70-80％となっている。国有経済が国民経済に占める比率は，依然として大きい。しかし国有経済の国民経済に対する貢献度と，国有経済が有する資産の比率は釣り合いがとれていない。例えば，2002年，すべての国有工業企業は，国有および一定規模（年間販売収益500万元）以上の工業企業の資産総額中62％を占めるが，実際の工業総生産額はわずか41％を占めるのみである。さらに収益指標から見てみると，2001年のすべての国有工業企業の資産利潤率は，2.9％であり，同期における一定規模以上の非国有工業企業の資産利潤率は，4.9％であり，両者を比較すると，前者が2ポイント低くなっている。この他，同期における競争性の業種における赤字企業6万7,000社は，すべての国有赤字企業の75.3％を占め，赤字額はすべての国有赤字企業赤字額の73％を占めている[17]。2002年末には，一般の競争分野に分布する中国国有資産総量は2兆6,800億元であり，すべての国有工商企業が有する国有資産の40.9％を占め，純資産収益率は1.2％であり，すべての国有企業の平

均レベルより1.2ポイント[18]低くなっている。これは，現在まだ相当数の国有資産の運用効率が，非常に低いか，またはゼロであることを表している。

(2) 企業の組織構造と行政管理

ミクロ的観点から言えば，国有企業の組織形態とコーポレート・ガバナンスは完全ではない。企業の組織構造は，企業の生存と発展にとって非常に重要である。しかしながら，中国企業の集団モデルは，特定の条件下で生まれたもので，生まれたその日から制度上の欠陥をはらんでいた。改革開放以来，中国は5回にわたる政府行政組織改革を行い，国務院は，当初90以上あった部門を，現在の29部門に縮小した。しかし撤廃された一部の政府機関は，もともと管轄管理していた企業をすべて自らの配下に収め，自らが集団公司となった。法律上では企業法人になったとはいえ，組織構造と管理の面では，未だに行政管理の特徴が色濃く残っている。そして，管理階層の多さ，管轄範囲の広さ，管理連鎖体制の長さ，管理効率の悪さ等の問題が，必然的に存在する。それぞれの企業を見ても，会社法に基づき登録認可を受け，有限責任会社または株式会社になっていても，その内部のコーポレート・ガバナンスはまだ完備されておらず，相当数の会社の株主総会，董事会や監事委員会は不健全なものであったり，有形無実であったりと，あるべき機能を果たしていない。

(3) 企業の競争力

企業の競争力が弱い。中国企業連合会の研究結果[19]によると，現在中国企業のレベルを世界の同業種企業と比較すると，かなりの落差が存在する。一つは，資産規模が小さいという点がある。2002年アメリカの「フォーチュン」誌が発表した世界トップ企業500社の中で，アメリカ企業は192社で39％，ヨーロッパは119社24％，日本は88社18％となっている。この三大経済エリアを合わせると，全体の81％を占めることになる。中国大陸はわずか11社で，2％にしか満たない。2003年，中国トップ企業500社の総資産は，33兆3,048億ドル（1ドル8.28人民元で計算，以下同様）であり，

これは同期の世界トップ企業500社の資産総額のわずか7.11％にあたる。2003年の世界トップ企業500社の資産規模第1位は，日本のみずほホールディング社であり，資産1兆1,303億ドル，中国トップ企業500社の資産総額の34.2％にあたる。同期において，中国トップ企業500社の資産規模第1位は，中国銀行で5,769億ドル，日本のみずほホールディング社の資産総額のわずか51.04％にしかあたらない。2つ目は，営業収入が少ない点だ。2003年中国トップ企業500社の営業収入総額は，8,408億ドルで，同期の世界トップ企業500社の営業収入13兆7,290億ドルの6.12％にしか満たない。同期に世界トップ企業500社にランクインした12社の中国企業の営業収入（2,519億ドル）も，同期のトップ企業500社の総営業収入の1.83％に留まっている。2003年中国トップ企業500社の営業収入第1位は，中国石油天然ガス公司で458億ドルだが，これも同期の世界トップ企業500社第1位であるアメリカのウォルマート社の18.58％でしかない。3つ目は経営効率が悪いという点だ。2003年，世界トップ500社企業の一人当たりの営業収入は，29万5,300ドルであり，一人当たりの利潤は2,900ドルだが，同期における中国トップ500企業は，それぞれこの指標の14.1％と72.5％に当たるのみである。

第3節　中国国有企業改革が直面する新情勢と基本動向

現在，中国国有企業改革は新たな段階へ踏み込んでいる。これと同時に，国有企業改革もさらに緊迫した険しい情勢に直面し，改革の動向はより見通しが良く，より市場化されたものとなり，改革の任務はより困難で試練に満ちたものとなっている。

1．新段階の国有企業改革が直面する新たな情勢

もし「中国国有企業改革は，これまでの25年間，市場化と経済的開放による相対的制限のある状態で，次第に進展してきた」と言うならば，新しい時期に入った後，この改革は，経済のさらなる開放，競争のさらなる過熱，

情勢のさらなる熾烈化という試練と挑戦に直面することになるだろう。

(1) 経済のグローバル化

こうした新たな情勢と挑戦は，まず経済のグローバル化がもたらした競争から生まれたものだ。今日の世界は，より市場化し，よりグローバル化し，より開放化された世界である。いかなる国や地域の経済発展と改革も，他の国や地域の変動を充分に考慮しないわけにはいかない。ひいては，この点を最優先に考えなければならないこともある。中国にとってみれば，2001年WTOへ加盟後，市場が順次完全に開放されるに従い，特に過渡期が終結する時期を間近に控え，こうした挑戦とプレッシャーは，ますます顕著なものとなった。先に述べたように，中国国有企業制度上の歴史的束縛のため，国外の競争力のある多国籍企業と競争し対抗するのは，明らかに難しい。統計によると，現在世界トップ企業500社中，すでに400社程度が直接または間接投資の方式をとって，中国市場に進出している。こうした外部環境の重大な変化と，競争のプレッシャーの絶え間ない増強は，かつての国有企業改革にはなかったものである。

(2) 今後の戦略目標

国有企業改革の新たな情勢と試練は，中国の今後の戦略目標における予測と選択によりもたらされるものでもある。今日，世界のいかなる国の発展も，長期的な計画と発展戦略の設定を必要としている。中国も当然例外ではない。もし，「中国は，前世紀末に，経済体制改革目標の方向と発展戦略の選択を確立した」と言うならば，今世紀初頭はその目標と戦略をさらに一歩向上させ，完全なものとする必要がある。つまり，より完全な社会主義市場経済体制と，より活力を持ち，より開放された経済体系を確立し，所得4倍増計画（第1歩，第2歩）に続く，第3歩の戦略的配置と全面的な小康社会の建設を実現しなくてはならない。この戦略的配置の実現は，多方面での条件を必要とする。その中で最も基本的，最も根本的なものは，国有企業の改革と発展であるべきだ。なぜなら，企業は国民経済の細胞であり，マクロ的調整機能の基礎であり，富の源であり，社会安定の根源であるからであり，

中国国有企業は一般市場経済国家の企業よりも，さらに重要で，より独特の意義と機能を備えていると言わなくてはならない。この意味から言って，中国国有企業改革の進展と成功の如何は，直接第3歩の戦略的配置と目標の実現を決定付けることになる。

(3) 私営企業の急速な発展

中国民営企業の急速な発展は，国有企業にさらに大きな競争のプレッシャーを与えた。全面的に非国有企業の発展を奨励し支持する，というのが長年中国経済の政策上行われてきた正しい選択である。特に近年，中国の個人経営と私営経済は，急速な発展[20]を遂げた。2002年末の時点で，中国個人経営工商企業は，2,377万社[21]に達し，従業員数4,742万人，登録資本3,782億元であり，私営企業は243万社[22]，従業員数は3,409万人，登録資本2兆4,756億元となっている。非国有企業は，そのシステム上の融通性や，負担が少ないなどの理由から，ますます大きな経営活力と競争力を呈しており，特に中国珠江デルタ地区と長江デルタ地区などの地域では，非国有企業が，強大な競争勢力と発展の潜在的可能性を形成している。これは疑いなく，国有企業の早急な改革と発展が急務であり，さもなければ，逆流に船を出すように，進まないばかりか後退してしまいかねないことを示している。

2. 中国国有企業改革の基本的動向

国務院国有資産監督管理委員会の成立と，「企業国有資産監督管理条例」の公布および実施に伴い，現在政府レベルでは，社会公共管理機能と出資者の機能の分離（すなわち簡略に「政資分離」と呼ぶ）と，2つの権限の分立が一応実現し，集中的に統一された国有資産出資者がすでに所定の位置についた。これにより，国有企業改革をさらに進展させるための，堅実なマクロ体制の基礎と保障が固められたことになる。また，中国国有企業改革は，これまで一貫した一つのシステム工程とみることができ，そのため改革の思想設計と方法の選択においては，科学的なシステム的方法論[23]を堅持しなくてはならない。その方法論とは，総合的に各種の要素を考慮し，また主要な矛

盾点を把握しなくてはならない。ミクロ的視点から見た改革を考慮すると同時に，マクロ的な展開にも注意しなくてはならない。企業自体の制度刷新を解決しなくてはならないと同時に，各方面との総合的な調和の取れた改革に尽力しなくてはならない。企業内の改革を考慮しながら，また企業の発展にも注意を払わなくてはならない。市場化という改革方向を堅持しつつ，社会の安定した調和を確保しなくてはならない。改革の歩みを加速する一方，あまりにも早急な解決を防止しなくてはならない[24]。この方法論を用いて，国有企業改革というこの中心的課題に立脚し，筆者は，今後の中国国有企業改革の基本的動向を次のように捉えている。

ミクロ的視点から見ると，改革の核心と鍵は，会社法人のコーポレート・ガバナンスの改善である。工業化と現代化の発展というニーズに応じた，企業分権・権力バランスの制御と監督メカニズムを確立し，株式制を公有制の主な実現方式としてゆく。

マクロ的視点によると，改革が目指すものは，国有経済の配置と構造の戦略的調整のさらなる加速となる。長年，国有経済の配置と構造において，分散し，整理されず，劣っていた状況を改革し，国有経済の全体的素質と運用効率を高めなくてはならない。

体制面から言うと，改革の力点は，国有資産監督管理体制の完備であり，国有資産出資者の権利と責任と義務を真に機能させ，国有資産の価値保全と増殖を実現しなくてはならない。

各方面との調和という点から言うと，改革の重点は，上述の3つの方面での改革に応じて必要となる，現代的所有権取引市場と制度の確立，雇用問題の解決，および社会保障体系の健全化となる。

第4節　中国国有企業改革における対策の選択

中国国有企業改革の基本的動向に基づき，以下，順に対策の選択という面について具体的に分析と論述を行う。

1. ミクロ的視点から見たコーポレート・ガバナンスの改善

(1) 理論上の問題

コーポレート・ガバナンスとは何であろうか。企業は何故コーポレート・ガバナンスが必要なのか。また，いかに企業のコーポレート・ガバナンスを選択するのか。過去，こうした問題は明らかにされなかったか，またはもとは明らかであったものの，今世紀初頭，アメリカ等のいわゆるコーポレート・ガバナンスにおいて成熟している国家のいくつかの大企業がスキャンダルを起こした後，この問題は曖昧なものになってしまい，少なくとも新たな研究課題を我々に投げかけた。筆者の意見では，少なくとも以下の数点の問題について，さらに研究を進める必要がある。

① コーポレート・ガバナンスの必要性

コーポレート・ガバナンスはすべての企業が必要とするものである。世界のいかなる企業でも，コーポレート・ガバナンスが必要であり，コーポレート・ガバナンスなしに，企業は長期生存や発展をすることはできない。世界で長年名を知られるファミリービジネス企業であろうと，第2次世界大戦後各国で創設された国有企業であろうと，会社制企業であろうと，例外はないと言えるだろう。

② 権力の配置

コーポレート・ガバナンスは，権力に対する配置選択と制度の制定である。古くより今日まで，権力は語り尽くすことのできない永遠の話題である。権力とは何であろうか。各人によって見方は異なるだろう。権力が存在しない時はなく，それが行使されない所もない。権力は空気のように，人類の必要とするもの，社会の備えているものなのである。権力は，その広範囲性，適用性から言って，欧米の法律で言うところの公権と私権の区分だけでなく，通常よく語られる，現実の生活において至る所に存在する意志強制という要素も持つ。つまり，有名な社会学者マックス・ウェーバーが言ったように，「権力とは，一人の人間の意志を，その他の人の行為の上に強いる能力」である。権力が人の勢力を強めるものであり，希な資源である以上，こうした勢力と資源の配置が不当であれば，必然的に各種の問題をはらみ，引き起こ

すことになるだろう。こうした意味から言えば，権力の獲得よりも，乱用ではない権力の正しい使用が，さらに重要となる。企業は社会経済のミクロ的細胞として，社会生産力の引き受け手として，社会の富の創造者として，同様に時々刻々と，解決が必要な大量の権力にまつわる問題を内包し，産出している。その問題とは，出資者の株主権，経営者の管理権，従業員の民主権，民衆の知る権利などである。これに関して言えば，企業の生産経営活動は，実際は各種の権力による相互間の占有，配置，使用，バランス制御，監督行為なのである。企業の一連の権力の中で，企業家は，往々にして権力ピラミッドの頂点である最高の地位に位置する。もし彼らに問題が生じた場合，それは，企業の株価の下落を意味し，破産倒産へと繋がる。ならば，企業の中でいかに企業の権力を配置すれば，企業が衰えることなく長期にわたって生存し，財源も豊富で，また企業家達に職務を全うさせ，才能を発揮させることができるのであろうか。これは，理論家と企業界が長年にわたって模索している課題である。

③　企業制度変遷の歴史

　コーポレート・ガバナンスは，動態的なもので不変なものではない。実践による絶え間ない修正と改良に伴い，変化するものである。世界規模での企業制度変遷の歴史を見ると，コーポレート・ガバナンスは古典的企業制度から，現代的企業管理制度へと発展してきた。経済のグローバル化が日毎に加速し，科学技術が日進月歩で発達する今日，会社管理が優れたコーポレート・ガバナンスであることを疑うものはいないだろう。これは，会社制が制度的にそう制定されているためであり，結局のところ，「絶対権力」を「相対権力」に変えることなのである。つまり分権である。権力間に相互バランス制御能力を持たせるわけである。なるほどアメリカの著名な経済学者であるガルブレイスが，権力の根源は「人格，財産，そして組織である」と言ったが，現代社会において，「組織は最も重要な権力の根源である」と言えるだろう。組織制度の調整を通じて，権力資源の有効な配置と，相互バランス制御状態を実現するのである。経済学者と法学者達は，この制度に，非常に曖昧な言葉である「コーポレート・ガバナンス（原文：公司治理結構（governance structure））」を当てはめた。日本人は「統治構造」と訳し，香港では

「監督指導構造（原文：督導結構）」または「会社管理（原文：公司管治）」と訳している。会社のコーポレート・ガバナンスこそ，現代企業が企業権力の「分権と権力バランス制御」の原則に依拠して，3つの機関の分立状態を形成することなのである。全株主は，株主総会を構成するが，これは企業の意思表示機関である。企業の意思を形成し，企業の最高権力機関でもある。株主総会では，企業の董事会を選出するが，これは企業の意思執行決定機関である。これは法律と株主の決議に基づき，企業業務の執行を指導する。また理事長は企業を代表し，対外的活動を行う。董事会は企業のやり方に沿って，企業の社長を任命する。監事会は企業の監督機関である。董事会に対し，企業事務および会計事務の監督を行う。イギリスやアメリカなどの国は監事会を設置していないが，「auditor（監査役）」という役職があり，監事会と同様の機能を果たしている。これがいわゆる「企業権力階層論」または「機関分立主義」である。すなわち日本の大森忠夫氏が，その著作『株式会社法』の中で，企業は実質的には，「政治の三権分立の考え方を企業構造の中で実現させたもの」だと指摘したが，ある意味では非常に的を射た意見であると言える。

④　変化するコーポレート・ガバナンス

　コーポレート・ガバナンスは，選択可能で，絶えず改良するものである。地域という点から見ると，コーポレート・ガバナンスは国によって異なる。世界各国や地域で統一のモデルはないし，最も理想的なモデルもない。アメリカの企業のコーポレート・ガバナンスとドイツ，日本などは明らかに異なる。たとえ先進市場経済国家の企業のコーポレート・ガバナンスであろうと，「絶対に間違いがない」とは言えない。アメリカのワールドコム社や，エンロン社などの企業スキャンダルが現れたのが，一つの例であろう。まさにこの理由により，コーポレート・ガバナンスが，今日の世界企業理論研究の重点となり，企業家達により解決できない難問，そして政府が注目する問題となっているのである。中国にとっては，なおさらである。各国の国情など様々な要因があり，その構成する本国の会社のコーポレート・ガバナンスがそれぞれ全く異なろうとも，その核心は本質的な差違があるわけではない。こうした制度による企業権力の調整は，非常に有効であり，幾たびの経済危

機と,幾多の社会変遷の試練を経験し,現在すでに世界各国で普遍的に採用されている企業制度となっている。中国のある学者はこれを総括して次のように述べた。完全な会社のコーポレート・ガバナンスと健全な法人財産権は,現代企業の最も本質的な2つの面であり,現代企業が存在し発展するための2つの必要十分条件[25]である。この視点に沿って,中国の企業制度を振り返ってみると,誰もが現在の国有企業,ひいては上場企業が,深層レベルでの多くの矛盾と問題を抱え,解決を必要としていることを否定しないだろう。その中の最大の矛盾,最深層部の問題とは,会社のコーポレート・ガバナンスの改善以外の何者でもない。権力の略取,占有と使用に関して,人類は各種の権力を制約する様々な制度を創出してきたが,それと同時に,その制約に対抗する新しい各種制度を絶えず生み出している。企業組織制度の変遷と運用から見ると,コーポレート・ガバナンスは,合理的に企業権力を配置し,企業権力を正確に使用するための,効果的な制度である。しかし一方,コーポレート・ガバナンスだけで,企業が生産経営活動において生じるあらゆる問題を解決できるわけではない。たとえ市場経済が成熟した国家で,コーポレート・ガバナンスが相対的に健全であろうと,その会社が各種の意に添わない問題を生み出さないと保障することはできない。まさにこの理由から,2002年7月30日,アメリカのブッシュ大統領は,議会の圧倒的多数で可決された米国企業改革法(Sarbanes-Oxley Act)に署名した。ブッシュ大統領は,この法案は「ルーズベルト時代以来,アメリカのビジネスの実践現場に,最も大きな影響を与えた改革である」と述べた。この法案の核心は,会社に対する法律的監視管理の強化である。これは疑いなく,コーポレート・ガバナンスにおける絶え間ない選択と改善が,いかに重要であるかを裏付けている。

(2) 改革のための対策の選択

歴史的に見ると,各種企業の出資方法や,責任形態,組織形態が異なるため,コーポレート・ガバナンスの選定も大きな差が生じる。古典的企業(オーナー企業,独資企業,共同パートナー企業を含む)と現代的会社制企業では,明らかにコーポレート・ガバナンスに大きな違いがある。中国では,

長年人々は国有企業という概念に沿ってやってきたわけだが，これは非常に幅の広い概念である。それは，企業法に基づき登記された独資企業も含み，会社法に基づき登記された国有独資公司[26]も含み，また国有持ち株会社や国有企業が株式により出資参加している会社（原文：国有参股公司）も含む。2003年，国務院が公布した「企業国有資産監督管理暫定条例」において，この問題がようやく解決され，行政法規の形式で，いくつかの異なる国有企業組織形態が明確に区分されることになった。これによりコーポレート・ガバナンスの選択と完備のために，法的基盤と保障を提供することになった。

中国の改革のプロセスから見ると，会社のコーポレート・ガバナンスの改善は，それ単独で国有企業改革の重要項目となっている。その原因は，現在中国の国有企業のコーポレート・ガバナンスにおける欠陥が深刻であるためである。1996年の早くから，中国では2,343社の国有企業が会社制改革の試み[27]を行っていた。統計調査によると，制度改革を実施した会社の中で，71％が董事会を設立し，63％が監事会を設置し，33％が株主総会を設置した。国務院が選定した520社の国有および国有持ち株企業の中で，430社が会社制改革を行い，これは全体の83.7％を占める。その中で，282社の企業は，全体または部分的な制度改革を行い，有限責任公司または株式公司[28]となった。しかし，今日に至って，国務院国有資産監督管理委員会が管轄する189社の中央管轄企業のうち，大多数の企業は，依然として企業法により登記した国有独資企業であり，この種の企業形態を，少なからぬ人が「工場制」企業と呼ぶ。企業法の規定に基づくため，この種の企業が実施するのは，工場長責任制であり，基本的に分権―権力バランス制御―監督のメカニズムは形成されていない。コーポレート・ガバナンスにおいて不備があるために，現在の国有企業の経営管理における数々の問題が出現しているのであり，長年にわたって徹底的に根治することができないのである。中国国有企業のコーポレート・ガバナンスを改善するには，以下の2つの点を充分に考慮する必要がある。

① 国有大中規模企業の株式制改革の推進

積極的に国有大中規模企業の株式制改革を推進する。株式制企業に関しては，これも一つの歴史の過程であるとした見方をしている。早くは80年代

末,中国の理論界は,この問題を取り上げ始め,政府は一部の国有企業において,一定量の試みを行うことを決定した。90年代以後,ようやく大々的な宣伝と試行が行われ始めた。中国が株式制を推進したのは,それが迅速に資本の蓄積を可能とする機能を持つこと以外に,もう一つ重要な理由がある。それは,株式制を通じて国有企業の制度改革を行い,そこから完全なコーポレート・ガバナンスを建設するという前提があったためである。このために,中央政府は次のように表明した。今後,国有資本,集団資本や非公有資本などで資本参加する,混合型所有制を大いに発展させ,条件を備えた国有大中規模企業の上場や,国内外企業との合資など,各種方法を通じた株式制改革や,投資主体の多元化を実現し,それを支持し,株式制が公有制の主な実現形態となるようにしなくてはならない。

② 董事会の機能強化

会社のコーポレート・ガバナンスを改善し,基準化された現代的企業制度を確立する。中国の会社法[29]に基づき,中国会社制企業のコーポレート・ガバナンスは,株主総会,董事会,監事会の分権による,権力バランスの制御・監督のメカニズムを選択した。しかし実際,現在の会社内部においては,効果的な権力バランス制御メカニズムは,真の意味では未だ確立されていない。具体的には,一部の国有独資公司は,未だに董事会を設置しておらず,たとえ株主総会,董事会,監事会を設立した会社であろうと,それは本当には機能していない。その中でも,特に董事会の機能は,真に発揮されていない。そのため,次なる一歩は,董事会の機能を強化し,董事会制度を完備することに重点を置くべきである。いかに董事会メンバーを選定するか,董事会内部委員会の設置なども含み,会社の株主総会,董事会,監事会と経営管理者の権利責任を規定し,各自の権利責任を明確にし,各自がその職務を司り,互いに権力バランスを制御しあい,相互補完し,相乗効果を上げることができるようにするべきである。

2.マクロ的視点から見た国有経済の配置と構造調整

本文の前の部分で指摘したように,国有経済は,長期にわたって,配置が散漫,問題解決期間が長い,規模が小さく,効率が悪いなどの問題が存在し

ていた。これは実際，国有企業自身の問題が，マクロ的面に現れている必然的な反映である。言い換えると，国有企業改革を更に進め，コーポレート・ガバナンスを改善し，国有資産管理体制を形成し直すには，国有経済の配置と構造の戦略的調整という問題を，必ず解決しなくてはならない。この問題は，90年代中期にすでに露見しており，中央政府はこのために，国有経済は「発展も撤退もあり，実施も非実施もあり，必要なところは進み，退く場合は秩序を以て行う」という戦略的原則に基づいて調整を加え，それにより資源の統廃合を行い，効率を向上させるという目標を打ち出した。今後のこうした進展はさらに加速するであろう。また，以下の3つの方面を熟慮すべきである。

(1) 構造配置の最適化

構造配置の最適化を図り，資源の統廃合を強化し，進退の基準に秩序を持たせる。まず，国有資本の増量に関しては，国家の安全と国民経済の要となる，重要な業種や領域により多く投資し，国有経済の制御能力を強めるべきである。その次に，国有資本の価値保全に対しては，資産買収による組織改革と構造調整などの各種の方法を通じて，一部の企業の市場からの撤退も含めた，合理的な流動性の高い戦略を実施し，公平な競争の中で淘汰が行われるべきである。次に，国有経済の配置と構造の調整は，改革問題でもあり，発展の問題でもある。現在，一人当たりの収入が，わずか1,000ドル程度でしかない工業化の過程にある人口大国である中国にとっては，西部大開発戦略や東北老工業基地振興戦略などとタイアップを図り，同時に推進し，相互に協調しあうべきだ。

(2) 国有経済の配置と構造の調整

国有経済の配置と構造の調整を改善するには，関連する法律が必要である。国有経済の配置と構造の調整は，非常に険しく長い道のりであり，一挙に解決してしまうことは無理である[30]。これは，このプロセスが実際どの国有企業の改革プロセスとも関連があり，適応するものであるから，または，調整の過程が実際に国有企業改革の過程そのものであるからだけでなく，相

応の法律の制定と完備がやはり必要だからである。理論と実践から言うと，構造と配置の調整における中心的な方法は，つまり買収である。近年世界で買収合併の波は鎮静化してはいるが，中国の買収合併の勢いはかえって加速している。このため，2003年11月，中国と国連工業開発機関UNIDOは，北京で「買収合併による組織改革についての国際フォーラム」を開催した。現在，中国の買収合併に関連する立法は，主に会社法，証券法および国務院関連部門が公布した部門規定の中にある。実際の運用においては，いくつかの問題も出てきているため，さらにこの方面の法律を改善する必要がある。この他，2つの法律を早急に制定するべきである。一つは破産法である。現行の破産法は大きな限界を抱えている。現在人民大会財務経済委員会が，新しい破産法を制定中である。2つ目は，反独占法[31]である。中国のWTOへの加盟許諾に伴い，中国は早急にこの法律を制定することになるだろう。この法律は中国の国有経済配置と構造の調整に対してのものであり，国内外の各種企業間の公平な競争を促進し，重要な役割を果たすことになるだろう。

(3) 企業の核心的競争力の強化

企業に関わる中心業務を確実に実施し，企業の核心的競争力を強化する。発展と改革の過程における，中国国有企業の問題の一つは，企業規模は大きいが実力がなく，分散しており精鋭でないことである。規模が大きいとは，従業員数が多く，資産規模は小さくないにもかかわらず，負債率が高いことを意味する。分散しているとは，企業集団の管理階層が多く，資産連鎖が長く，運用効率が低いことを表している。筆者の調査によると，ある企業集団に属する子会社，孫会社などの階層は，6，7階層から10階層まである場合もあり，短期間における企業の規模拡張は早いものの，多くの小舟を一束にして「航空母艦」にした蛸足状態の企業集団でしかない。こうした現象は最終的に，企業の中心業務を行う実力がなく，競争力にも乏しいことを如実に表している。そのため，今後の改革と調整における重要な方向付けと目標は，企業の中核的競争力を高め，管理階層を減少させ，資産連鎖を短縮し，経営効率を向上させることにある。

3．国有資産監督管理体制の完備

(1) 国有企業改革と国有資産管理体制の改革

　実践において目を引く問題がある。国有企業改革と国有資産管理体制の改革は，本来は同一問題の中の2つの面，同一過程における2つの側面である。二者が相互に制約を加え合い，利害が一致するものである。しかし，過去20年以上の改革において，国有資産管理体制の改革は，終始国有企業改革に遅れを取っていた。1988年から1998年まで，国家は専門の国有資産管理を担当する機関（すなわち各レベルの財政部門下に設置された国有資産管理局）を設置したが，これは国有資本出資者を代表する職責を行使したわけではない。従って，以下の2方面の問題がますます浮き彫りとなった。

① 財産権の主体の問題

　中国国有企業に問題が存在する根本原因は何であろうか。理論界の識者や，企業界のリーダー達の意見は様々である。「システム論」者から見てみると，国有企業改革において露呈している，または未解決の問題の根本原因は，多方面のシステム的要因がもたらしたもので，企業自身の原因以外に，経済体制，社会領域および政治体制など各種の要因が含まれる。「要素論」者から見ると，80年代，国有企業は，基本的に政府と企業の区別がなく，派生して生まれた企業は，当然あるべき経営自主権を手にするのが難しいという問題を抱えていた。90年代には，財産権が明確でない，歴史が作り出した企業が社会を担うにはあまりに負担が重すぎる等の問題が存在した。この2つの観点は，共に一理あり，重要な指摘を行っている。またこの2つの観点は，直接または間接的に，非常に根本的で重要な問題に触れている。つまり，誰が国有資産（または国有資本）所有者を代表し，誠心誠意「経営者」の職務を行うのかという問題だ。言い換えれば，改革が今日まで行われ，我々が苦労して追い求めている「出資者」とは誰なのだろうか，ということだ。国有資産の所有者または所有者代表は，真に存在してはいない。名目上は，国有資産には代表がいるが，実際には国有資産に責任を負っているわけではなく，「財産権の空白」が出現しており，所有者の3つの権利（収益権，重要政策決定権，経営管理者選択権）が，効果的に行使されることは

難しい。

② 職能の交錯

政府の国有資産の出資者の職能と，政府の社会公共管理の職能が交錯しており，「政府と資本の分離」が実現できていない。出資者の権利は解体され，置き去りにされており，所有者の3つの権利はそれぞれ政府の異なる行政機関に配置されている。収益権は財政部門が行使し，重要政策決定権は多くが経済部門により行使され，経営管理者選択権は組織部門が行使している。専門家達はこれを，「5匹の龍による治水」または「9匹の龍による治水」と比喩している。このように，資産を管理するものが人を管理せず，人を管理するものが実務を管理せず，実務を管理するものが資産は管理しないという状況となったが，これでは必ず権利責任の不均衡や職能の不統一といった問題が現れるのは間違いない。

(2) 改革への対策の選択

先に述べた2つの問題がもたらす最終的な結果は，間違いなく国有資本運営効率の低下であり，国有資産流失は避けられない。国有企業改革はマクロ体制におけるよりどころを失ったのである。そのため，国有資産管理体制の確立と完備が，まず先に取り組まなければならない課題である。国有資産監督管理機関の設立に伴い，この問題は順次解決を見るであろう。国有資産監督管理体制をさらに一歩改善するには，次の4つの点を考慮する必要がある。

① 出資者の概念

人々の出資者問題に対する極端な重視は，今日に始まったことではない。90年代には，人々が財産権問題を盛んに討論していた時に，すでにこの問題は触れられており，また国有企業の根本的問題が出資者の機能の空白にあることが鋭く指摘されていた。今日人々が再度この問題に強く関心を抱き，体制面からこの問題を解決しようとしているのは，そうしたことからではないだろうか。いわゆる「出資者」というこの概念を取り上げてみると，熟知していると同時に，実はよく分かっていない。熟知しているというのは，欧米人が会社制の企業形態を創立した際，出資者の概念もそれに伴って生まれ

たからである。中国でも，1993年中国の最初の会社法が制定されたのに伴い，「出資者」もはっきりと記載されている（当該法律の第4条を参照されたい）。よく分かっていないというのは，欧米の会社法理論と中国会社法ともに，間違いなくこの概念が使用されているものの，今日まで多くの人は，その正確な意味を理解していない。例えば，誰が「経営者」かと言えば，それは理解しやすい。しかし誰が「出資者」か，誰が「出資者代表」かと言うと，途端にはっきりしなくなる。語源から言うと，中国語の「出資者（原文：出資人）」は，簡単に言えば金銭を出した人ということになる。英語で相当するもの，または近い意味のものは「Investor」になるが，つまり投資者または資本を投入する人ということである。英語で言う投資者または資本を投入する人という意味は，明らかに範囲が広くなる。この投資とは，あるプロジェクトに対してのものでもあり，ある商品に対してのものでもよく，ある会社や企業に対してのものでもよい。しかし我々の使う中国語で言う出資または出資者という言葉は，明らかにこれより狭い意味となる。狭義での投資または投資者，つまり主に会社に対する投資行為を指す。言い換えれば，出資者と出資を受ける会社との両者の関係が，出資者という言葉の範囲を理解する鍵だと言える。

　出資者と出資を受ける会社は，どういった関係であろうか。会社法の一般的原理によると，会社制企業の中で，出資者は会社に対して出資する義務がある。株主は，一旦会社に自らの出資金を渡した後，その出資した財産に対する所有権は失う。また，その時点で，出資額に見合って得られる会社の株主権を得て，株主は会社内部の集団による株主権の行使という方式で，間接的に会社のその財産権に対する行使を操作するしかなく，直接会社の財産を使途決定したり処理したりする権利はない。また一方では，株主は出資した財産を用いて，それを授与して，会社の財産を形成し，会社の該当財産およびその増殖額に対して，自らの名義で所有権を享受し，また会社の機関を通じて具体的にその職権を行使する。つまり欧米の経済学者達が言う所有権と，内部制御権または直接制御権（中国大陸では「経営権」という概念を使うことが多い）は隔たりがあることになる。会社が独立した法人財産を持ち，その全部の財産を持って会社の債務に対する責任を負うと言うならば，

出資者と出資を受ける会社間の関係は，中国国内で見れば，率直に言って，法学者達の見方が経済学者の理解より適切であり，本質的であり，的を射ている。法学者達の見方では，出資者は，国家であろうと企業であろうと，また個人であろうと，会社法人との関係は，平等な民事の責任主体間の契約関係であり，双方とも平等な地位にある。出資者は直接会社法人に命令することはできず，一方，会社法人も出資者の合法的権利を侵害してはならない。

明らかに，出資者と出資を受ける会社は，それぞれ権利を持ち，それぞれの役割を果たし，それぞれの利益を求める。両者は相互に監視し，双方が利益を得る。それでは，出資者はどのような権利を持つのだろうか。中国会社法第4条の規定によると，「会社の株主は，出資者として，会社に投入した資本額に基づき，所有者の資産受益，重要政策決定と管理者選択などの権利を享受する」とあり，これがよく言われる出資者の「3つの権利」である。学理的に言えば，株主が持つ株主権は，利益分配請求権や，余剰財産分配請求権などのように，株主の自らの利益を目的とした自益権の行使も含み，株主総会への出席権や，議決権，会社業務執行状況の監督検査権などのように，株主自らの利益と同時に会社の利益をも目的とした共益権の行使も含む。先に述べた出資者の3つの権利および，その派生または延長上にある具体的権利は，株主が持つ至極当たり前で，不可侵の権利である。この3つの権利に疑問を抱くものはいない。さもなければ，誰も出資者になるものはいないだろう。しかしながら，実践の場では，それを簡単に「資産管理，人材管理，実務管理」に概括している。見たところ簡略化，明瞭化であるかのようだが，実際には一部の人はこのように理解してはおらず，この「3つの管理」が一人の出資者または機関により行使されると，その権利は非常に大きいという認識を持っている者もおり，「経営者に姑を加える（ほどに権力が大きい）」という言い方をしたりする。理論の中には，単純化ができるものと出来ないものがある。少なくとも簡素化する場合は，要点をはっきりとさせなければならない。

もう一つの問題は，出資者と出資受け入れ企業両者の，本来は平等であるべき関係を，上下関係を用いて考える人がいるということである。一部の人にとっては，両者には必ず上下関係が存在し，当然出資者の方が上になる。

その地位を非常に重く捉える者は，出資者は，経営者の身分で指示を出せると考える。それほどではない者でも，出資者は，管理者の身分で間接的に参与することができると考える。欧米人が創設した会社制企業の起源から見ると，出資者と出資受け入れ企業間には上下関係はなく，どちらが重要ということもなく，単に権利，責任と義務が異なるだけである。もしどうしても上下関係を付けたいなら，おそらく会社制企業創設と発展の意義を変更することになり，会社制企業は途端に，長年衰えることのない不思議な魅力を失い，すでに会社制企業ではなくなってしまうだろう。

② 政資分離の実現

政資分離を実現し，出資者の職務責任を真に実現させる。ここで言う政資分離という意味は，政府が国家を代表して出資者の職務責任を履行するという前提のもと，政府の社会公共管理の役割と出資者の役割を分離するという原則に則り，政府の職能配置と機関設置において，この両者の分離を行うということを指す。つまり，社会公共管理を担当する部門は国有資産出資者の機能を果たすことはできず，国有資産監督管理機関も，社会公共管理の機能を果たすことはできないということであり，国有資産所有者の3つの権利は，統一され，国有資産監督管理機関により行使される（図2-1参照)[32]。これによりこれまで存在していた上述の2つの問題を，体制面で解決できることになる。こうした改革の方向に基づき，中央政府と省級政府や地市級政府も，相応する国有資産監督管理委員会を設立するべきであり，県級にはこうした機関は必要ない[33]。現在省級政府は，すでに基本的にこの機関を設立

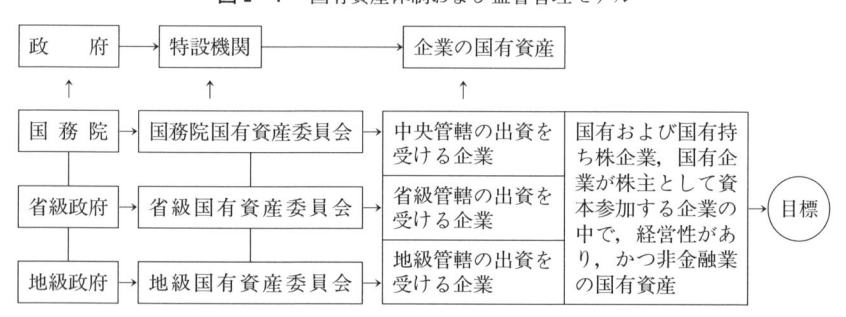

図2-1 国有資産体制および監督管理モデル

し，2004年末には，地市級政府においても，この機関の設立を実現する予定である。

③　国有資産管理体制の完備

早急に国有資産監督管理の法律法規体系を制定し完備する。中国市場経済発展のプロセスは，健全なる法律制度確立のプロセスでもある。市場経済はある意味において，法治経済の理念であり，すでに広く受け入れられ，人々の心に根付いていると言える[34]。同様に，国有企業の改革と，国有資産管理体制の完備も例外ではない。「企業国有資産監督管理暫定条例」は，国務院の行政法規の形で，国有資産管理体制の基本的骨格を明確にし，国有資産出資者の職務責任を規定し，企業の国有資産監督管理の一連の基本的制度を確定させた。これは，現在中国の国有資産監督管理に関する基本法的性格を持った重要な法規である。統計によると，改革開放以後，中国が制定した国有資産監督管理に関わる法律，法規や規則は，200以上に達し，その中で，あるものは廃止され，修正が必要なものや新たな立法が必要なものもある。そのため，国有資産管理体制改革の順調な進展を確保するためには，早急にこの方面の立法を行い，完備された国有資産の法律体系を順次形成してゆく必要がある。このために，第10期全国人民大会は，すでに国有資産法を立法計画に組み入れている。

④　国有資産経営責任制の確立

国有資産経営責任制を確立する。これには，次のような内容が含まれる。様々な業種と企業的特徴を持つ企業の，国有資産経営業績審査体系を確立し，国有資産経営の責任を確実な形で企業責任者に担わせる。完全で厳密な企業国有資産統計評価体系を確立し，制限措置の奨励や賞罰の実施のための信頼性の高い基盤を形成するため，国有資産の価値保全と増殖に対する，科学的な評価を確実に実現する。国有資本経営の予算制度を研究創設して，各レベルの国有資産監督管理機関の国有資産価値保全と増殖に対する責任を，さらに明確にする。国有資産管理と経営の効果的な形態を模索し，国有資産監督管理の枠組みをさらに改善し，国有資産の権限授与経営制度を引き続き模索し，改善してゆく。

4. 健全な現代的財産権制度の確立
──雇用問題と社会保障体系の健全化──

これまで述べたように、中国の改革は、一連のシステム工程であり、国有企業改革自身もまた一連のシステム工程であり、各方面の条件との調和をとる必要がある。その中で、特に重要であるのが、次の2点であり、充分に検討し解決する必要がある。

(1) 現代的財産権制度の確立

早急に健全な現代的財産権制度を確立し、財産権取引市場を確立する。これは、国有企業改革を進展させ、会社のコーポレート・ガバナンスを改善し、国有経済の配置と構造の調整を加速し、国有資産管理体制改革を推進するための重要な基盤である。財産権の概念は、80年代末から90年代初めに、アメリカ経済学者カースの理論と、新しい制度学派の伝播に伴い、中国に導入された。実践面では、10年以上の歴史があり、現在、中国の財産権市場は、すでに一定の規模を形成している。その数は、全国ですでに100を上回っているが、それぞれの市場や取引センターの規模は小さく、その行為も規準を必要としている。2004年1月、国務院公有資産監督管理委員会は、国務院からの権利授与に基づき、「企業の国有財産権譲渡管理暫定方法」を制定し公布した。これにより、非上場会社の公有財産権譲渡と取引に対し若干の規定を設け、あらゆる企業の国有資産の財産権譲渡と取引は、適切な資質を持った仲介機関を通して厳格な評価を行わなければならず、財産権の譲渡は、取引市場において行い、各プロセスの取引行為は規定に沿って行われなければならないと要求した。総じて言えば、目標と動向は、国有企業の改革と市場化が次第に進むのに伴い、中国が「帰属が明確で、権利責任が明確で、保護が厳格に行われ、取引譲渡が順調に行われる」現代的財産権制度を確立し、法に基づいて各種の財産権を保護し、財産権取引の規制と管理制度の健全化を行い、財産権の秩序ある流動を促進し、あらゆる市場の参加主体の平等な法律的地位と発展の権利を保障するというものだ。このために、中国の立法機関は、現在、物権法などを検討し草案を作成中である。

(2) 雇用システムと社会保障体系の確立

　雇用システムと社会保障体系の確立を加速する。2003年末，中国の温家宝総理はアメリカ訪問の際，「温氏の定理」と呼ばれる問題を語ったことがある。それは，中国は13億の人口を抱え，どんなに小さな問題であっても13億倍にかけると大きな問題になる。一方，どんなに大きな経済総量であろうと，13億で割ると，非常に小さな数字になってしまう，というものだ。そして，この問題は，中国国有企業改革を制約する最も基本的で，最も現実的な，最も重要な問題でもある。一つに，充分な雇用先または絶えず増長する雇用機会がない状態で，マクロ経済の目標の完全なる実現を維持するのは難しく，国有企業改革を順調に推進するのは難しい。2003年末，全国の企業のリストラ人員と，都市部で登録された失業人員は，合計で1,400万人程度となり，2004年には新たに1,000万人ほどの労働力が増加し，またこれに新卒大学生280万人（前年比で70万人程度の増加）が大学を卒業する[35]。同時に，工業化のプロセスと農村の二元構造転換の加速に伴い，毎年農村では，大量の余剰労働力が都市部へ流入している。この3点の雇用におけるプレッシャーが一つとなり，中国改革と発展の過程における巨大な負荷となっている。もう一つは，安定した社会環境としっかりした社会保障体系なしには，国有企業改革の実施は難しい。ここ数年の経済における社会発展動向から見ると，連続して20年あまりの間，中国経済は高度成長を続け，社会の財産と個人財産は増加し続けているものの，個人収入の絶対量と相対量の増加格差は拡大しており，貧富の差は広がっている。これはすでに中国経済改革と発展の過程における，必ず解決すべき重要問題となっている。

　社会保障体系建設という面から見ると，早急に企業から独立した社会保障体系を確立する必要がある。老齢年金，医療，失業などの保障機能は，次第に企業から分離され，従業員の合法的権益を確実に保障しなくてはならない。そして，国有企業でレイオフされた従業員が，基本的生活の保障を得られるようにしなくてはならない。この他，中国国有企業は，他の国の国有企業とは異なる問題も抱えている。それは，「企業で社会事業を創業・経営する」という問題である。歴史的な理由から，数十年来，中国国有企業は，本来政府と社会が担うべきである学校教育や病院経営などの社会的機能をずっ

と果たしてきた。もしこれを早急に分離させることができなければ，国有企業の制度刷新と経営発展は困難なものとなるだろうし，他の種類の企業と公平な競争を行うこともできないだろう。このため，この改革も充分に検討し，尽力する必要がある。

　雇用機会増加という面から見て，経済学の原理では，充分な雇用機会はマクロ経済の重要な指標であり，雇用を拡大して失業率を下げるためには，経済の健全で急速な，かつ持続的な成長を促進する必要がある。同時に，国有経済の配置と構造における調整の進展に基づき，中小企業の発展を支援する必要がある。2002年，中国は「中小企業促進法」を公布し，国家は，融資担保，中小企業基金などにおいて，政策と法律上の保障を提供した。産業構造の面から見ると，ハイテク技術産業を発展させると同時に，労働密集型産業発展の支援にも留意し，適用できる適度な技術をもって，さらに多くの雇用機会を増加させるべきである。

〔張　德　霖〕

注
1) 中国の著名な経済学者呉敬璉教授は，「節目（里程碑）と言っても，何か具体的改革の主張を打ち出したとか，具体的な改革措置を取ったというのではなく，「2つのすべて（原文：両个凡是）」の思想的制限を打破し，理論的革新を作り出す思想解放運動を鼓舞し始めたということだ」と指摘した。呉敬璉教授の「現代経済学と中国（現代経済学与中国）」（「比較」2003年第4期掲載）参照。
2) 多くの学者達は，中国国有企業改革は3つの段階を経ていると認識している。第1期は改革の揺籃期段階（1978年から1984年），第2期は改革の探索段階（1984年から1991年），第3期は改革の規準化と発展段階（1992年から現在まで）。「富民強国，企業振興と国家再生（富民強国，興企振邦）」（「智嚢」2003年第11期掲載）参照。
3) 中国社会科学院経済研究所による課題グループ「社会主義経済体制改革理論の反省（社会主義経済体制改革理論的反思）」（本文は筆者により執筆）を参照されたい（「経済研究」1990年第10期掲載）。
4) 当時，多くの中国経済学者は，この種の改革目標を「鳥かご経済」と比喩した。すなわち，計画経済は全国の経済の「かご」であり，市場経済はたった一羽の「小鳥」でしかなく，計画経済の「大きなかご」の中にしっかりと閉じこめられているというわけである。
5) 呉敬璉教授は，この期間の歴史を総括した際，次のように指摘している。当時中国経済理論界においてよく知られていたのは，欧米の「新古典総合」におけるある理論だったが，往々にしてその理論の仮説が軽視され，これによる結論を，直接実際問題

第2章 中国国有企業改革のプロセスと今後の動向　77

の分析で運用し，重大な手落ちと過ちを犯しがちであった。その中の手落ちと過ちとは，「計画経済と市場経済を同質異形の2種類の資源分配方式と見なし，2者が衝突することなく結合できると考える」というものだ。「この種の思想のもう一つの欠陥は，新古典モデルの簡単な仮説において，計画経済と市場経済を制度と関係のない2種類の資源分配方法と見ることで，制度の基礎がどのようであれ，計画と市場両者の間で任意に選択しても良い，ひいては，市場経済を国有制が統治的地位を占める財産権制度の基礎上に建設できるという考え」である。これは国有企業財産権改革の必要性を無視しているか，または国有企業に対し規制をゆるめ権利放棄するか，放権譲利しさえすれば，国有企業に再び活力を取り戻させることができると考えている。80年代中後期に，国有企業株式化の問題が取り上げられたが，かなり長い期間，株式会社の財産権の基盤とそれに関連する会社管理の問題が明確化されなかったため，改革を通じて設立された企業の効率を保証することは難しかった」。呉敬璉「現代経済学と中国」(「比較」2003年第4期掲載) を参照されたい。

6) この時期，日本の小林実氏などの多くの外国の専門家は，相次いで中国国有企業改革の問題を研究し，多くの見解を発表した。これは逆輸入のような形で，国有企業改革という問題に対する中国の理論界による研究を促進した。同時に，中国社会科学院経済研究所の董輔礽教授等のように，異なる国家の国有企業制度との比較研究に注目するようになった。

7) データは，「国有企業改革は風雨の中で前進した (国企改革在風雨中前行)」(新華社「内部参考」2002年10月25日掲載) による。

8) 1998年，朱鎔基氏が新しい国務院総理となった。彼は，3年程の間に大多数の大中規模国有赤字企業を苦境から脱出させ，赤字から黒字への転換と赤字額の削減を実現させると公約した。これを「3年間での苦境脱出 (原文：三年脱困)」と呼ぶ。2000年に，この任務は基本的に完了した。1997年全国大中規模国有工業企業中，赤字企業は6,599社であったが，2000年にはすでに4,391社に減少した。

9) 筆者は，この条例の起草メンバーに属し，草案作成に参与した。「企業国有資産管理監督暫定条件条例解釈 (企業国有資産監督管理暫行条件条例釈義)」(中国法制出版社，2003年版) を参照されたい。

10)「国有企業改革は"ポスト国有企業時代"に突入する (国企改革将進入"後国企時代")」(「領導決策信息」2003年第25期掲載) 参照。

11) 全国国有資産総量とは，各レベルの政府または権限を持つ政府を代表する部門や機関が，各種の企業や行政事業所などに対して，資本投入または資金割当金の支給などの形で形成される純資産と国有資金を指す。その公式は，すべての国有資産総量＝経営性国有資産＋非経営性国有資産となる。

12) 経営性国有資産とは，生産経営活動に従事する工商企業や，金融保険企業が有する国有資産およびそれに類する建設基金を指す。その公式は，経営性国有資産＝工業商業企業が有する国有資産＋金融保険企業が有する国有資産＋それに類する建設基金となる。

13) 非経営性国有資産とは，各レベルの政府あるいは権限を有する政府を代表する部門や機関が，行政事業所とインフラ建設請負企業に対し，資金割り当ての支給という形

で形成される純資産を指す。その公式は，非経営性国有資産＝行政事業所が有する国有資産＋インフラ建設請負企業が有する国有資産となる。
14) これらの苦しい企業の問題を解決するため，国家は一般企業の破産とは異なる政策を実施し，国家が企業の不良債権対策として救済準備金の支払いを許可する政策を採用した。すなわち政策的破産である。
15) データは，「中国国有企業数は減少しているが，収益能力は成長している」(「領導決策信息」2003 年第 37 期掲載) から得たものである。
16) 中国国家統計局の統計によると，2003 年，中国は 2 億 6,000 万トンの鉄鋼を消費したが，これは世界の消費総量の 4 分の 1 を超えている。また，15 億トンの石炭を消費し，世界消費総量の 30％を占める。セメントは 8 億 2,000 万トン消費し，世界消費総量の 2 分の 1 を超えた。電力は，世界消費総量の 13％を消費し，原油は 2 億 5,000 万トン消費している。しかし国内総生産値は，わずかに世界 GDP の 30 分の 1 に近い程度でしかない。中国が現有する発電装置容量はすでに日本を超えているが，GDP は日本の 4 分の 1 しかない。データは，「2004 年：中国経済六大予想」(「経済日報」2004 年 1 月 8 日掲載) による。
17) データは，国務院発展研究センターの研究課題である「国有企業の効率低下は，国民経済の素質向上を制約するであろう」(「領導決策信息」2003 年第 49 期掲載) による。
18) 工商企業が有する国有資産とは，各レベルの政府または政府を代表する権限を有する部門や機関が，一般工商企業に投入して形成した国家資本および権益とその他の国有資産（例えば国家特別許可貯蓄金など）を指す。その公式は，工商企業が有する国有資産＝工業商業企業の国有資本＋投資の比率により得られる権益＋その他の国有資金となる。
19) データは，中国企業連合会の研究グループによる「2003 年中国と世界のトップ 500 企業対比分析」(「管理信息」2003 年第 18 期掲載) による。
20) 中国第 2 回全国一般雇用団体全面調査の結果によると，2001 年末まで，中国は合計 510 万 7,000 社の法人（中国の「民法通則」の規定により，中国の法人は企業法人，事業法人，機関法人，社団法人の 4 種類ある）があり，1996 年比で，55 万 2,000 社増加し，増加率は 12.1％となっている。5 年間に新しく設立した企業は 154 万 5,000 社あり，その中の 61％は私営企業である。2001 年末，国有企業，集団企業の比率は，それぞれ 12.2％と 28.3％で，就業人員は 30.6％と 22.8％である。私営企業は 43.7％を占め，就業人員は 20％近くを占める。私営経済の実力は急速に増強している。2001 年末，全国の私営企業は 132 万 3,000 社あり，5 年間の平均成長率は 24.5％，就業人員は，年平均 31.6％増加している。資本金は，年平均 35.8％増加し，年間の営業収入は，1996 年比で 6.8 倍増加した。
21) 個人経営企業とは，個人労働者が，本人または家族の財産や労働力により経営するものを指す。中国の「民法通則」の規定によると，「公民が，法律の許す範囲内で，法に基づき，許可審査と登記を経て，工業や商業の経営に従事するものを個人経営企業とする」とある。
22) 中国私営企業は，一般的に従業員 8 人以上の企業を指す。現在中国の私営企業は，

主に3種類の形態がある。独資経営，共同（パートナー）経営，株式経営である。
23) 中国の国情に合わせ，中国国有企業改革の方法論選択において，極めて重要なものを定めた。このため，筆者は，1999年に国有企業改革哲学試行の観点を発表した。つまり発展の観点と弁償の観点，システムの観点を持って，中国国有企業改革の経過や今後の動向を分析し研究しなくてはならないというものだ。この時執筆した論文は「理論前沿」1999年第24期に掲載されている。
24) 中国経済学者と政府の研究機関による研究成果と判断に基づくと，現在中国経済の発展は，「経済周期の上昇段階」にある。そのため，金融体制や財税体制のような経済体制上のマクロ的改革であろうと，ミクロ的国有企業改革であろうと，ともに改革発展が安定する関係を上手く構築しなければならない。これは国情と関係があり，また中国25年の計画経験の総決算でもある。80年代中後期から90年代初め，中国経済理論界は，著名な経済学者劉国光（もと中国社会科学院副院長兼研究員），戴園晨（もと中国社会科学院経済研究所マクロ経済研究室主任兼研究員）などを代表とする「ゆとり経済学派」を形成した。その理論の核心は，マクロ経済が相対的にゆとりを持つ条件の下で改革を実行するようにし続けなければならず，インフレを防止し，またデフレも防止しなくてはならない，というものだった。ちょうどその頃，筆者は中国社会科学院経済研究所に勤めており，幸いにもこれらの先輩諸氏について，このテーマの研究に参加した。劉国光，戴園晨ら著作の「ゆとりのない現実とゆとりの実現——二重体制下のマクロ経済管理」（上海人民出版社，1991年）を参照されたい。
25) 梅慎実著「現代公司治理結構規準運作論」（中国法制出版社，2002年改訂版）を参照されたい。
26) 中国会社法は，国家が権利授与した投資機関または権利授与した部門は，投資を行い，国有独資会社を設立してもよいと規定している。これは一部の国の私営企業に類似したものである。国有独資会社は，法理的には，国有独資単独株会社（すなわち単独の株主）と，国有独資複数株会社（すなわち2つまたは2つ以上の国有独資企業が制度改正して国有独資会社になったもの）に分かれる。
27) 1994年，中国は，国有企業改革の方向は現代企業制度建設であると表明し，この制度を「財産権の明確化，権利責任の明確化，政治と企業の分離，科学的な管理」と総括した。この総括が主に理論の大きな枠組みの上で行われたものだったため，当時理論界で，かなり広範囲で長い時間をかけた論争が繰り広げられた。その後，人々の考えは次第に一致を見て，現代企業制度の革新と典型的形態は，会社制企業であるとの認識がなされるようになった。
28) データは，「国有企業改革は風雨の中で前進した」（新華社「内部参考」2002年10月25日掲載）による。
29) 当時中国の立法機関は，会社法を制定する際，欧米国家の視察を行い，有益な立法方法を参考にした。実践現場を通して，この法律が中国国有企業改革に対し重要な歴史的役割を果たしたことが証明された。現在振り返ってみると，まだいくつかの部分に改善の必要がある。1999年に一度修正が加えられたが，主には外部監事会の内容を増補したものであった。次は，全国人民大会において，その修正が5年計画に組み入れられることになるだろう。

30) 筆者は，これまで数回にわたり日本の石炭産業における調整を視察した。日本は長い時間をかけて，ようやくこの調整任務を完了したが，この為に石炭六法を制定し，政府はいくつかの優遇政策も行った。2003年9月，筆者はタイとマレーシア両国の国有企業改革を視察した際，彼らが国有経済調整と国有企業私有化改革のプロセスにおいて，やはり非常に長い時間をかけたことが分かった。
31) 1994年から，権利授与に基づき，筆者はこの法律の研究と起草グループを組織し，また自ら参加したが，この法律の極めて大きい重要性を理解した。現在，中国現行の競争に関する法律は反不正当競争法などがあるが，反独占法の制定と実施が急務である。第10期全国人民大会においては，立法計画に組み入れられると思われる。
32) 「企業の国有資産監督管理暫定条例」第4条の規定によると，「企業の国有資産は国家の所有に属する。国家は，国務院と地方人民政府が，それぞれ国家を代表して出資者の職責を履行し，所有者権益を享受し，権利と義務と責任が統一され，資産管理と人材管理と実務管理が結合した国有資産管理体制を実施する」とある。
33) 「企業の国有資産監督管理暫定条例」第6条の規定によると，「国務院，省や自治区と直轄市の人民政府，区を設置している市や自治州級の人民政府は，それぞれ国有資産監督管理機関を設立する。国有資産監督管理機関は，権利授与に基づき，法に則り，出資者の職責を履行し，法に則り企業の国有資産に対し監督管理を行う」とある。
34) 筆者著作の「法と市場——経済学と法学の視点から検討を行う」（山東人民出版社，1998年）を参照されたい。
35) データは，「雇用と社会保障工作を更に前進させ，人民生活の改善に努力しよう」（「管理信息」2004年第2‐3期掲載）による。

第3章

民営経済の発展における行政政策上の障害とその排除のための対策

はじめに

中国共産党第16期大会において，2つの「揺るぎない方針」が打ち出され，「個人経営企業と私営企業など各種形式の民営経済は，社会主義市場経済の重要な構成要素である」との指摘がなされ，長期にわたって民営経済発展を悩ませていた理論と認識の問題が解決され，民営経済の発展はさらに有利な環境へ向かうこととなった。特に，新しい憲法修正においては，私有財産権と人権の保障を強化することになり，民営経済の発展のための基本制度の基盤作りが行われる。民営経済の発展を加速するためには，民営経済発展に不利となる行政上の障害や，政策上の障害を取り除く必要がある。

第1節　民営経済発展における行政上の障害と問題

1．行政管理体制における障害と問題

現行の行政体制には，「四化」と言われる弊害がある。それは，政府権力の部門化，部門権力の利益化，利益獲得の審査化，審査方式の複雑化というものである。

政府権力の部門化とは，本来一級政府の職権であるべきものが，一部の部門による長年の行使により，その権力が一定の部門に固定化され，政府高官や部門の官僚が，この職能は部門のものであると認識している状態を指す。

行政改革でこの職権の調整を行うことは，つまりはこの部門の収入源を取り上げるに等しい。そのため，行政改革により，この種の職能に調整を加えるのは，非常に難しい。

部門権力の利益化というのは，すでによく見られる現象となっている。マスコミでは「立法による私利私益の追求」とまで言われるほどである。政府部門が法規や規程を起草する際，実際に最初に考慮することは，部門の職権をいかに拡大するか，設置した各手続きを通じていかに部門の利益を固定化するかということである。部門権力が一旦利益化すると，行政改革を実施するには困難な状態となってしまう。

利益獲得の審査化とは，政府部門が自らの利益を固定化する方法であり，つまりは各種の審査ステップを設置することである。まずは許可を取り認証印をもらわなければならないため，市場への参入を勝手に禁止することができる。もちろん中には理にかなったものもあるが，企業や社会，そして国民に負担を強いる，必要のないステップであることが多い。

審査方法の複雑化とは，本来非常に簡単で，政府に報告し，記録してもらえばよいことを，わざわざそれを許可や，時には特別許可を必要とするものに変えてしまい，複雑化してしまう。一旦複雑化すると，水面上と水面下の取引が現れる。経済学から言えば，それぞれの市場参入許可はどれも経済価値があり，その価値は，その許可証が関係するプロジェクトの年間収益の15％から25％にまで達する。

行政体制の弊害は，長年累積されてきたもので，多くの問題が，回復不可能と言ってもいいだろう。現行の行政体制が，組織単位に分割化されたシステムをもたらしたため，統一された市場秩序を形成するのは難しい。地方保護主義政策と，地区封鎖行為は，企業に大きな打撃を与えている。地区封鎖行為とは，基本的に地方政府の，非合法で，非合理な審査の実施，およびその他の規制行為のことである。その中には，企業または個人は，現地で生産された商品以外，経営，購入，使用できないと規定したり，また現地企業や指定企業，その他の経済組織または個人が提供したサービスのみを受け入れるよう，様々なやり方で規制を加えることが含まれる。例えば，道路，駅，港や空港または行政管轄区域で，審査の関門を設け，外部製品の侵入または

現地製品の搬出を阻害する。外部の製品またはサービスに対し，差別的な費用項目を設定し，差別的な価格を規定したり，差別的な費用徴収規準を設定する。外部の製品またはサービスに対し，現地と同類の製品・サービスと異なる技術的要求や検査基準を設定したり，外部の製品またはサービスに対し，何度も検査を繰り返したり，認証をやり直させたりなどの技術的措置を講じ，外部製品またはサービスの現地市場への参入を制限する。外部製品またはサービスに対抗するため，独占経営，独占販売，審査，許可などの手段を敢えて採用し，差別的待遇を実施し，外部製品またはサービスが現地市場へ入るのを規制する。およびその他にも，地区封鎖性の高い審査や，様々な規制行為がある。

2．政府の管理職能と管理方法における障害と問題

新政府の行政改革は，すでに1998年に行われた政府行政改革の継続と進展でもあり，中国WTO加盟と中国共産党第16期大会が開催された後の，最初の政府行政改革でもある。改革開放以来，これまで行われた行政改革の全体的方向は，伝統的政府の職能変化を促進させ，実質的に高度集権的な政府管理モデルを改善するというものだ。改革開放以来，4回にわたって行われた比較的大きな行政改革は，伝統的管理体制，管理方式，管理職能の変革への要求を，順次明らかにしたものであり，その根本的な目的は，政府権力と市場との関係，それに伴う政府と企業部門，政府と事業部門，政府と社会の関係を改革することである。1998年，組織改革により，基本的に伝統的計画経済体制下で形成された政府機関の配置と様式は改善され，政府行政改革の「計画経済脱出」の段階を終了した。2003年に発動した新しい行政改革は，政府機関が市場経済体制と適応し合い，政府が設置する構造とモデルが段階的に形成されるのを象徴している。

新しい行政改革は，中国がWTOに加盟した1年後に開始された。加盟後の大きな変化としては，中国の法律環境が現在変わろうとしており，すべての公務員と企業家達の間で，規則に対する意識，法制意識が，明らかに強まっている。この点は，中国の市場経済建設にとって，長期的な根本的意義を持っている。周知のように，WTO加盟最大の試練は，企業に対するもの

ではなく，政府に対しもたらされるものであり，政府の管理モデル，意識，規則，行動方式などあらゆる面に対する挑戦であり，実際には政府が有するべきでない一部の権力を縮小することである。WTOの規則は，政府の行政改革に，客観的な基準と体系と，厳格な参照規準を提供した。過去，政府による経済や社会の管理がいったいどの程度行われていたのか，人々には見当もつかなかったのだが，WTOの規則は，政府の基本的権力，行政改革の方向や経路を確定させ，どの部分の職能や部門を縮小するべきなのかをはっきりさせた。WTO加盟は，政府の行政改革の方向と，その未来に影響し，それが持つ意義と作用の大きさは言うまでもない。

実際2000年末から，中央政府はこうした改革に着手する決心をした。中央政府は，地方政府に対しても，管轄区域内の法規や規則を徹底的に整理するよう求めた。しかし具体的な実施において，真にWTOの規則通りに行うのは非常に困難であった。現在各地方政府は，積極的に経済発展のプロセスに参与し，中には直接投資主体としての役割を果たすものもあり，WTO規則に基づいたサービス型政府になることは，あまり実現できていない。国外の先進国政府の場合，経済建設に使用する支出が全財政支出に占める割合は，2％程度である。一方，中国はこれが38％から40％に達する。その他の社会保険や文化教育面の支出は非常に少ない。このため，政府の中心機能を真に実現するという面において，政府の行政改革の任務は重大であり，その道のりは遠い。

審査の過多という状況は，腐敗を生む主な原因の一つである。中国の行政管理のプロセスにおいて，各種審査の形式は非常に多く，かつそれぞれの事項の審査手続きは煩雑で，審査のステップも重複している。経済領域では，その他の領域と同様に，事を上手く運びたいと思えば，策を講じ金銭を利用して，様々な手段で関門を通過しなくてはならず，官僚を買収したり，贈賄行為を行わざるを得ない。そして，権力と金銭の取引が増加する。反腐敗運動は，実質的には審査制度改革の実施を求めており，それにより，政府高官が権力を利用し，規制される側の人間と取引をする機会と条件を減少させようとしている。すべてのことに審査があり，どこにでも関門が設けられるのは，企業とその他の被規制者の自主経営における自由権利が制限されるだけ

でなく，腐敗を引き起こしやすくなる。実際，どの審査も，権力と金銭の取引の場となる可能性がある。経済活動の審査制度を簡略化し，審査手続きを減少させるには，反腐敗の視点で，大々的に行政審査制度改革を敢行する必要がある。

審査権における腐敗とは，審査権利を行使して私利を図り，権力と金銭の取引という違法行為を行うことを指す。審査権における腐敗は，すでに共産党と政府の幹部の中に存在する深刻な問題である。共産党と政府幹部の職務犯罪の中で，絶対多数は審査権利の違法行使に及んだ犯罪である。経済担当は，融資や指標設定，定員枠などの審査において私腹を肥やし，行政担当は，工事請負，土地の貸借許可，減免税などで収賄行為を行う。政治法律担当は，農村人口から非農村人口への転換枠や，香港・マカオ居住ビザ，資源規制の認定ランクなどにおいて取引をする。共産党の事務を担当するものは，幹部の人事異動，昇格，業務手配などの権力を利用し，賄賂をもらって相手の希望のポストを売る。各種の審査における腐敗現象は百花繚乱，枚挙にいとまがない。

過去の計画経済モデルにおいては，政府の審査権力は経済領域の各方面に及んでいた。規制政策の氾濫現象は，まるで政府は法規や規則の制定を通じて，いかなることに対しても審査を行う権力を持っているかのような，誤った認識を作り出した。この種の認識は，現在では市場経済体制の形成にとっての，重大な障害となっている。どのレベルの行政部門であろうと，行政規制文書により，あらゆる事項を自由規制したいと思っている。政府の審査権力が膨張する現象は，市場経済の規律ある健全な発展を，著しく阻害している。行政審査の濫用現象は，すでに非常に深刻なレベルに達している。各種の経済主体による，創業から，日常の経済活動まで，行政審査の制限を受けないことはない。多くの行為は，もともと国民と企業の自由権利の範囲に属していたのに，一旦政府による許可規制の濫用を許してしまうと，自由権利は，政府により特別許可される権利に変わってしまう。

審査制度改革の基本的原則は，民本位の原則である。つまり政府による規制モデルを，官本位から民本位へ転換させるのである。政府の規制権力の行使は，国民の基本的権利を侵害しない範囲に収めるべきである。政府が規制権力を濫用しているすべてのところで，国民と企業の権利が侵害を受けているのは明らかである。例えば，過去20年余の間，個人経営経済の発展は起伏が激しかった。政府の規制意見が発令されると，数十万の個人経営者は，あっさりと職を奪われる。国民の職業選択権利，経営の自由，財産権，ひいては生活権までもが，大きな影響を受ける。政府の規制権力濫用による企業自主権と経営権の侵害や，管理される側の利益を考えずに勝手に人や財産，物を配置調達したり，支配したりする現象に至っては，その横行がさらに深刻である。最も典型的な例は，農民負担の問題である。絶対多数の農民の負担は，各レベルの政府の規制権力行使を通じて農民に加えられる。政府の規制意見が発令されると，任意に農民の金銭財産を取り上げることができる。農民負担を軽減するには，根本的に，政府の規制権力を制限する必要がある。もし政府の規制権力が制限されないなら，今日は農民負担増加の指示を取り消しても，明日には新たに規制権力を濫用し，農民負担を増加させる命令書が，再び勝手に出される可能性がある。政府の規制権力を制限するには，農民の財産権や生活権などの基本的権利の不可侵という原則を必ず確保しなくてはならない。

　新政府による行政改革の中心任務は，政府の職能をさらに一歩転換させることであり，政府の職能転換の鍵は，審査改革の基盤の上に規制改革を推進することにある。中国は，WTOに加盟し，WTOの要求に基づいて政府の職能改革を行う必要がある。例えば，WTOは，四大自由を求めている。それは，人材の自由（主な内容は，人の移動の自由），資金の自由，商品の自由とサービスの自由である。これは政府の職能改革に対する要求であり，これにより規制改革を一層進める必要が出てきた。いわゆる「規制」とは，「政府が規則を利用し，自由を制限すること」の省略形である。行政審査は，規制の一つの手段であり，簡単な統計によると，現在中国の中央政府は，1年に28,000件もの行政規制を発令しているが，韓国では約3,000件，日本では2,800件程度である。もし中国の行政審査改革を急速に実施し，政府に

よる審査数を減少させなければ，WTO の要求を達成するのは難しく，効率の問題を解決するのも難しいだろう。

2001 年 10 月から，国務院は，行政審査制度改革を開始し，連続して 2 度にわたり，審査項目 1,195 件を削減し，加えて管理方式を変更することで削除処理された 82 項目を加え，合計 1,277 項目が削減された。第 1 回の処理においては，789 項目の行政審査が削減された上で，さらに 406 項目の行政審査が削減され，これとは別に 82 項目の行政審査の管理方法が変更処理され，業界組織や仲介機関の管理に移行された。これは，行政審査制度改革が大きく一歩前進したことを象徴している。第 2 回で削減された 406 項目の行政審査は，経済管理事務の 241 項目，社会管理事務の 105 項目，行政管理およびその他の事務の 60 項目にわたる。

規制モデルの変換は，規制の目的と原則から見ると，官権本位から民権本位に転換しなくてはならない。規制のシステムから見ると，制約の欠如から法による規制へと転換しなければならない。規制手段の選択から言うと，際限のない規制から適度な規制へと転換しなくてはならない。規制内容から言うと，公平で，公正で，公開されたものへ変換しなくてはならない。規制のコストから見れば，コスト計算を行わない状態から，コストと効果利益の分析を重視するように転換しなくてはならない。

第 2 節　民営経済発展における政策上の障害と問題

第 16 期大会の報告で指摘されたように，個人経営や私営などの民営経済が，経済成長や雇用拡大，市場活性化等の面において果たす役割を，充分に発揮させなくてはならない。国内民間資本の市場参入領域を拡大し，投資や税収，土地使用と対外貿易などの面において措置を講じ，公平な競争を実現させる。法に基づき，監督と管理を強化し，民営経済の健全な発展を促進する。個人財産保護の法制度を完備する。

民営経済に対する差別的政策は未だ存在する。計画経済体制の影響を受け，現行の民営経済政策は，系統だっておらず，統一も図られていない。そ

の内容は，①業界参入時に，まだ多くの制限が存在している。②投資や融資における，民営経済に対する差別的政策が深刻である。③民営企業の税負担が重く，且つ，あるべき財政支援を得ることができない。④国家の私有財産権に対する，法律による擁護が不足している。⑤国有企業改革・改造に参与すると，不合理な政策的制限を受ける。⑥民営企業は，土地収用，人材採用，情報収集，戸籍管理などの政策において，未だに不公平な待遇を受けている。

1．市場参入における政策上の障害と問題

市場参入時の壁は，以下の4つに分類できる。

(1) 行政による参入管理規制の壁

現行の投資管理体制に基づき，投資規模が一定限度額を超えたプロジェクトと，一部のマクロ的制御調整を行っている産業（例えば，自動車産業の中の完成車両などのように，投資規模にかかわらず管理対象とされる）に対する，投資項目審査を主な内容とした参入管理制度が構築された。この制度により，一部の産業において，新しいメーカーが参入する際，制限を受けるだけでなく，あるメーカーが，プロジェクトへの投資規模において限度額を超えているだけで，政府の審査を受ける必要があり，これが大きな参入の壁となっている。

計画経済期に始まった投資管理体制の弊害は，明らかである。①経済活動に対し直接干渉し，正常な経済行為を歪曲する。②既存のメーカーの利益を保護し，効果的な競争を阻害している。③参入への不適切な奨励を生む。一部の企業は貴重な政策を獲得することを目標としており，その保護壁（または生産許可証）という資源に頼って生存する企業も現れた（自動車産業ではよく見られる）。④行政審査は，実際には企業のために発行された政府の信用証明のようなものであり，少数の無責任な企業はこれを利用して投資したり，銀行の融資を受けたりしている。⑤レントシーキングの出現が避けられない。

(2) 所有制の差別における市場参入の壁

 主に，中国国内の民間資本は，差別的参入制限を受けている。現在，中国の 80 以上の業界において，国有資本の参入が許可されているのは 72 種，外資の参入が許可されているのは 62 種，私営企業の参入が許可されているのはわずか 41 種である。電信，エネルギー，交通，水利などのインフラ建設と，市政工事プロジェクト等の，一部の外資参入が許可されている業界は，未だ個人資本の参入を制限しており，非公有制の中小企業の成長に非常に不利となっている。1999 年から 2002 年の 4 年間，中国で新たに参入した非公有制中小企業（制度改革した国有企業と集団企業を含む）は，47,180 社あるが，主に紡績，化学工業，一般機械製造などの 8 つの業界に集中し，同期の非公有制中小企業参入数の 55 ％を占めている。例えば，広東の東莞市（これは市場経済の比較的発達し，開放された地区である）の 80 以上の業界中，国有資本が参入しているのは 72 種，外資が参入しているのは 62 種，国内の民間資本が参入しているのは，わずか 41 種となっている。参入条件において，国内民間資本は明らかな所有制における差別が存在し，銀行，保険，証券，石油石炭化学，自動車（主に完成車両）等の業界では，民間資本の参入は一貫して難しい。

 ある分野では，民営企業による投資経営不許可は，明文化されてはいないものの，国有企業や外資系企業と比べると，より多くの事前審査に挑まなくてはならず，プロジェクト審査，土地収用などの一連の手続きにおいて，民営企業が直面する困難は非常に深刻であり，国内の民間資本に対する目に見えない参入の壁となっている。

(3) 地方保護の壁

 現在多くの業界で，産業の地域間移転が発生している。以前は，ある産業が伝統地域に集中していたが，その産業が衰退やひいては消滅してしまい，別の地域に同類産業が興り，またそこに企業等が集中するという現象が現れている。これらの新興地域は，高度な分業化の基盤の下に産業の集中が実現されている。例えば，紡績業では，浙江省などの地域が，伝統的な紡績産業

集中地である「上青天」(上海,青島,天津)に取って代わった。言い換えれば,多くの産業において,伝統地区から新興産業集中地への交代が行われ,この交代の過程において,参入の壁は,地方保護の形で現れてくるのである。

中国内地のチベット以外の30の省や自治区,直轄市のすべては,異なる調査によって,地方保護が深刻な地区として取り上げられており,本地区以外の企業と製品に対し,次のような地方保護策を実施している。本地区での販売の禁止または制限をする。現地企業または現地製品と異なる場合は,審査手続きを踏む必要がある。規定外の費用徴収または異なる課税基準の実施。異なる品質検査,技術検査基準の実施。現地企業と異なる価格制限の実施などである。

(4) 部門行政上の独占という壁

独占の形式は3種類ある。自然独占,市場独占,そして行政上の独占である。競争性の業界だけを見ても,行政上の独占という問題が存在する。一部の独占業界(例えば,郵政,鉄道など)のように,政府と企業が一体化した形とは異なるだけで,やはり既存企業が行政上の保護を獲得し,かつ,その他の企業の参入を禁止している。こうした業界では,部門行政上の独占が特徴となる寡頭独占体制が形成されている。この現象は,石油石炭化学などの業界でよく見られる。部門行政上の独占が,市場メカニズム,ひいては産業発展にもたらす損害は,市場独占より深刻であると言える。

北京を例に挙げると,国家計画委員会が2001年に発表した「民間投資促進の指導意見」において,「民営投資者に国民的待遇を与える」と提案されたものの,一部の独占や半独占業界では,プロジェクト審査や資金優遇政策決定,プロジェクトの設計施工,原材料供給,完成・利用開始後のメンテナンスなどの面すべてにおいて,直属企業がより多く採用される傾向がある。電力,鉄道,道路,水利,交通,エネルギー,郵政電信と市政設備などの分野に,民営企業が参入するのは難しい。交通運輸および郵政電信業界では,

民間投資はわずか0.7％を占めるのみで，電力，ガス，水道の生産や供給業においても，民間投資はわずか3.2％である。

2．投資融資面での政策上の障害と問題

現在，民営企業の直接金融は非常に少なく，大部分は間接金融である。民営企業が債券を発行したり，上場できる比率は，まだ少ない。現在，民営企業の間接金融においては，短期貸付が一般的である。特に中小企業は金融上の各種の不便があるため，個人で借入れする比率がやはり高い。融資の獲得は，いかなる企業にとっても重要な問題である。融資を受ける目的は，一つに長期投資への利用だ。流動資金の需要を満たさなくてはならない。中国の貨幣市場を資本市場と比較すると，その発展はあまりに遅すぎる。いかに民営企業の流動資金の需要を満足させるかが，中国の貨幣市場発展における非常に重要な問題である。

融資の獲得はいかなる企業にとっても重要であるが，民営企業にとってはなおさらである。現在，民営企業は一律に金融支援を得られない状況にあり，資金獲得の手段はかなり限られている。国有企業の場合，企業発展に必要な資金が足りなければ，上位クラスの主管部門に解決を依頼すればよいが，民営企業はそうはいかない。政府ルートを必ず通過しなくてはならない体制のもとにあっては，民営企業が上場するのは非常に困難であり，1,000社以上の上場した会社の中で，民営企業が直接または間接的に上場したのは100社に満たない。民営企業の債券融資額も，国営企業の下に位置し，債券から株式への転換に至っては民営企業の出る幕はない。山東省で2002年に357社の民営企業に対して行われた調査によると，33.2％の企業が「融資を受けるのは比較的難しい」と答え，18.34％の企業が「資金繰りがさらに苦しくなっている」と答えた。わずかに8.3％の企業が「融資を受けるのは比較的簡単である」と答えている。長期にわたって計画経済と伝統的意識の影響を受け続けたため，金融部門は，「私営企業恐怖症」であるのが一般的だ。例えば，2003年5月の周正毅事件（巨額不正融資事件）が暴露された後，各大手商業銀行は類似する損失を受けるのを回避するため，次々と国内のそ

の他の民営企業に対する融資にストップをかけ，融資の枠が狭められることとなった。多くの証券投資機関も，民営企業をバックグラウンドに持つ上場会社に対し，次々と融資評価レベルを下げた。民営企業の融資環境がまだ劣悪であるがため，企業が大きく発展する際の資金調達において，高利貸しを利用するしかなく，民営企業の中にはそれ以外の違法な手段で資金調達せざるを得ないところもあり，自ら悪徳ローンの罠に陥る事例が頻繁に発生している。

小企業への融資は，大手銀行に頼っているわけにはいかない。大手銀行は，なるべくすべての企業に対し平等に対処しなくてはならず，中小企業向けにさらに多くの金融サービスを向上させ，融資量も増加させ，経済の発展を支援する必要がある。2002年8月，中央銀行は，中小企業に対する信用融資を支援する指導的意見を発表し，国有独資商業銀行は専門に中小企業向けの信用融資部門を設立し，株式制商業銀行は，中小企業発展の支援を業務の重点とするよう明確化した。2002年9月末になると，4社の国有独資商業銀行の中小企業向けの融資残高は，3億7,000万元に達し，各項目の融資残高の53％を占めるようになった。しかしアジア開発銀行中国駐在代表所の主席経済学者湯敏氏は，次のように指摘した。中小企業の融資難解決の希望を，商業銀行にすべて託していてはならない。国内の銀行はようやく商業化の傾向が見えてきたが，もしこれ以上政策によるプレッシャーがかかると，銀行の発展には不利となる。そのため，中小企業が銀行に頼って資金を調達するのは現実的でなく，理論的にも全く正しいとは限らない。

中小企業が銀行から融資を受ける上での障害は，やはりあまりにも高すぎる融資コストである。もしある商業銀行が小企業に融資したとすると，融資コストは融資総額の3.2％程度となる。大企業に融資した場合のコストはこれより遙かに低くなる。一般的に，商業銀行が中小企業に融資するコストは，大企業向けの5倍である。商業銀行の貸し出しにおける積極性を向上させるために，中央銀行は利率調整を実施し，中小企業向けの融資利率の浮動幅拡大を引き続き維持し，金融機関が利率管理においてより多くの自主権を

持てるようにした。1998年，中央銀行は金融機関の小企業向けの融資利率浮動幅を10％から20％へ拡大し，1999年には，また小企業向け融資利率の最高限度である30％を，あらゆる中型企業向けの利率へと拡大設定した。2002年には，さらにテスト的措置を拡大した。同時に，商業銀行内部の利率水準への数回にわたる指導を通じて，商業銀行内部資金の供給を調節し，商業銀行への過度の資金集中により，中小企業向けの融資に影響が出るのを防止した。利率の市場化における最も根本的な問題は，金融機関が一定の法規の指導のもとで，利率を設定できるメカニズムの形成であり，中小企業のリスク状況に応じて融資の水準と利率を決定できるメカニズムと市場利率体制の確立である。

利率が市場化すれば，中小企業の融資問題が瞬時に解決できるわけではない。融資利率が上昇すれば，商業銀行は利益を得ることができるが，中小企業の負担も直接重くしてしまう。なおかつ，たとえ融資利率が最高30％まで設定可能であったとしても，依然として銀行が中小企業に融資する際の高コストを補填するには足りない。もしさらに中小企業が担保手続きを行う場合等の支出を加えると，その間接融資のコストは明らかに高くなる。中小企業融資の主な障害は，リスクが大きく，コストがかかることであり，中小企業融資難は，中国特有の問題ではない。世界のあらゆる国においても，商業銀行は中小企業への融資には積極的ではない。

この他に現在，中小企業融資難は，企業自身の素質が低すぎることとも関係がある。融資，債券発行，株式発行であろうと，融資やリースであろうと，共に中小企業が良好な信用記録を持っており，会社組織管理，財務，その他管理等において規準化がなされている必要がある。中央銀行の調査によると，一部の中小企業の財務管理の水準はさらなる規準化が待たれる。一部の中小企業の財務報告制度は，遅れており，情報が不透明で，審査部門が確認を行う財務報告表もなく，良好な経営業績も確認できないため，銀行の企業財務情報に対する審査をより困難なものとし，銀行が直面するリスクは大きくなっている。中小企業は，自らの経営が規準化されていない場合，融資

が受けにくいことを認識するべきである。中国国内では，民営銀行の創設と中小銀行の発展を提唱する声が大きいが，民営銀行が創設されたとしても，融資リスクを黙認することはできず，同じように管理基盤が劣った中小企業への貸し渋りが起きるはずである。そのため，中小企業向けの融資難解決の道として主張される「いくつもの方法でアプローチする（原文：多条腿走路）」には，企業の素質を向上させることも含まれるべきだろう。

3．財政税収面における政策上の障害と問題

民営企業の税・費負担は重いが，これは税制に問題があるのではなく（もちろん税にも不合理な規定は一部あるが），問題となるのは，不合理な各種の費用徴収にある。そのため，まずは，徴収費用の税への転換を推進し，不合理な費用徴収を減らさなければならない。税法の中の部分的問題は，合理的な解決が必要とされている。例えば，現在のパートナー共同経営企業法と，個人独資企業法は，共に企業の所得税の徴収と同時に，個人所得税の徴収も規定している。これには検討の価値がある。個人独資企業とパートナー共同経営企業の所有者は，無限の責任を担わなければならず，そのため個人所得税のみ徴収し，企業所得税は徴収するべきではない。行政の勝手な費用徴収現象は，いたるところに存在している。一部の郷や鎮の幹部は，赴任するとすぐにあちこちで「給与の確保の為に，安全の確保の為に」と費用を徴収し，その資金はすぐに流用してしまう。数年前実施された，北京地区の企業に対する調査によると，こうした企業が負担する，各政府の職能部門による徴収費用項目は，206項目に達している。その中には，祝日の花代，電灯費，禁煙プレート費，浮浪者追放費，精神文化建設費，精神文化知識大会訓練費，樹木殺虫剤散布費，雨水排水土砂清掃費，河川排水設備補修費，旧防空壕取り壊し補修費，衛生費，衛生維持費，道路清掃費，門前衛生規則違反時の罰金，環境衛生施設費，ゴミ収集施設補修費，ゴミバケツ設置費，ゴミ清掃運搬費，ゴミ清掃運搬委託費，ゴミ焼却費，門前規則責任書を入れるガラスの額縁費，等々がある。

政府の徴収費用は，政治腐敗の温床となっており，一部の部門と官僚の権力取引に有利な条件を提供している。費用徴収の氾濫と政府の行政審査は，

密接な関係がある。多すぎる行政審査は、行政効率に著しく影響するのは必至であり、企業の手足をしばり、その正常な経営活動を妨害する。そのため、行政による費用徴収行為をさらに規制するには、強力に行政審査制度改革を推進する必要がある。

4. 財産権保護における政策上の障害と問題

　権益保障の問題。市場経済は、法治経済であり、その法律の枠組みは、主に3つの法律から成り立っている。①会社（公司）法や商業銀行法などのように、市場の主体を規制する法律。②契約法や信託法などのように、市場の基本的関係を規制する法律。③反独占法や反不正当競争法、反ダンピング法などのように、市場の競争秩序を規制する法律。この3つの面における立法作業は、ここ数年ずっと取り組みが続いてきたが、法整備には一定のプロセスが必要である。法制完備の過程においては、まず法律が系統性を持ち、他の法律と見解が一致していることに注意を払わなければならない。次に、科学的であることが必要であり、一部の問題においては、技術上の計算を行う必要がある。3つ目には、公平である必要がある。政府部門が何らかの権力を要求するなら、それに相当する責任を負わなくてはならないし、政府部門から、法律関係の相手に何らかの義務を負うよう求めた場合、同様にその相手に何らかの権利を与えなければならない。権利と責任の対称性と、権利と義務の対称性は、法律の公平性を保障するにあたっての非常に重要な原則である。4つ目は、漸進性を持つべきである。中国は今まさに改革のただ中にあり、多くの法律は、国外の法律が数十年も安定を保っていたようにはいかない。おそらく数年に一度改正の必要があり、情勢に適応しながら発展しなくてはならない。例えば、会社（公司）法や商業銀行法、証券法などは、現在すでに情勢に適さない部分が出てきている。この他にも立法が必要な重要な法律がある。例えば、物権法は、民営経済界の最も関心の的である私有財産保護に関する法律である。物権法立法後は、個人財産保護の面で、重要な役割を果たすことになるだろう。

　法制による保障。我々はこれまで、多くの市場主体と市場秩序を規制する

法律を制定したが，民営企業にとってみれば，彼らの最も関心のある個人財産権の保護問題については，まだ法律で規定されていない。個人財産権の保護がなければ，多くの民営企業家は，企業を発展させていくための確信と意欲を持つことができず，企業行為の短期化は避けられない。この他，政策や法律の執行において，工商や税務などを管轄する一部の執行部門は，自分だけの利益のために，削除処理されていない古い書類や政策に基づいて執行を行い，民営企業の権益に損害を与えている。

5．国有企業改革改造への参与における政策上の障害と問題

共産党の第16期全体会議の報告に明確な指摘があるように，資本市場の改革開放と安定した発展を推進し，各市場主体が，平等に生産要素を使用できる環境を作り出さなければならない。言い換えれば，民営企業は，財産譲渡などの取引により，社会資源に対してさらに大きな支配力を持つ，平等な資格を獲得すべきである。我々は，「手を離して，すべての労働，知識，技術，管理と資本の活力に熾烈な競争をさせ，すべての社会の富を創造する源泉を充分にわき上がらせ，人民の利益を図るべきである」。民営企業は財産譲渡等の取引により多くの社会資源を支配し，さらに大きな利益獲得のチャンスを得ることができる。

国有企業の市場からの撤退における障害。市場から撤退する上での障害は，次の4つの面がある。

(1) 撤退援助システムの欠落

撤退援助システムの欠落が，市場からの撤退における障害を作り出している。ある資源が，実物の状態で某業界に入った後，そこで資産の専用性を備えるようになるが，入った業界が異なる場合，資産専用性，消耗コストなども著しく異なり，それが撤退する場合の障害の格差を作り出している。一部の資産専用性が強く，かつ消耗コストが大きい業界は，全体的に衰退傾向にあり，特に資源が単一な地域には，資源の消失による業種の再構築は，企業自身の力では到底できないことである。そのため，一部の国（日本などのよ

うに）は，撤退援助システムを構築し，その障害を解決している。中国では，例えば軍需産業や一部の資源産業の枯渇した地域で，業界のかなり広い範囲や地区全体の撤退問題が現れている。この援助システムがないため，撤退における障害は深刻で，社会不安を引き起こしている。

(2) 国有企業の負担と関連制度の不備

　国有企業の歴史的負担や，関連する制度の不備が，撤退における障害を生んでいる。低効率の資源と企業の撤退は，どのような方式（例えば，破産，買収合併，組織改革，競売）で撤退しようと，人員の今後の活路と資産（債務を含む）の処理問題が課題となる。国有企業の負担は主に，無駄な人員，不良債権，企業による社会事業サービスの経営という3つの面に集中する。社会保障制度の不備と資本市場の未発達のため，上述の問題を解決するのは難しい。現在の社会保障体系から言えば，網羅する範囲はせまく，例えば2002年末，全国の従業員養老保険の加入者数は，目標数の半分にも満たない。この状況においては，劣勢の企業は，退職者や失業者を社会へ引き渡すことが不可能で，買収合併した企業が解決し，負担を担ってくれることに希望を託すしかない。この他，資本市場と財産権取引市場は，未発達であり，企業の撤退時の財産権取引と資本の現金化における障害が存在している。

(3) 地方政府と会社管理構造の欠陥

　地方政府と会社管理構造の欠陥が，撤退時の障害を生んでいる。撤退は，すでに赤字となった企業で起こるだけでなく，要素の統廃合や，最適化の過程において，大量の連合や合併が起こる可能性があり，大手企業間のグループ改変や提携が発生することもある。現在，2つの面から起こる撤退の障害が存在している。第1は，地方政府であり，企業が一旦撤退すると，地方政府の成績に影響が出て，現地企業（特に地方の国有企業）に対する制御能力を失ってしまう。第2は，会社管理構造であり，内部人員による制御が行われている企業においては，企業経営が維持できさえすれば，市場から自主的には撤退しようとしない。撤退は，内部人員の既得利益の喪失を意味するからである。

(4) 参入管理体制と関連する撤退上の障害

　参入管理体制が，厳格な業界であればあるほど，撤退も起こる可能性が少ない。企業が一旦参入資格を獲得すると，それは希少な政策による資源の保護を獲得したことになり，保護壁（生産許可証）に頼り生存する一部の企業を生み出す。例えば，自動車産業においては，100社以上の自動車（完成車両）生産企業の中で，かなり多くの企業は，生産量が極端に少ない。しかし希少な「生産許可証」（生産目録）に頼っていれば，充分生存してゆくことができる。株式市場においても同様の状況が見られる。

　撤退上の障害が存在しているため，市場メカニズムは歪曲され，資源の配置効率に影響し，優勢企業の成長と劣勢企業の撤退を制約し，民営企業の効果的な国有企業改革改造参与を難しくしている。

6．民営企業の不公平な待遇

　民営企業の，用地，用水，電気利用など多くの面に不公平が存在している。電気利用の要求はますます強くなってきたが，民営流通企業が利用できる電気料金は，住居用や工業用よりも高くなっており，用地も分譲住宅用地と同じく，工業用地よりも高く設定されている。国家は，内需の拡大を提唱しているが，現在物流業は大きなボトルネックの状態にある。民営流通企業が，大きく実力ある企業に成長するためには，天の時，地の利，人の和など多くの条件が必要である。現在，多くの地方における政府官僚に対する政治成績審査の基準は，どれだけの外資を導入したかであり，どれだけの民営資本を支援し，利用したかは全く重要視されていない。

第3節　民営経済発展のための政策上の提案

　各レベルの政府は，いくつかの面において取り組みをしなくてはならない。①思想の大々的な解放を行う。各レベルの各部門は，発展を束縛する一切の方法や規定を打破し，発展に影響を与える体制的弊害を取り除かなく

てはならない。「政治においては安心感のある，認識の上では大胆に，配置の上では正しく，政策では緩和策を取り，システム上では柔軟に」を目指し，民営企業に存在する投資参入，金融支援，税徴収，土地や技術改造などの面で遭遇する困難や問題を，確実に解決しなくてはならない。そして，すべてを同一視し，公平な競争により発展する環境を作り出さなくてはならない。②政策の緩和。「3つの規準と適合」し，民営経済発展の活力を刺激できさえすれば，大胆に試みるべきである。投資領域を拡大し，法律と国家が明確に禁止している領域でないならば，積極的に民営経済の参入を奨励すべきである。国有企業は，早急に一般の競争領域から撤退し，民営経済に改革への参与をさせるべきである。管理制御を緩和し，先に参入させてその後指導し，発展させながら規制するようにするべきである。税制策も緩和し，充分な環境の下で企業を育てるようにしなくてはならない。土地使用政策も緩和し，国有，集団所有制企業と同一視するべきである。③支援サポートに全力を傾ける。現在，民営企業の為の融資問題解決を重要な課題とし，調整作業を行う必要がある。各レベルの財政支援資金は，民営経済界へより多く利用されるべきであり，早急に各地において専門性の高い，地方の特色を持った民営経済圏を形成するべきであり，企業の社会化，集約化へ向けての転換を推進しなくてはならない。④政治上で平等を実現しなくてはならない。各レベルの共産党組織は，党の第16期大会の要求に基づき，民営企業における党組織と各種集団組織の建設を強化し，民営経済に従事する人員の中における先進的人材を，共産党の中に迎え入れるようにするべきである。

1．行政審査制度改革の推進

　行政審査制度改革の推進を通して，政府のサービス効率を大幅に向上させる。国家の産業政策により奨励される産業項目に投資する民営資本に対しても，国家が規定しているもの以外は，一律に登録申請制を実施する。個人経営の工商企業や私営企業の，生産や経営に対する制限を緩和し，発展のための領域をさらに拡大する。個人経営の工商企業や私営企業の設立時，登記を行う前段階の審査を緩和する。企業が資本登記する際，一括で入金するという条件を緩和する。出資方式に対する制限を緩和し，無形資産は関連部門の

評価認定を受けた後，価格を決定し株式市場で資金調達できるようにし，無形資産により受けた出資の比率は，登記資本の35％まで可能とする。私営企業集団を組織する場合の条件を緩和する。私営企業集団の組織設立は，親会社の登記資本が500万元に達し，かつ，3つ以上の子会社を持ち，親会社と子会社の登記資本合計が1,000万元に達していれば，登録が可能とする。

　投資項目の審査ステップを簡素化し，作業効率を向上させる。①固定資産投資項目の審査システムを簡素化する。投資した者，政策決定した者，所有した者，受益した者が，リスクを負うシステムを実施する。民営企業の投資項目に対しては，国家産業政策と環境保護のニーズに合致し，開発を奨励，許可されたすべてのプロジェクトで，かつ，資金等建設条件が確実であるものは，登記申請制を実施し，国家の法律法規の規定外である各種の審査を順次削減する。真に必要な審査と上級に報告する審査項目においては，審査ステップを減少させ，審査過程を公開し，期限を区切ったサービスを実施する。②民間資本投資項目に対するサービスを強化する。各地で住民サービスセンターを設置し，申請や審査のステップをなるべく削減し，作業効率を向上させる。各プロジェクトに対しては，分類指導を実施し，プロジェクト建設における全過程へのサービスを改善し，建設中に現れる問題の解決に対し，タイムリーに支援し調整を図る。投資項目の管轄地域管理制度を実施する。③有力な措置を講じて，企業負担を軽減する。個人経営工商企業の管理費徴収撤廃もその中に含める。現在すでに削減された各項目の行政徴収費用は，確実に徹底し，各地で国家規定以外の費用徴収が行われないようにする。

2．市場参入条件の緩和

　国民経済の命脈と国家の安全に関与する業界を除いて，その他の業界や領域では，すべて民間資本投資の参入を許可する。外資系企業に許可したすべての産業は，国内の民間資本の参入も許可する。民間資本が参入するエネルギー，交通，環境保護，市政などのインフラ設備，基幹産業建設および農業，林業，水産などの農業の総合的開発を行うものは，国有企業の関連する

優遇政策にならって優遇を受ける。東西部の資本誘致プロジェクト，外資利用プロジェクトに参与するものは，関連する支援政策を受けることができる。第10次5ヵ年計画と国家計画委員会の「民間投資の促進と導入に関する若干の意見」に基づき，現行の投資参入政策を的確に整理し，奨励，許可，制限，禁止という政策を明確に区分する際，国民待遇と公平な競争原則を体現するべきであり，所有制の限界，部門による独占，そして地域封鎖を打破しなくてはならない。外資企業の投資が許可されているか，国有企業が参入している領域は，すべていかなる経済タイプの企業であろうと参入が許可されるべきである（国家の特殊な規定があるものを除く）。持ち株比率においても，人為的な制限を設けるべきでない。国家は，非公有制企業が，買収，合併，持ち株による資本参加，経営権譲渡などの各種の形式を通じて，国有企業改革と戦略的調整に参与するのを奨励し，支持するべきである。

(1) 民間投資によるインフラ設備建設の奨励

民間投資が交通，水利，電力，通信などのインフラ設備建設に参与することを奨励する。インフラ設備の市場化と，資本家による運用プロセスを積極的に推進し，「インフラ整備プロジェクト収益権の抵当化と経営権譲渡に関する暫定方法」を早急に制定し，現有の有料道路や橋など，政府出資により建設したインフラ整備プロジェクトの経営権や株主権は，社会に向けて公開入札を行い，譲渡できるようにする。費用徴収承諾システムを，早急に構築，完備し，新たに建設する有料道路や有料橋などのインフラ建設プロジェクトは，民間資本投資による株式市場での資金調達を，積極的に受け入れる。「建設―運営―引き渡し」の形式を取ることで，民間資本投資を導入して建設を行い，政府は，投資者が一定期間内の経営権と経営収益を得ることを認め，経営期間が満了した後，政府は無償で経営権の回収を行う。すでに建設され，良好な経済効果のある道路，発電所，支線空港などのインフラ整備建設プロジェクトは，「譲渡―運営―引き渡し」の形式をとり，経営権や株主権を価格設定した後，譲渡し，投資を回収し，新しいプロジェクトへの投資を行う。譲渡を受けた側は，一定期間内経営権と経営収益を得ることができ，期間満了後は無償で経営権を政府に引き渡す。民間投資と，電信イン

フラ整備建設の権利を持つ電信運営企業が，提携して建設を行うことを奨励する。民間投資者が，電信付加価値業務の許可証を手にするという前提の下，電信付加価値業務の経営サービスに参与することを奨励する。小型水利施設の財産権制度改革を推進する。小型ダム，小型電力機械式井戸，灌漑用水路，小型ポンプ施設などに対する小型水利工事は，株式合作制，リース制，競売，請負などの方式で各種形式の財産権制度改革を実施する。小型水利施設の国有財産権譲渡で得られた資金は，継続して水利施設建設に使用する。小型水利施設の所有者あるいは経営者は，法に基づき所有権や経営管理権を手にし，使用期限内は，権利の引き継ぎや再度の譲渡が許可される。

(2) 市政公共事業業界の市場化推進

市政公共事業業界の市場化を迅速に推進する。国家建設部の「市政公共事業業界の市場化加速に関する意見」（建城［2002］272号）の関連する規定に基づき，市政公共事業業界の建設，運営，業務実施市場をさらに開放する。各地で下水道，ゴミ処理等の市政インフラ設備における市場化運営システムを推進し，統一された計画と規準管理の前提の下，産業化のプロセスを加速する。民間投資による独資，合資，合作など，各種方式での投資を通じた，観光景勝地開発，上下水道，ガス供給，公共交通，ゴミ処理などの市政公共事業インフラ設備建設とその経営管理を奨励する。公開入札の形を取り，上下水道，ガス，公共交通，ゴミ処理などの市政公共事業企業の経営団体を選択し，政府により経営の特別許可を授与する。民間投資により工業団地の開発を行い，都市の既存の国有資産やサービスを再生し，経営管理し，市政公共事業企業が合法的経営を通じて得た合理的報酬が，法律の保護を受けることを奨励する。入札方式を通じて，市政施設管理，環境衛生保全，公園緑化などの，非経営性施設の日常的維持活動を行う団体や，請負企業を選択し，都市道路を媒体とした道路や緑化活動の維持メンテナンスと，環境衛生保全の総合的請負制度を順次構築し，実施していく。民間資本による，小規模都市開発を奨励し，農民が非農業人口を主とする街へ移り，不動産購入や住宅建築を行うことを奨励する。

(3) 農業経営における民間資本投資の奨励

民間資本投資による農業資源開発と農業の産業化経営を奨励する。政府は，融資の利息や補助金など各種の方式で，民間資本が独資，合資，合作などの形で，投資開発や農産物の加工や卸市場の建設に参与することを奨励する。各種形式の専業合作経営組織や株式合作制企業を設立し，国家や省のトップ大手企業の条件に合致する企業は，農業の産業化におけるリーダー企業として，支援政策を受けることができるようにし，農業の産業化経営を推進する。荒れた国有の山林，砂浜，河川，土地の「4つの荒廃」資源は，農業生産に利用するのに適しているので，周到な計画を立てた上で，生産経営権を競売にかけ，社会の資本による開発参与を促す。農村が集団所有している「4つの荒廃」資源は，一般社会の投資者による請負経営を奨励する。民間資本投資による，現代流通産業の物流，配送，フランチャイズ経営や農業製品流通施設建設に対して，各レベルの政府と関連部門は，優先的な企画と土地収用などの優遇政策で支援する。

(4) ハイテク産業への民間資本投資の奨励

民間資本のハイテク産業への投資を奨励する。産業の技術研究と開発資金の補助や，融資利率引き下げなど，各種の方法で，民間資本による電子情報，バイオテクノロジー，ニューマテリアル，先進製造技術，環境保護と資源の総合利用などの，ハイテク産業への投資を積極的に誘導する。大学や科学研究機関の研究開発センター，実験室建設に参与する。ハイテク企業の認定や，ハイテクプロジェクトの認定および税制優遇などの面において，他の投資と同一視する。技術交易市場と仲介機関の役割を発揮させ，社会の資本が企業技術と研究成果の製品化に参与するよう誘導する。引き続き，民間資金がハイテク，先進応用技術による伝統産業の改造に投資されるよう，奨励し，先導する。民営企業による国家の産業政策に合致する重要な技術改造プロジェクトに対しては，融資利率における支援を与える。

(5) 国有企業への民間資本関与の奨励

民間資本が，買収合併，リース経営，株式による資本参加などの形式を通

じて，国有企業改革に関与することを奨励する。一般競争性の業界において，段階を踏んだかたちにより，一部の国有資本を撤退させ，民間資本の参入を加速させる。民間資本が組織改革，連合，合併，リース経営，請負経営と株式合作制，買収などの各種形式により，国有企業に関与し，国有経済の改革，改造に参与することを奨励する。民間資本が財産権交易を通じて，すでに制度改革を行った企業の株主権を手にすることを奨励する。

(6) 社会事業への民間資本投資の奨励

民間資本が社会事業に投資することを奨励する。民間資本が，教育，大学の事務およびサービス業務の民間委託，文化，体育，情報コンサルタント，仲介サービス，地域サービスなどの社会発展のためのインフラ設備建設に投資し，規定に基づき，経営権や収益権を享受することを奨励する。既存の社会事業施設や資源に関しては，経営の有償譲渡，合作経営，公的支援を受けた民間による経営などの方式を採用し，民間投資家により経営を行う。社会団体や企業の事業部門，個人などの民間資本により，基礎教育や職業技術教育，高等教育などの各種教育施設を設立し運営を行い，法に基づいて，独立した学校経営権を有することを奨励する。株式制，株式合作制などの形を取るか，または政府部門と共同で学校経営を行ってもよい。民間資本により，教育，体育，衛生などの社会事業に投資する場合，価格と費用徴収の制限を緩和し，投資家が合理的報酬を得ることを許可する。地域の衛生計画に則り，個人経営や私営経済が営利の医療機関を設立し経営することを許可し，民営の医療機関を発展させ，その医療サービスの価格は，経営者が法に基づき自主的に決定できるようにする。民間資本が，公立病院の制度改革や組織改革・改造に参与するように計らう。民間資本による各種養老院，老人マンションなどの設立，経営を奨励する。民間企業による，災害救援，貧困援助，社会公益事業，農村義務教育，希望工程などに対する寄付などは，国家の関連する規定に基づき課税時に損金不算入とする。

(7) 軍転民企業への民間資本参入の奨励

民間資本による「軍転民企業」（軍需産業から民需産業へ転換をした企業）

への投資を奨励する。連合，合併，リース経営，請負経営，買収，株式制と株式合作制など各種形式により，民間資本が軍転民企業へ資本参入することを奨励する。民間資本が軍需工業企業と提携して，組み立て部品を開発することを奨励し，民間資本による，「軍民に兼用でき，軍民両用でき，一般のものから軍需へ転換できる」技術密集型プロジェクトの開発を奨励する。

(8) **民間資本による国外投資の奨励**

民間資本による国外投資の展開を奨励する。中国のWTO加盟と中国ASEAN自由貿易区の建設というチャンスを手にし，国外へ打って出る戦略を真摯に実施し，条件に合致する個人経営や私営企業が積極的に国外投資を展開することを奨励する。民間資本が国外で工場を設立し，経営を行い，発展の可能性を開拓することを支持する。

3．撤退援助制度の構築

撤退援助政策は，主に構造調整により苦況に陥った業界や地区に対して，援助を行うものである。一般的には，こうした業界や地区は，単純に社会保障体系などの一般的政策に頼るだけでは問題解決が難しい。撤退援助政策は以下の数タイプが含まれる。

(1) **産業調整援助基金の設立**

産業調整援助基金を設立する。企業の撤退と産業転換を援助するため，政府は特定産業の調整のための援助基金を設置してもよい。この基金を利用し，該当産業における撤退企業に援助を与える。具体的方法は，企業が設備を存置したり廃棄したりした状態で，新たな投資を行う場合，特別償却率を採用する。優先的または優遇された融資政策，ひいては有利な融資利率を与え，一定の資金補償を与えてもよい。また政府が企業に対し，旧設備を買い取り，それを廃棄するといういわゆる買い取り廃棄を行ってもよい。これらの方法は，全体的に打撃を受け，撤退企業数が非常に多い業界に適している。産業調整援助基金は，従業員の再就職訓練費用や失業救済金などとして使われてもよい。

(2) 失業者に対する特別政策の制定

　企業の従業員の失業と再就職に対して，特別政策を制定する。失業問題が集中して発生している業界と地域に対しては，政府は特別措置を講じる必要がある。具体的な措置は，政府により職業紹介機関や職業訓練機関を設立し，またはその運営に資金援助する。調整が行われた業界で失業した従業員を再雇用した企業は，政府の補助金を得ることができる。補助金の給付方法は，再就職した従業員に対して行われ，企業単位で給付されるのではない。つまり再就職した従業員の給与比率に基づき，一定期間給付が行われる。特定業界の失業者の雇用数が一定比率に達した企業は，融資や税制面での優遇を得られる。失業保険を延長し，失業補助手当の金額を引き上げる。上述の方法を参考にして，企業従業員の失業と再就職のために，特別政策を制定するよう提案する。主に，失業問題が比較的集中しており，撤退する必要のある企業数が比較的多い地区に適用すべきで，東北などの老工業基地の調整や改造のプロセスにおいて，この政策を実施し，一連の措置の一部として組み込んでもよい。

(3) 単一産業地区への一連の援助措置

　この政策は主に，単一産業都市または地区向けのものであり，単一産業のタイプの中には，資源型産業（石炭，石油，有色金属など）や，伝統産業（冶金工業など）がある。特に資源型産業は，一旦資源の枯渇が起こると，継続することができない産業であり，深刻な社会問題を引き起こすことになる。単一産業地区の調整は，実質上，ブロック経済発展の問題であり，複雑で，調整が難しい。具体的方法としては，特定の地区と問題に対して，的を絞った，一連の撤退援助措置を制定する。一部の単一資源産業地区において，企業の撤退問題が非常に深刻であることを鑑みると，資源型産業の継続にターゲットを絞った基金の設立を提案するのがよい。今のところは，政府の財政支出によりこの基金を設立してもよく，主に資源がすでに枯渇または衰退しており，市場の発展に頼るだけでは産業全体の維持が難しい企業を援助する。中国で撤退援助制度を構築する際は，慎重に撤退援助の範囲と方法を設定する必要がある。大多数の状況は，産業構造の調整と，効果的な社会

保障体系のサポートの下，市場メカニズムを通じて解決することができる。しかし問題の及ぶ範囲が広く，市場メカニズムによる調整が困難であり，また深刻な経済問題や社会問題を引き起こす可能性がある場合のみ，撤退援助政策を採用する充分な理由となる。

4．民営経済を発展させる金融サービス体系の構築

　中小企業の融資ルートの増強は，商業銀行の意識変革と切り離すことができず，さらに政府が効果的な誘導政策を実施する必要がある。商業銀行の利潤への制約がそう厳しくない状況が存在する中，中央銀行は現行の商業銀行の貯蓄残高の利率を適宜に引き下げ，規定枠を超過した利率は，引き下げるか撤廃し，商業銀行のリスクのない利息収入を減少させ，融資放出へのプレッシャーを増加させ，融資額と貯蓄残高の差額を，信用融資市場へと向かわせなくてはならない。これと同時に，中小企業向けの融資に対し，減税や利率面での優遇政策を制定し，商業銀行が民営企業への融資を行った場合，平均利潤率に近い利潤が得られるようにする。

　民営企業の視点から考えれば，融資のボトルネックを突破するには，多様なアプローチをとる必要があるが，それは上場して資金調達しようとすることを限定するわけではない。上場二部市場の創設を求める声も少なくないが，これは新政府の態度が鍵となっている。中国の中小企業数は3,000万社近くあり，全国の企業総数の95％以上を占める。二部市場ができても，ごく少数の中小企業の融資ニーズを満たすことができるだけであろう。中小企業は，その他の融資手段を利用することも，検討するべきであるが，ファイナンスリースは利用可能な方法の一つである。ファイナンスリースは，「物の流通」を通じて「融資」の目的を果たすのであり，消費信用融資と同じ機能を果たす。中小企業の意図で購入した設備に，繰り上げて利潤を生ませることができる。ファイナンスリースの方式で購入した設備は，減価償却年数が短縮されるため，税負担を減少させる目的も果たすことができる。ファイナンスリースの実際のコストは，銀行に融資を申請する場合より高くはない。国外では，ファイナンスリースはすでに重要な融資手段となっている。

一方中国の中小企業の意識はまだ低く，国内のリース市場も充分に成熟していない。ファイナンスリースが多くの利益をもたらすとはいっても，その機能はいまだ放置された状態である。

　政府は毎年財政から支援資金を支出し，民営企業の早急な発展への支援に使用している。この政策は，確実に10年は変わることなく，しかも，その他の関連する一連の政策ともリンクし，全面的に民営経済発展を支える金融サービス体系を構築する。この資金は，主に民営経済の融資担保システムの迅速な建設，民営経済特区の早急な建設，ハイテクプロジェクトと企業の産業化プロジェクトなど，新興産業の融資利息補給などへ使用されている。これと同時に，民営企業の為に，各種方式と複数の手段を通じて，融資，資金調達市場を開拓し，資金不足と「融資難」の問題を解決する。具体的には，①設立コストを引き下げる。新しく設立した会社（公司）制企業の登記資本金限度額は，最初に準備できなければ，分割で注入してもよく，第1回の資本金額は登記資本金総額の10％あればよいように緩和する。人力資本と研究成果などの無形資産は，仲介部門による価格査定を経て，上場が可能とする。登記時には，生産コストと法定費用を除いて，その他の費用は一律徴収してはならない。②国家が規定する規準に達した民営企業は，随時輸出入自営権を手続きし，国家統一の輸出信用融資と輸出税還付政策を利用できる。民営企業が対外経済貿易権を申請する場合，生産型企業は50万元だけで登録が可能で，対外経済貿易業務や輸出に対する税還付，割当額配分，対外貿易発展促進基金などの使用において，国有企業と対等の待遇を受けることができる。③各地において，各種の方式で，中小企業向けの信用担保保障会社の設立を早急に行い，また担保保障会社の市場参入条件を引き下げる。省，地，県（中国の行政単位）レベルの担保保障会社の登記は，資本金がそれぞれ2,000万元，1,000万元，500万元あれば可能とする。各社会団体，業界協会，自然人が，率先して出資し，多元的，多階層的，これまでに類を見ない担保保障機関を設立することを大々的に支持し，奨励する。早急な信用社会建設において，企業が様々な形で担保融資を相互援助することを奨励する。企業が融資にあたって遭遇する資産差し押さえや，財産権登記時

の費用徴収においては，一律最低額に基づいて接収する。

5．民営経済主体の合法的権益の保護強化

　民営経済発展の重要性を，充分に認識する必要がある。共産党の第16期大会の精神に思想統一を図り，民営経済主体の合法的権益を確実に保護する。刑事裁判においては，法に基づき民営経済主体を侵犯する各種刑事犯罪を厳罰し，民営経済主体の人身と財産の安全を保障する。略奪，強盗，窃盗，横領，詐欺，占拠および集団略奪，財物損壊，生産経営の破壊など，民営企業財産を侵犯する犯罪活動を，法に則り厳罰に処し，また，傷害，殺害，誘拐，恐喝，不法拘禁など，民営企業家，私営企業家，個人経営工商企業家の人身と財産の安全を侵犯する犯罪活動を取り締まり，法に則り，迅速かつ厳重に犯罪者を処罰する。民事裁判においては，各レベルの裁判所は，民営企業が国有や集団企業に対し行った買収，合併，リース，請負，資本参加等の活動中に起こったもめごとの案件を，真摯に審理し，厳格に関連する法律や法規，司法解釈と国家政策を執行し，法に基づき民営企業の株主権，債券とその他の合法的権益を保護しなくてはならない。民営経済主体自身が，現代企業制度を構築し，改善していく中で起こる，各種の株主権の確認行為や譲渡などのトラブルに関わる案件や，民営経済主体の破産，営業停止，解散などに関わる案件を，法に則り審理し，株主権益を法に基づき確認する。実務執行の面では，各レベルの裁判所は，民営経済主体が執行を申請する案件に対し，効果的な措置と方法を採用し，タイムリーに申請人を支援し，法に則ったかたちで，債券回収を行わなければならない。拘留などの強制措置は慎重に行わなくてはならないが，身柄の拘束が確かに必要な場合は，法に則り手続きを踏み，法に基づいて厳格に執行する必要がある。

　民営経済の発展する環境に，損害を与える行為に対する監督と責任追及を徹底する。県レベル以上の各レベルの規律検査監察機関は，苦情受付センターを設立し，行政機関およびその職員が，民営企業や個人経営企業の合法的権益を侵犯したといった苦情を受理し，法と規律に則り事情を明らかにした上で処置する。

私営および個人経営経済は，不当な費用徴収や，寄付金等の割り当て，罰金と違法な義務履行の要求など，その合法的権益を侵害する行為を拒絶する権利を持つ。

6．企業家諮問委員会の創設

中国の現実的な経済基盤から見ると，一部の優秀な民営企業の経営者は，各レベルの人民代表大会や政治協商会議に入っている。彼らに制度的なルートを通じ，幅広い民営企業家達の合法的利益と要求を代表させるのは，社会が進歩した証拠である。企業家諮問委員会の創設により，企業家が政策決定と管理に参与するよう働きかけ，政策制定側と企業側の不調和や不統一を効果的に回避し，充分に民意を反映し，政府が科学的政策決定と民主的政策決定を行えるよう支援する。民営企業家が政治参加し，政治に意見するのが規準化される道はまだ遠い。民営企業家による政治参加の程度がどのようになるかは，最終的に政治体制改革の進み具合により決定される。現在民営企業家による政治参加の制度化は，政策諮問顧問制度の発展と結び付ける必要があり，そこから，政府の科学的で民主的な政策決定を順次実現していく。

7．政府指導と組織的保障の強化

民営経済の発展を促すことが，全体の発展を促すというのは，確かな道理であり，発展を促すというこの第一の任務は，「3つの代表」を体現することである。各レベルの政府は，政治的平等，政策上の公平，法律的保障，大胆な発展という方針に基づき，発展の比率や，発展の速度，経営方式や経営規模を制限せず，民営企業人員が社会における地位を得て，政治的には栄誉を得て，経済的には実益を手にする，良好な発展のための環境を作り出さなくてはならない。経済先進地区であれ，未発達地区であれ，例外なく民営経済の発展に力を入れなくてはならない。民営経済の大きな発展を促進し，大々的に向上させる。各レベルの政府が内源性（国内資源による）経済の発展に取り組む場合の重点は，民営経済であり，民営経済を発展させることを全局の重要議事日程に盛り込み，各レベルの部門は，発展の促進を自らの任務とし，発展のために貢献することを天職とし，一丸となって，民営経済の

発展に指導者の保障を提供しなくてはならない。そのために，管理体制を整理し，民営企業苦情受付センターを設立する。

8．財政利息補助による支持の拡大

各レベルの政府は，部分的財政資金を，インフラ設備や技術改造などのプロジェクトの銀行融資利息補助に使用するよう計らわなくてはならない。技術改革プロジェクトである国産設備投資の40％が，企業所得税を免除されるよう徹底する。国家産業政策に合致する技術改造プロジェクトに，民営企業が投資する場合や，民営科学技術企業で発生した技術開発費が，前年比10％以上増加した場合，また，国有企業でレイオフされた従業員を，民営企業において再雇用した比率が規定数に達した場合，および民営ハイテク企業，ソフトウェア企業は，企業所得税における優遇政策を受けることができる。国家産業政策に合致する国内資本プロジェクトに，民営企業が投資した場合，またその導入した設備は，国家の規定に基づき，関税と輸入付加価値税を免税とすることができる。

税収政策を改善し，不公平な租税を調整し，不合理な費用徴収を撤廃する。個人経営企業と私営企業に対しては，重複して所得税を課税することを避けなければならない。創業段階にある非公有制の中小企業に対しては，一定の税制支援を与え，税の免減政策を実施する。インフラ設備，インフラ産業と公益性事業については，費用徴収補償システムまたは財政補助を通じて，非公有制中小企業の参入を促進する。技術改革の補助金は，非国有企業に対しても同じ待遇を与え，不公平な税負担を撤廃し，構造的な減税政策を実施するべきである。国家が奨励する産業における，非公有制中小企業のプロジェクトに対しては，投資の税控除や減免，コスト分担などの面において，国有投資や外資系企業投資と同じ優遇措置を実施するべきである。

すでに制定されている各項の優遇政策を徹底し，法に基づき，非公有制中小企業の正当な権益を保護する。各種の不合理な割り当て，資金集め，罰金などを必ず阻止し，登記登録や土地使用，輸出入，工商管理，上場による資

金調達などの面において，非公有制経済に対する「国民的待遇」を実施し，他と同様の取り扱いをする。立法を早急に進め，財産権保護制度を確立し，非公有制中小企業の合法的権益を剥奪，侵犯，損傷する行為に断固反対する。厳格に「3つの不合理な行為」を取り締まり，非公有制中小企業の不合理な負担を取り除く。

9．民営企業のための価格政策

民営企業の生産経営活動において，市場による価格調節を行う商品とサービスは，国有企業と同一視を行い，生産経営コストと市場供給の状況に応じて，法に則り，自主的に価格決定することができる。民営資本による上下水道，給排水，ゴミ無害化処理，汚水処理，ガス，公衆トイレなどの公共事業インフラ設備への投資では，その商品またはサービスの価格は，一定期間内，政府の投資プロジェクトの回収率より高く設定してもよい。水利価格市場の建設とシステムの形成を加速し，民間資本による水利インフラ施設への投資促進に有利な価格政策を制定する。

10．民営企業のための政策
　　　　　──土地使用，人材採用，情報収集，戸籍管理──

民営企業による土地使用は，国有企業と平等な待遇とする。土地使用に対しては，入札，公募での譲渡，競売などの方式を採用し，異なるタイプの所有制団体が，競争の中で用地権を取得できるようにする。計画および土地管理部門は，プロジェクトの優劣に基づき，プロジェクト用地を配置し，土地に関する各費用に関しては，民営企業に，その他の所有制企業と平等の待遇を与える。法に則ったかたちで，民営企業が使用を許可される生産経営用地は，いかなる部門や団体も，勝手に回収，取り壊し，占領を行ってはならない。国家建設のために取り壊しが必要なものについて，関連部門は法に基づいた補償を与え，期限を区切って適切な処置をしなくてはならない。工業特区建設や標準的な工場施設建設などの方法を用い，民営企業が特色ある工業特区や小規模都市へ集中するよう促し，個人経営や私営企業によるリース経営により，民営企業の用地への投資問題を解決する。

人材採用においては，私営企業はその他の性質の企業と同等の待遇を受ける。私営企業の従業員は，肩書きの評定や技能鑑定，先進労働者としての選出および栄誉称号の授与などにおいて，その他の性質の企業従業員と統一した基準を用い，同等の権利を有する。他地域の人員が私営企業を設立する場合，投資者本人，配偶者，未成年の子女および任用している他地域の人材は，規定に基づき都市常住戸籍を申請できる。他地域の私営企業経営者およびその従業員の中で，すでに暫定居住証を取得している者は，中学校，小学校，幼稚園がその子女の入学を受け入れ，規定規準額に基づいて費用を徴収する。

　民営経済を発展させるのは，一つのシステム工程であり，全社会の努力を必要とする。各レベルの政府は，民営経済の発展というこの任務を重要課題としなくてはならない。各レベル・各部門は，それぞれの業務範囲において，サービス意識を強化開拓し，サービスの措置を制定し，サービス行為を規定しなくてはならない。そして，支援はするが干渉はしない，サービスを与えるが関門は設けない，指導はするが非難はしない，協調するが責任のなすり合いをしない環境を真に実現し，政府のマクロ的調整制御，部門の密接な協力関係，全国民の関心と支持，企業の自主的な発展という構造を形成しなければならない。

〔杜　鋼　建〕

参考資料
保育鈞「第5次私営企業サンプル調査に関する記者会見」における報告（2003年2月18日）
「中国私営企業研究」研究課題グループによる2002年中国第5次私営企業サンプル調査データと分析
柏晶偉『民営企業の合法的権益を的確に擁護する』（2003年7月4日）中国経済時報
馬宇主編『中国WTO報告2003』（合作）（2003年3月）経済日報出版社
魏礼群主編『市場経済秩序の粛正と規制』（2003年2月）中国言実出版社
向文華ら主編『発展の叡知——中国経済学者の中国経済最前線論議』（2002年7月）企業管理出版社
杜鋼建『法治建設を強化し，市場経済の秩序を擁護する』（2002年1月）中国市場経済

論壇
杜鋼建『市場経済秩序を粛正する法治の提案』(2002年2月8日) 中華工商時報
杜鋼建『新政府行政改革の背景と特徴』(2003年4期) 党政幹部論壇
杜鋼建『行政法治：政府改革の制度保障』(2003年4期) 中国行政管理
杜鋼建『政府の体制改革を加速し，県域の経済発展を推進する』(2003年5期) 開放潮
杜鋼建『法治秩序の統一は市場秩序統一の前提と保障である』(2003年11月28日) 21世紀経済報道
杜鋼建『住民訴訟には立法と政策的支持が必要』(2002年4月1日) 21世紀経済報道
杜鋼建『鄭州野菜農民の都市移住難から見た規制政策の弊害』(2002年10期) 決策諮訊
王屹『規則を用いて自由を制限する——行政審査制度改革についての国家行政学院杜鋼建教授との対話』(2003年3期) 中国改革

第4章

韓国企業法制とコーポレート・ガバナンスの現状と今後の課題
——社外取締役制度や監査委員会制度を中心に——

はじめに

　韓国においても，1995年のWTO体制の出帆とともに，企業活動のグローバル化が目立つなかで，先進諸国において展開されてきたコーポレート・ガバナンス（韓国ではこれを「企業支配構造」と訳している）の在り方をめぐる論議の影響をうけて，「大規模会社の管理・監督はどのように行われるべきか」という問題が学者の間で検討されるようになった。しかし，当時は，外形上の経済成長が続けられている環境のなかにもあってか，この問題がそれほど深刻に捉えられることはなかった。他方，韓国の企業社会においては，長期間の経済成長とともに形成されてきた，いわば政官経癒着という慣行が一層深化され，財閥企業は各種の特典を受けながら極度の膨脹を重ね，ありとあらゆる産業を独占するという病弊的市場構造が定着していた。

　1997年に入り，放漫経営を続けてきたいくつかの財閥企業が倒産するや，これらにより命脈を維持してきた数千数万とも言われる中小企業が相次いで倒産する事態が発生した。それに，史上初とも言われる金融および証券市場の大乱が到来し，とうとう1997年12月3日にはIMF（国際通貨基金）による救済金融を受けることになった。そして，IMFの管理体制のもとで，金融，企業，労働，および公共部門を含む社会全般にわたる総体的な構造改革が，急速に進められるようになった。企業構造改革の一環として，コーポレート・ガバナンスの改革も行われたが，その主たる標的とされたのは，大

企業集団, 特に財閥傘下の系列会社であった。

このように, 韓国におけるコーポレート・ガバナンスの改革は, IMF 管理体制という外圧の下でその端を発するようになったが, その過程には, 経済危機を克服しようとする韓国政府と財界の強い意志と全国民の共感が反映されたことも事実である。それは, こうした国家不渡りの経済危機をもたらした直接的な原因は, 外国為替管理の過ちによる流動性不足にあったが, より根本的な原因は, 政府主導型の経済システムの下で慣行化されてきた様々な構造的欠陥にあったとの共通の認識が横たわっていたからにほかならない。

韓国政府は 1998 年 2 月 6 日に, IMF との合意事項[1]を実行に移すため「非常経済対策委員会」を開き, 企業構造調整のための緊急推進方策を公表した。そのなかでコーポレート・ガバナンスとの関連性をもつものとして, 次の 3 項目が挙げられていた。すなわち, 第 1 に, 企業経営の透明性を高めるために, 企業集団結合財務諸表[2]の制度化を早めるとともに, 外部監査制度の見直し[3]や会計基準の国際化[4]を図ること, 第 2 に, 公開会社の支配構造を改善するために, 社外取締役および社外監査役制度を導入するとともに, 経営者の責任を強化し, 少数株主権の行使要件を緩和すること, 第 3 に, 企業間の M&A を活性化するために, 会社分割制度を導入し, 合併手続の簡素化・情報開示の忠実化をはかることなどである。

その後, これらの諸点を実現するために, 1998 年 12 月 28 日の商法改正（法律 5591 号, 第 1 次商法改正）を筆頭に, 1999 年 12 月 31 日（法律第 6086 号, 第 2 次商法改正）, そして 2001 年 7 月 24 日（法律第 6488 号, 第 3 次商法改正）に, 商法改正がなされた。同時に, 韓国にあっては日本とは異なり, 事実上大株式会社法の役割を果たしてきた証券取引法（証取法）も, 2000 年 1 月 21 日（法律第 6176 号, 第 1 次証取法改正）についで, 2001 年 3 月 28 日（法律第 6423 号, 第 2 次証取法改正）, そして 2002 年 1 月 26 日（法律第 6623 号, 第 3 次証取法改正）に, それぞれ改正がなされた。その他にも「株式会社の外部監査に関する法律」(1980 年 12 月 31 日制定, 法律第 3297 号, 以下では外部監査法（外監法）という), 銀行法などの関連法令の改正も相次いで行われた。

こうした一連の大改革を通じて[5], 大規模・公開的会社の管理・監督体制に

おいても，社外取締役制度や監査委員会制度が導入されるなど，一応，上記の3項目に関する基本的な体制は整うようになったと言えよう。

以下では，近時行われた商法および証券取引法の改正の主要内容を紹介してから，大規模・公開会社の管理・監督体制の改善策の中で，最も重点がおかれていた社外取締役制度や監査委員会制度を中心に，関連するいくつかの制度も取り上げ，その現状を概観し今後の課題を摘示したい。

第1節　商法および証券取引法の改正の主要内容

1．第1次商法改正（1998年12月28日，法律第5591号）

その主要内容は次の通りである。

第1に，会社間の構造調整を制度的に支援するために，合併手続の簡素化および情報開示の充実を図るとともに（商522条ないし530条），会社分割制度も導入した（商530条の2ないし530条の12）。

第2に，少数株主の地位を強化するために，各種の少数株主権の行使要件を緩和するとともに，株主提案制度および累積投票制度を新たに導入した（商363条の2，382条の2）。

第3に，会社の合併の準備段階において，株価の格差を調節し高価株の流通性を回復させるために，株式分割制度を導入する一方（商329条の2），株式の分割を容易ならしめ，また新株発行を通じた資金調達の便宜を提供するために，1株の最低額面額を従来の5千ウォンから100ウォン（約10円）に引き下げた（商329条4項）。

第4に，企業経営者の責任を強化し企業経営の透明性を高めるために，取締役および取締役会制度についてもいくつかの改善策が講じられた。まず，改正法は，小規模の株式会社にまで3人以上の取締役の選任を強制してきた旧法上の非現実性を改善するために，資本金5億ウォン（約5千万円）未満の会社に対しては，1人または2人の取締役をおくことも認めている（商383条1項）。この規定に基づい

て取締役が1人になった場合には，その取締役が会社の代表となるとともに，取締役会の決議事項の中で株主総会の招集権（商362条），支配人の選任・解任権（商393条1項）などはその代表が取締役会に代わって行使し（商383条5項，6項），その他の取締役会の決議事項は，株主総会の決議事項とする旨の規定が設けられた（商383条4項）。次に，改正法は，取締役の責任を強化し健全な企業運営を促進させるために，取締役の忠実義務を明文化した（商382条の3）。最後に，業務執行指示者など，いわゆる「事実上の取締役」の責任を強化する措置がとられた[6]。

2．第2次商法改正（1999年12月31日，法律第6086号）

その主要内容は次の通りである。

第1に，証券取引法により上場会社などに限って認められていた，ストック・オプション制度を導入した（商340条の2ないし340条の5）。

第2に，上記のオプションの行使に備えて自己株式を譲渡する目的で取得するか，あるいは退職する取締役，監査役，または被傭者が保有する株式を譲り受ける場合には，発行済株式総数の10％の範囲内で自己株式の取得を認める措置がとられた（商341条の2）。

第3に，株主総会の運営方法と関連して，総会の議長にいわゆる秩序維持権を与えるとともに（商366条の2），書面投票制度を新たに導入した（商386条の3第2項）。

第4に，取締役会の運営方法と関連して，取締役が直接会議に出席しなくても，動映像および音声を同時に送受信できる通信手段を通じて決議に参加することを認めており（商393条の2），取締役会の議事録の記載事項として，従来の議事の経過要領およびその結果のほかに，決議に反対した者の氏名および反対理由が追加された（商393条の3第2項）。

第5に，1998年の第1次商法改正で会社分割制度が導入されたが，これに加えていわゆる簡易分割合併制度を導入した（商530条の11第2項）。

第6に，取締役会の内部委員会[7]および監査委員会制度を導入したが，この点は，証券取引法の改正とも関連してこの改正で最も重要な争点とされていたので，その詳細については，後述することにしたい。

第7に，有限会社における少数社員の代表訴訟提起要件を，従来の資本総額の100分の5より100分の3に引き下げて少数社員権を強化し，すでに株式会社に導入されている中間配当制度を有限会社に導入するなど，有限会社に関連する規定の整備がなされた（商565条，572条，581条ないし583条）。

3．第3次商法改正（2001年7月24日，法律第6488号）

その主要内容は次の通りである。

第1に，会社の株価管理等の便宜を図らせるために，配当可能限度額の範囲内で，定時株主総会の特別決議によって株式を買い受け消却することができるようになった（商343条の2）。

第2に，持株会社の設立等を容易ならしめるために，会社が株式の包括的交換または移転により，他の会社の発行済株式の総数を所有することができるようにした（商360条の2ないし360条の23）。

第3に，会社経営の重要事項に関する株主の議決権を強化するために，会社営業の重要部分を譲渡する場合だけでなく，会社営業に重大な影響を及ぼす他の会社の営業の一部の譲受についても，株主総会の特別決議事項にした（商374条1項4号）。

第4に，従来には，株式会社の設立のために3人の発起人が必要で，有限会社の場合には2人以上の社員が設立要件であったが，世界的な傾向を受け入れて，発起人1人および社員1人だけでも設立できるようにした（商288条，543条1項）。

第5に，取締役会の活性化のために，取締役会の決議事項の範囲を具体化するとともに，取締役の会社業務に関する情報接近権を強化し，取締役をして業務執行状況を3ヵ月に1回以上，取締役会に報告するようにした（商393条）。

第6に，株主の新株引受権を強化するために，第三者に新株を割り当てる

場合には，定款の規定に基づいて行うべきこととされており，また，新技術の導入，財務構造の改善など，会社の経営目的上，必要ある場合に限って認められるようになった（商418条）。

4．第1次証券取引法改正（2000年1月21日，法律第6176号）

第1次証券取引法改正の主要内容は，次の通りである。

第1に，一定規模以上の上場会社および証券会社に監査委員会および社外取締役候補推薦委員会の設置を強制するなど，大規模公開会社の支配構造を改善するための措置が取られたが，この点については，節を改めて詳述する。

第2に，証券業の許可基準をより具体化するとともに，証券会社における財務構造の健全性を判断するための一定の基準が設けられ，これに達しない証券会社については，証券業の許可を取り消しうる根拠を明らかにするなど，運営上の透明性を高めるためのいくつかの措置がとられた（証取法30条，32条，32条の2，54条の2，54条の3，55条1項）。

第3に，大規模の証券会社の場合，発行済株式総数の0.005％以上の株式を有する株主に代表訴訟提起権を認めるなど，少数株主権の行使要件が現在，上場会社に適用されている行使要件の半分にまで緩和された（証取法64条）。

第4に，中小・ベンチャー企業に資金調達の機会を提供するために開設された，証券協会仲介市場（コスダク市場）に参加する投資者を保護するために，協会登録法人が経営活動，財務状態などの変動状況を開示しなかったか，または不誠実に開示した場合には，当該法人に対して5億ウォンの範囲内で課徴金を付加するとの罰則規定が設けられるなど，開示制度の強化が図られた（証取法206条の11第3項）。

第5に，従来，証券取引所の予算・決算は，金融監督委員会への報告事項となっていたが，これを廃止するとともに，証券・金融会社が定款を変更する際には金融監督委員会の承認を受けることになっていた

が，これを事後報告で足りるようにするなど，証券関係機関に対する規制を大幅に緩和する措置がとられた（証取法114条削除，151条1項，164条，175条，178条）。

5．第2次証券取引法改正（2001年3月28日，法律第6423号）

第2次証券取引法改正の主要内容は，次の通りである。

第1に，有価証券市場および協会仲介市場で取引される株式が，取引場終了の以後にも24時間，情報通信網あるいは電子情報処理装置を利用して，当日の最終取引価格，または財政経済部令で定める方法によって決定される単一の価格で取引できるように，当該株式売買の仲介または代理をする営業形態を，証券業として認めた（証取法2条8項8号，28条2項4号）。

第2に，従来，有価証券市場または協会仲介市場の外で，不特定多数人を対象に一定数以上の株式等を公開買付しようとした場合には，事前に金融監督委員会に申告しなければならなかったが，これを公開買付の公告後金融監督委員会に申告するようにするなど，公開買付の手続を改善した（証取法21条の2ないし23条の2）。

第3に，従来大統領令で定めていた証券会社における遵法監視人（証券会社の役職員が内部統制基準を遵守しているかどうかを点検し，これに違反した場合には，監査役または監査委員会に報告すべき義務のある者）の任免手続，資格要件等に関する事項を法律で直接定めるようにするとともに，遵法監視人の実質的な活動を保障し監督機関との癒着を防止するために，監督機関より退任した後，遵法監視人に任命されうる経過期間を2年から5年に大幅に強化した（証取法54条の4第3項，第4項）。

第4に，大型上場法人または大型協会登録法人における社外取締役候補推薦委員会に対しては，一定の持分を保有した少数株主によって推薦された社外取締役候補者を必ず株主総会に推薦するようにするとともに，社外取締役である監査委員会の委員を株主総会で選任する場合には，現行法上監査役を選任する場合と同じように，株主の議決

権を発行済株式総数の3％に限って行使できるようにした。また監査委員会の委員長には，必ず社外取締役を選任するようにした（証取法54条の5，54条の6）。

第5に，証券取引所が有価証券市場における売買取引と関連して，会員の間または会員と顧客との間に発生した紛争を調整する紛争調整機構の設置根拠とその手続に関する事項を定めた（証取法73条，83条の2，94条）。

第6に，協会仲介市場を協会仲介市場運営委員会が中心となって運営することができるように，その設置根拠と運営に関する事項を定めた（証取法172条の2ないし172条の4）。

第7に，株券上場法人および協会登録法人が株主に配当する利益をもって，株式を消却する場合に従うべき手続を定めるとともに，既に保有している自己株式も新設された消却手続によって消却できるようにした（証取法189条，附則16条）。

第8に，株券上場法人および協会登録法人には，定款で定めるところによって，発行済株式総数の10％の範囲内で，大統領令で定める限度までには，取締役会の決議をもってストック・オプションを付与することができるようにした（証取法189条の4第3項）。

第9に，株券上場法人および協会登録法人の少数株主が取締役の違法行為差止を裁判所に請求するための権利行使要件を，従来の発行済株式総数の0.5％以上から0.05％以上に緩和するとともに，大型上場法人および協会登録法人においては，累積投票の実施を要求しうる株主の持分保有要件を従来の発行済株式総数の3％以上から15％以上に緩和した（証取法191条の13，191条の18）。

第10に，協会登録法人にも社外取締役制度を導入し，大型協会登録法人に対しては監査委員会の設置を強制するなど，大型上場法人と同様な支配構造を構築するようにした（証取法191条の16，191条の17）。

第11に，企業の開示が透明に行われるように，不実・虚偽情報を開示した法人に対する課徴金の上限を，従来の5億ウォンから20億ウォン

に上向調整し，罰則も強化した（証取法206条の11，207条の3，210条）。

6．第3次証券取引法改正（2002年1月26日，法律第6623号）

第3次証券取引法改正の主要内容は，次の通りである。

第1に，最近，証券会社の財務健全性を確保しうる，自己資本管理制度など他の制度が定着することによって，従来，証券会社が有価証券の売買損失または事故損失等に備えて強制的に実施してきた証券取引準備金制度を廃止した（旧証取法40条削除）。

第2に，資本市場の自律規制機能を強化するために，証券取引所および韓国証券業協会が，有価証券市場と協会仲介市場における異常売買と関連して，会員の売買取引状況などに関する資料の提出を要請するか，あるいは関連する業務および財産状況などを監理することができるようにした（証取法73条の2，162条の3）。

第3に，従来はストック・オプションを当該法人の役職員に限って付与することが認められたが，これを改善して，当該法人の経営や海外営業に寄与した関係会社の役職員にもこれを付与することができるようにした（証取法189条の4）。

第4に，有価証券の相場操縦など，不公正取引に関する調査・監督機能の実効性を高めるために，証券先物委員会が不公正取引行為を調査する場合には，関係者が提出した書類などを領置するか，あるいは関係者の事務所または事業場に出入して，帳簿・書類等を調査することができるようにした（証取法206条の3）。

第2節　社外取締役制度

1．導入背景

前述したように，韓国における大規模・公開会社に対するガバナンスの改

革は，IMF，IBRD（国際復興開発銀行）などの外圧により，少なからぬ副作用と批判を抱えながらも，急速に進められた。社外取締役制度は，その緊急措置の一環として，1998年2月20日に「有価証券上場規程」[8]の改正により導入されたが，同「規程」には，上場会社は取締役総数の4分の1以上（最低1人以上）の社外取締役を選任すべきことと，これをもって上場廃止基準とするとの規定が設けられた（同規程48条の5，37条1項4号）。しかし，同「規程」は，韓国証券取引所の内部規則に過ぎなかったので，法律によらずに国民の基本権を制限するものとして違憲の余地があるとの指摘もあり，こうした消極的な改善策についても，次のような批判がなされていた。すなわち，第1に，財閥オーナーは，系列会社間の相互出資などを通じて，IMF管理体制以前よりもっと内部持分率[9]を増やし，その支配力の強化を図ってきたことが明らかになった。また，財閥オーナーは，金融市場における支配力を背景に，系列会社間の相互貸出あるいは発行証券の相互引受等を通じて，その地位の安定化を図るとともに，系列会社間の結束力をより強化してきた。しかも，企業経営に対する統制・監視機能は依然として政府が担当しており，証券市場を通じた外部統制システムはほとんど機能しておらず，銀行等の機関投資家による監視機能も期待できない状況にある。

　第2に，大規模・公開会社における取締役会の運営実態をみると，1998年12月現在の取締役の員数は，各社平均約10名であり，IMF管理体制以前に比べて，相当減少する傾向をみせている。これは，1999年末までには取締役総数の4分の1以上の社外取締役を選任すべきとの前記の「規程」の影響によるもので，大部分の上場会社は，取締役の総数を減らすために，多く存在していた使用人兼取締役などの役付取締役を非登記役員に変更させたからである[10]。しかしながら，実際にはこうした非登記役員に取締役の名称を与え，会社の重要業務執行を担当させているのが実態であり，従来より指摘されてきた，経営主体と監視・監督主体との融合，未分離状態が依然として続けられている。

　第3に，今までの監査役の運営実態をみても，商法改正が行われるたびに，その地位強化のため多くの改善策がとられてきたにもかかわらず（商409条2項，409条，411条など），監査役はほとんど機能せず，形骸化を増し

ているばかりでなく，財閥オーナーの諮問役割に甘んじているのが実態である。したがって，今後，社外監査役，常勤監査役を中心に監査役会を再構築していくにしても，その実効性を期待することはほとんど不可能であるとの認識が一般的である。

2．社外取締役制度の概要

以上のような状況下で，社外取締役制度と監査委員会制度を導入しようとする方向で改正議論が本格化されるようになった。

まず，前述したように第2次商法改正では，監査委員会制度を導入したが，その委員となる取締役の資格については一定の制限を加えていながらも，あえて社外取締役という名称は使われていない[11]。すなわち，商法415条の2第2項では，監査委員会は3人以上の取締役によって構成されなければならないが，次の各号に該当する者が総委員の3分の1を超えてはならないとされている。その各号に該当する者としては，①会社の業務を担当する取締役および被傭者，または最近2年内に業務を担当する取締役および被傭者であった者，②最大株主が自然人である場合には，その本人，配偶者，および直系尊属・卑属，③最大株主が法人である場合には，その法人の取締役，監査役，および被傭者，④取締役の配偶者および直系尊属・卑属，⑤会社の親会社または子会社の取締役，監査役，および被傭者，⑥会社と取引関係など，重要な利害関係にある法人の取締役，監査役，および被傭者，⑦会社の取締役および被傭者が取締役となっている他の会社の取締役，監査役，および被傭者が挙げられている。

ついで行われた第1次証券取引法改正で，社外取締役制度が初めて法制化されるようになった。同改正法では，社外取締役とは，「当該会社の常務に従事しない取締役として第54条の5または191条の16の規定によって選任される者」を言うと定義づける一方（証取法2条19項），その員数については，資産総額2兆ウォン以上の証券会社および上場会社（以下では，これを大型上場会社と言う）は取締役総数の2分の1以上（少なくとも3人以上）に，またその他の証券会社および上場会社（以下では，これを小型上場会社と言う）はその4分の1以上になるように，取締役会を構成しなければならな

い（証取法54条の5第1項，証取法191条の16第1項）と定めている。

　社外取締役の資格要件については，これを積極的に定めず，不適格要件を非常に複雑に定めている。すなわち，証券取引法54条の5第4項および191条の16第3項によれば，次の各号に該当する者は，社外取締役になり得ないとしながら，社外取締役になってからこれらの事由に該当するようになった場合には，その職を失うことになるとされている。

　その各号としては，①証券取引法第191条の12第3項1号ないし4号に該当する者[12]，②当該会社の株主として，議決権のある発行済株式総数を基準にして，本人およびその特殊関係人[13]が所有する株式数が最も多い場合の当該本人（以下ではこれを最大株主と称する），③最大株主の特殊関係人，④当該会社の主要株主（何人の名義といえども自己の計算で議決権ある発行済株式総数または出資総額の100分の10以上の株式または出資証券を所有する者），その配偶者および直系尊属・卑属，⑤当該会社または系列会社（これは独占禁止法上の系列会社を言う）の役職員（常務に従事した者，以下同様），または最近2年内に役職員であった者，⑥当該会社の役員の配偶者および直系尊属・卑属，⑦当該会社と大統領令で定める重要な取引関係，または業務上の競争関係あるいは協力関係にある法人[14]の役職員，または最近2年内にその役職員であった者，⑧当該会社の役職員が非常勤取締役となっている会社の役職員，⑨その他，社外取締役としての職務を忠実に遂行することが困難であるか，または当該会社の経営に影響を及ぼしうる者として大統領令で定める者[15]を挙げている。

　そして同改正証券取引法は，社外取締役制度の実効性を高めるために，次のような措置を採り入れている。すなわち，第1に，上場会社の社外取締役が選任または解任されたか，あるいは任期満了以外の事由によって退任した場合には，その内容を選任，解任，または退任した日の翌日までに金融監督委員会と韓国証券取引所に報告しなければならないとなっている（証取法191条の16第5項）。第2に，社外取締役の員数が，その辞任，死亡などの事由により法定要件に満たなくなった場合には，その事由の発生後，最初に招集される株主総会において，その欠員を補充すべきである（証取法54条の5第5項，191条の16第3項）。第3に，上場会社の株主総会において，社外

取締役の選任に関する議案が提出された場合には，その氏名と経歴に関する事項を韓国証券取引所に報告しなければならないとされており（有価証券上場規程19条1項1号），社外取締役の法定員数は，株券の上場審査要件および上場廃止基準とされる（有価証券上場規程15条の2第2項の6，37条1項4号）。

第2次証券取引法改正では，次のような社外取締役制度の改善策が加えられた。すなわち，第1に，大型上場会社の監査委員会の委員長としては，社外取締役を選任すべきこと（証取法54条の6第2項，191条の17第2項），第2に，社外取締役である監査委員会の委員を選任するときには，発行済株式総数の100分の3を超える株式を有する株主には，その超える株式について議決権行使を禁ずるということ（証取法54条の6第6項，191条の17），第3に，取締役が業務遂行上必要ある場合には，取締役会の決議をもって会社の費用で外部専門家の協力を得ることができる（証取法54条の6第6項，191条の17）ことである。そして，第4に，同改正では，社外取締役の選任手続などの改善もなされた。すなわち，総会の招集通知または公告[16]をなすときには，取締役候補者の氏名，略歴など，候補に関する事項のみならず，既存の社外取締役，非常任取締役の取締役会の出席率，議案に対する賛否如何などの活動状況，報酬に関する事項，候補者と最大株主との関係，および候補者と当該法人との最近3年間の取引明細を開示しなければならないが，但し，これらの情報を情報通信網に掲載し，また財政経済部令で定める場所に備え置いて，一般の閲覧に供した場合には，通知または公告をしたものと見做される（証取法191条の10第2項，3項，同法施行令84条の17第2項）。第5に，資産総額2兆ウォン以上の大型協会登録法人（いわゆるコスダク法人）においても，証券取引法上の社外取締役，監査委員会に関する規定を準用することも加えられた（証取法191条の16，17）。

3．社外取締役制度の関連する制度

(1) 社外取締役候補者推薦委員会制度の導入

第1次証券取引法改正では，社外取締役候補者推薦委員会制度を導入した。すなわち，大型上場会社は，商法上の内部委員会の一つとして同委員会

を設置すべきことになっているが，その総委員の2分の1以上は社外取締役によって構成されなければならない（証取法54条の5第2項，3項，191条の16第3項）。また，株主総会において社外取締役を選任しようとするときには，この委員会の推薦を受けた者から選任しなければならない（証取法54条の5第3項，191条の16第3項）とされている。これに加えて第2次証券取引法改正では，証券取引法上の少数株主の提案権行使により（証取法第191条の14），少数株主が推薦した候補者を同委員会が推薦した者に含めなければならないとの規定が設けられた（証取法54条の5第3項，191条の16第3項）。

(2) 累積投票制度の導入

　第2次商法改正では，少数株主の利益を代弁する取締役の選任を可能ならしめるために，累積投票制度を導入した。すなわち，2人以上の取締役の選任を目的とする総会の招集がある場合には，発行済株式総数の100分の3以上に当たる株式を有する株主は，定款で別段の定める場合を除いて，会社に対して累積投票の方法によるべきことを請求することができる（商382条の2）とされている。さらに第2次証券取引法改正では，その実効性を高めるために，大型上場会社について，累積投票制度の実施を要求する少数株主権の持分要件を商法上の3％から1％に緩和する一方，累積投票制を実行あるいは排除するために，定款を変更するときは，発行済株式総数の100分の3を超える株式を有する株主には，その超える株式について議決権行使が禁じられるという措置がとられた（証取法191条の18）。

(3) 取締役の忠実義務の明文化

　第2次商法改正では，取締役の責任を強化し健全な企業運営を促進するために，取締役に対して法令および定款の規定に従い会社のために忠実にその職務を行うべき義務，すなわち，取締役の忠実義務を明文化した（商382条の3）。

(4) 取締役の情報接近権と秘密保持義務の明文化

第3次商法改正では,「取締役は,代表取締役に対して,他の取締役または被傭者の業務につき取締役会で報告するように求めることができる」として,いわゆる情報接近権を明文化するとともに,「取締役は,3ヵ月に1回以上,業務の執行状況を取締役会に報告しなければならない」として,取締役の情報開示義務を明らかにしている(商393条3項,4項)。さらに,取締役は,在任中だけでなく退任後にも,職務上知り得た会社の営業上の秘密を漏洩してはならないとして取締役の秘密保持義務を明らかにした(商382条の4)。

4.社外取締役制度の運営実態

(1) 社外取締役の人数など

上場会社協議会[17]の「2001年度の上場会社における社外取締役の現況」に関する調査によれば[18],2001年6月30日現在,調査対象の上場会社631

表4-1 登記取締役と社外取締役の人数(242社対象)

区分		社外取締役の人数											
		0名	1名	2名	3名	4名	5名	6名	7名	8名	9名	10名	33名	計
取締役の人数	3名	1	7	2	—	—	—	—	—	—	—	—	—	10
	4名	—	62	5	—	—	—	—	—	—	—	—	—	67
	5名	—	—	10	—	—	—	—	—	—	—	—	—	10
	6名	—	—	21	9	—	—	—	—	—	—	—	—	30
	7名	—	—	27	4	—	1	—	—	—	—	—	—	32
	8名	—	—	40	1	6	—	1	—	—	—	—	—	48
	9名	—	—	—	4	—	—	4	—	—	—	—	—	8
	10名	—	—	—	6	1	8	—	—	—	—	—	—	15
	11名	—	—	—	3	3	—	—	1	—	—	—	—	7
	12名	—	—	—	4	—	—	2	—	1	—	1	—	8
	13名	—	—	—	—	—	—	—	—	—	1	—	—	1
	14名	—	—	—	—	1	—	—	2	—	—	—	—	3
	16名	—	—	—	—	—	1	—	—	1	—	—	—	2
	37名	—	—	—	—	—	—	—	—	—	—	—	1	1
	計	1	69	105	31	11	10	7	3	2	1	1	1	242

＊資料:韓国上場会社協議会,上場会社関連制度の改善のための設問・分析(2001.6)

社の中で，626社が1,440名の社外取締役を選任しており，これは1社当たり平均2.30名に該当する。業種別の1社当たり社外取締役の人数は，金融業が平均4.06名で一番多く，その次は非製造業（平均2.35名），製造業（平均2.02名）の順になっている。また，社外取締役の人数が2名である会社が265社（42.3％）で一番多く，その次は1名である会社が203社（32.4％），3名である会社が78社（13.2％）の順になっており，5名以上の会社も45社（7.2％）ある。他方，上場会社協議会の他の調査・分析によれば[19]，表4-1に示されているように，取締役総数4名に社外取締役1名の会社が一番多く，その次は，取締役総数8名に社外取締役2名の会社の順になっている。取締役の平均数は6.8名，社外取締役の平均数は2.5名で，社外取締役の人数が取締役総数の約3分の1以上を占めている。個別的にみると，取締役4名をおいている会社が一番多く（67社/242社），社外取締役は，2名をおいている会社が一番多い（105社/242社）。

社外取締役の職業別の分類によれば，社外取締役総数1,440名の中で，経営人が363名（25.2％）で一番多く，その次は大学教授267名（18.5％），弁護士127名（8.8％），会計・税理士103名（7.2％）の順になっているが，無職も329名（22.8％）になっている。大学教授の専攻分野をみると，社外取締役である大学教授267名の中で，商経学系列の教授が60.7％（162名）で一番多く，その次が理工学系列で24.0％（64名），法政学系列が7.1％（19名）の順になっている。

社外取締役の最終学歴は，大学卒が51.3％（739名）で一番多く，その次が大学院卒で45.4％（654名）を占めている。

社外取締役の任期については，3年となっているのが一番多く（1,116名，77.5％），その次が2年となっているが（186名，12.9％），1年となっている社外取締役も138名（9.6％）に達している。社外取締役の兼職の状況をみると，2つ以上の会社に社外取締役として選任されている者は，92名であるが，その中で91名が2つの会社に，また1名が3つの会社に兼職している。ここで，3つの会社に兼職している社外取締役が，前年度17社に比べて減少しているが，これは，証券取引法の改正により，2001年から兼職許容会社数が従来の3社から2社に縮小されたからであろう。

表 4-2　社外取締役の推薦方法（複数記載）

区　分	2001		2000	
	会社数	比率*	会社数	比率*
①　大株主の推薦	102	42.7	71	43.0
②　候補者推薦委員会の推薦	39	16.3	―	―
③　会社役員の推薦	85	35.6	71	43.0
④　機関投資家の推薦	1	0.4	3	1.8
⑤　社外取締役人材バンク活用	7	2.9	8	4.9
⑥　債権金融機関の推薦	15	6.3	8	4.9
⑦　その他	11	4.6	17	10.3

＊比率＝（各項目に表示した会社数/質問に一つでも答えた会社数〔2001年：239社，2000年：165社〕）×100
＊②は，2001年に追加された項目である。
＊資料：韓国上場会社協議会，上場会社関連制度の改善のための設問・分析（2001.6）

(2) 社外取締役の推薦方法および推薦時の考慮事項

　表4-2に示されているように，社外取締役候補者の推薦は，ほとんど大株主および会社役員によって行われている状況にある。この現象は，2001年に比べて多少減少してはいるが，これは，2001年より取締役会内の社外取締役候補者推薦委員会の設置が強制されるので，39社（16.3％）の社外取締役が候補者推薦委員会によって推薦されたからであろう。しかし，機関投資家が推薦したのは，全体の0.4％に過ぎず，少数株主による推薦は皆無である。

　他方，表4-3によれば，社外取締役を推薦するときに主に考慮される事項について，「専門性」を考慮すると答えた会社が一番多かったが（70.1％），独立性を考慮する会社は9.1％にすぎない。反面，「業界人脈の保有等，対外交渉力」を考慮すると答えた会社が前年度に比べて増加したのは注目に値する（33社，13.7％）。

(3) 社外取締役の独立性

　上記の上場会社協議会の調査によれば，「社外取締役として選任された者が最大株主または経営陣からどれほど独立しているか」という設問につい

表4-3 社外取締役の推薦の時，主に考慮される事項

区　　　　分	2001		2000	
	会社数	比率*	会社数	比率*
① 専門性	169	70.1	101	62.3
② 独立性	22	9.1	—	—
③ 業界人脈の保有等，対外交渉力	33	13.7	8	4.9
④ 経営への協助性向	25	10.4	23	14.2
⑤ 大株主または役員との間柄	26	10.8	15	9.3
⑥ その他	3	1.2	15	9.3

＊比率＝（各項目に表示した会社数/質問に一つでも答えた会社数〔2001年：241社，2000年：162社〕）×100
＊②は，2001年に追加された項目である。
＊その他の意見としては，「債権金融機関の推薦」などがあった。
＊資料：韓国上場会社協議会，上場会社関連制度の改善のための設問・分析（2001.6）

て，「独立している」と答えた会社が一番多く168社（69.7％），「非常に独立している」と答えた会社は31社（12.9％），「独立していない」と答えた会社が42社（17.4％）に過ぎなかった。一応，大部分の会社では，社外取締役が独立して活動していると認識しているようである。

　他方，社外取締役の独立性を阻害する要因としては，「大株主や経営陣との間柄」と答えた会社が一番多かったが（111社，50.9％），これは推薦過程が社外取締役の独立性に決定的な影響を与えていることを示している。その次は，「経営陣などの社外取締役制度に対する認識の不足」と答えた会社が多かった（75社，34.4％）。「社外取締役の資質または意識の不足」と答えた会社も6.4％（14社）を占めているが，これは，有能な人材を社外取締役として受け入れるのが困難な状況にあることを示していると言えよう。その他の意見としては，内部状況の把握の困難，役職員の社外取締役制度に関する認識の不足，法的な支援の不備，選任手続上の問題，そして取締役会内の非友好的な雰囲気などをあげる会社もあった。

(4) 社外取締役に対する情報提供

　上記の上場会社協議会による，社外取締役に対する情報提供実態の調査に

よれば，設問に答えた236社の中で，「取締役会の会議資料とは別に，重要な経営情報を定期的に提供する」と答えた会社は，72社（30.5％）に過ぎない反面，「取締役会の開催前に会議資料を提供するが，経営情報を定期的に提供することはない」と答えた会社と，「取締役会の開催当日に，取締役会の会議資料を提供するが，経営情報を定期的に提供することはない」と答えた会社を合わせると，全体の67.4％（159社）を占めている。その他の意見としては，「取締役会の開催前に要求すれば資料を提供する」，「重要な事案に限って提供する」などがあった。この点は，社外取締役に対する経営情報の提供が積極的に行われていないことを示しているものと言えよう。

他方，同調査によれば，「会社側が社外取締役より経営に関する資料要請を受けたことがあるか」という設問については，設問に答えた241社の中で，「なし」と答えた会社が51.0％（123社）を占めているが，これは，前年度の45.1％に比べて多少増加しているものの，依然として，社外取締役がその職務遂行のためあまり積極的に会社の情報を収集しようとしないことを示している。

また，社外取締役の会社内部情報への接近が容易であるかという設問について，「普通である」と答えた会社が一番多く（153社，63.5％），その次が「容易である」と答えた会社である（68社，28.2％）。「容易でない」と答えた会社がわずか20社（8.3％）にすぎなかったことからすれば，おそらく大部分の会社側では，社外取締役が会社の内部情報に接近するのに大した障害はないと判断しているようである。

(5) **社外取締役の取締役会への出席状況**

2001年12月に実施された韓国証券取引所の「上場法人の支配構造改善実態調査結果」によれば，2001年度の社外取締役の取締役会への出席率は，69.1％（前年度66.0％）にすぎない。その欠席の理由としては，主に時間不足など一身上の理由が一番多かった。また，同調査によれば，社外取締役が取締役会に出席して議案に対して反対意見を提出した事例がある会社は，僅か3.7％にすぎない。これは，社外取締役の経営牽制機能がほとんど働いてないことを示しており，反対した理由としては，会社および株主の利益侵

表4-4　社外取締役の活動に対する満足度

区　　　分	2001		2000	
	会社数	構成比	会社数	構成比
①　非常に満足している	19	7.9	12	7.3
②　比較的満足している	108	45.0	79	48.2
③　普通である	109	45.4	68	41.5
④　不満足である	4	1.7	4	2.4
計	240	100.0	163	100.0
無　　回　　答	10		7	

＊資料：韓国上場会社協議会，上場会社関連制度の改善のための設問・分析（2001.6）

害に関する憂慮が一番多かった。

5．社外取締役制度の問題点

(1) 設問調査による社外取締役制度の問題点

　まず，表4-4によれば，社外取締役の職務遂行につき，会社側としてはどのくらい満足しているかという設問について，「普通である」と答えた会社が一番多く（109社，45.4％），「非常に満足している」と答えた会社と，「比較的満足している」と答えた会社を合わせると，127社（52.9％）に達している。

　また，社外取締役制度の導入に伴い，会社側としてはどういう長所があるかという設問について，表4-5によれば，「大株主および経営陣を牽制することによって，経営の合理化を図り，透明性を高めるのに役に立つ」と答えた会社が一番多く（64社，53.8％），その次に「社外取締役の客観的でかつ専門的な諮問」と答えた会社が44社（37.0％）にのぼる。

　他方，社外取締役制度の導入に伴い，会社側としてはどういう短所があるかという設問については，表4-6によれば，「取締役会の開催日決定の困難さなどにより，意思決定が遅れる」との指摘が一番多く（39社，43.8％），その次が「会社情報の提供の困難および機密漏洩の憂慮」（12社，13.5％）と「専門性と経験を有する社外取締役の選任の困難」（11社，12.4％）と答

第 4 章　韓国企業法制とコーポレート・ガバナンスの現状と今後の課題　135

表 4-5　社外取締役制度の導入に伴う長所

区　　分	2001 年		2000 年	
	会社数	構成比	会社数	構成比
大株主および経営陣を牽制することによって，経営の合理化を図り透明性を高める	64	53.8	39	46.4
社外取締役の客観的でかつ専門的な諮問	44	37.0	28	33.3
信頼度を高める	―	―	2	2.4
慎重な意思決定，意思決定を支援する	2	1.7	4	4.8
対外交渉および会社のイメージ確保	3	2.5	―	―
業界における人脈の活用など	6	5.0	11	13.1
計	119	100	84	100.0
無　回　答	131		86	

＊資料：韓国上場会社協議会，上場会社関連制度の改善のための設問・分析（2001.6）

表 4-6　社外取締役制度の導入に伴う問題点ないし短所

区　　分	2001 年		2000 年	
	会社数	構成比	会社数	構成比
開催日決定の困難さ等により意思決定が遅れる	39	43.8	39	54.9
専門性と経験を有する社外取締役の選任の困難	11	12.4	8	11.3
会社情報提供の困難および機密漏洩の憂慮	12	13.5	6	8.5
会社の事情など，経営に関する理解の不足	9	10.1	5	7.0
大株主との親しい間柄による独立性の欠如	7	7.8	3	4.2
何ら役に立たず，費用だけ増加	3	3.4	3	4.2
そ　の　他	8	9.0	7	9.6
計	89	100	71	100
無　回　答	161		99	

＊資料：韓国上場会社協議会，上場会社関連制度の改善のための設問・分析（2001.6）

えた会社である。

(2)　社外取締役候補者の推薦方法の問題点

　前記の設問調査にも明らかになっているように，韓国における社外取締役の候補推薦およびその選任過程をみると，大部分の上場会社や協会登録会社では，支配株主が最高経営者の地位で候補者を決定し，同時に株主総会にお

いて自ら推薦した候補者を社外取締役として選任するという実態がある。従って，社外取締役の資格要件をいくら厳格にしておいても，その独立性を確保することは困難である。大株主や経営陣が社外取締役候補者を推薦する場合には，側近など何らかの関係のある人が社外取締役として選任される可能性が高く，たとえ事前に何ら関係のなかった場合でも，社外取締役として選任された後には，大株主である経営者の指示を受けざるを得ない構造になっていると言えよう。

(3) 社外取締役の資格要件に関する問題点
① 現行法上の資格要件における問題点

前述したように，証券取引法は上場会社および協会登録会社の社外取締役の資格について，非常に厳格な制限を加えているものの，社外取締役の積極的資格[20]については何ら規定もなく，もっぱら消極的資格のみについて定めているにすぎない。しかもこれらの規定は，あまりにも複雑であるので，一般の株主らが株主総会の場において，候補者がその欠格事由に該当するか否かを把握することは，困難になっている。例えば，前記の社外取締役の欠格要件（証取法191条の16第3項，54条の5第4項）の中で，「最大株主の特殊関係人」（3号）は極めて膨大な人的集団を包括する概念であるので，少なくとも最大株主の6親等までの血族と4親等までの姻戚の戸籍謄本と株主名簿を検討しないとならないことになっている。それから社外取締役の欠格要件である「当該会社と大統領令で定める重要な取引関係，または業務上の競争関係あるいは協力関係にある法人の役職員」（8号）に該当するか否かを判断するためには，少なくとも最近3年間のすべての会計帳簿および財務諸表を詳細に検討しなければならないが，これもまた非常に困難なことである。

また，上記の欠格要件に関する規定は，その大半が社外取締役の独立性を担保するためのものであるが，反面，少数派株主による社外取締役の選任を困難にする要因にもなりうる。例えば，証券取引法191条の16第3項，54条の5第4項9号および同法施行令37条の6第3項3号では，「当該会社の発行済株式総数の100分の1以上に該当する株式または3億ウォン以上の金

額に相当する株式を保有している者」をその欠格事由として定めているが，まず「3億ウォン以上の金額」という基準は，最近の大規模会社の資産の規模と株価に照らしてみると，不合理であることは明らかである。すなわち，1株の時価が30万ウォンあるいは40万ウォンである株式を1,000株だけ保有していると，社外取締役となる資格はなくなるが，これは大規模会社の少数株主が社外取締役に選任される道を源泉的に封鎖する結果となる。次に，「発行済株式総数の100分の1以上に該当する株式を保有する者」という基準は，証券取引法191条の16第3項，54条の5第3項および施行令84条の20の規定と矛盾する。すなわち，同規定では，大型上場会社または協会登録会社においては，社外取締役候補者推薦委員会の推薦を受けた者から社外取締役を選任すべきであると定めるとともに，この場合に，6ヵ月前より議決権のある発行済株式総数の100分の1以上に該当する株式を保有する少数株主が推薦した者を社外取締役候補者として必ず含めるように定めているからである。このように，一方では少数株主が社外取締役候補者を推薦することができると定めておきながら，他方では，社外取締役になる資格がないというのは矛盾である。

また，現行法は，社外取締役の資格について，いわゆる「2年ルール」を採択している。すなわち，証券取引法54条の6第3項5号では，「最近2年内に当該会社または系列会社の役職員であった者」を欠格事由として掲げている。これは，現在の役職者であっても2年さえ経過すれば，社外取締役としての独立性が確保されるとのことであり，これこそ重要な問題といえよう。

② 大学教授の兼職問題

専門的能力および実務経験を持つ経営人の数が非常に不足している現状において，会社が社外取締役の人材として活用しうる専門家群の一つが大学教授集団である。ところで，韓国の「ベンチャー企業育成に関する特別措置法」16条の2においては，大学教授を含めた教育公務員もベンチャー企業の役職員として兼任することを許容しながらも，他方，国家公務員法64条，国家公務員服務規程25条・26条および私立学校法55条では，大学教授の社外取締役兼職を禁止しているので，有能な大学教授を社外取締役として迎え

入れるのに大きな制約になっている。前述したように，現に相当数の大学教授が社外取締役として活動している状況下で，最近，教育部（日本の文部科学省に該当する）が，大学教授が社外取締役として兼職することを認めないとの方針を発表したので，今後大学教授の社外取締役兼職問題をめぐって混乱が予想される。同韓国上場会社協議会の調査でも，調査対象会社の70.5％の会社が，大学教授の兼職を合法化するための関連法の改正を要望している。

(4) 社外取締役選任方法の問題点

前述したように商法は，少数派株主にも取締役を選任しうる機会を与えるために，累積投票制を導入したが，同時に，定款の規定をもってこれを排除することも認めたので，その実効性如何が疑問視されている。2000年6月末現在，上場会社701社の中で543社（77.5％）が，定款変更を通じて，これを排除しているので[21]，その本来の立法趣旨はほとんど没却されている。

(5) 社外取締役員数（比率）の不足

前述の社外取締役の運営状況でも明らかになっているように，大型上場会社を除いた大多数の上場会社は，取締役総数の4分の1のみを社外取締役として選任しているに過ぎないので，取締役会においてその意思を貫徹するには無理があり，社外取締役の経営監督機能を効率的に遂行するにも限界がある。

(6) 社外取締役の責任に関する商法規定の問題点

現行商法は，社外取締役の責任と義務について，何ら規定をおいていないので，社外取締役はいわゆる社内取締役と同一の責任を負担せざるを得ない。しかし，実際に社外取締役は，もっぱら取締役会の構成員として業務執行に関する意思決定に参加するに過ぎないので，その権限は，社内取締役より狭いと言わざるを得ない。また社外取締役は，非常勤で，常務に携わることはないので，会社経営に関する情報収集においても，社内取締役より制限

されている。それから報酬の面でも，社外取締役は僅かな交通費程度を受けているのが通常であるから，相当な報酬を受けている社内取締役とは顕著な差がある。しかも商法上，監査委員会は監査役に代わってその機能を果たさなければならないので，その委員である社外取締役は，取締役としての責任だけでなく監査委員としての責任も負わなければならないので，むしろ社外取締役が社内取締役より過重な法的責任を負担しなければならない。このように，その権限に比べて責任が重いというのは，論理的矛盾であり，結局このことは，有能な人材を社外取締役として確保することを困難にする要因にもなりかねない。

(7) 有能な人材確保の困難

韓国の場合，社外取締役制度をめぐる最大の問題は，専門性および独立性を備えた有能な人材確保が非常に困難であることである。その理由としては，前述した問題点に加えて，次のようなことを挙げることができよう。

第1に，最近，取締役の会社に対する損害賠償責任を問う判決が相次いでなされており，ベンチャー企業をめぐる各種の不祥事に関わる社外取締役の責任問題が浮かび上がってくることによって，社外取締役になりたがらない雰囲気が拡散していることである。そこで，専門的知識と経験を備えた社外取締役候補者は，その受け入れの条件として，役員賠償責任保険への加入，経営情報の充分な提供，または外部専門家の支援等を要求している事例が増えており，資格を備えた大部分の候補者も，特定の大企業の系列会社や優良

表4-7　社外取締役の人材プール運営の実態

区　分	上場会社協議会	商工会議所	経営者総協会	全国経済連合会	毎日経済新聞社
登録者数	2001年4月末現在，733名	98年約600名現在0名	400名(注)	99年約30名，現在0名	現在の登録者は，約100名
登録者管理	44名が47社の社外取締役として就任	99年に5名推薦	なし	なし	なし

(注) 経営者総協会では，社外取締役のみを別に管理するわけではなく，再就業斡旋機関として約2,500名を管理しており，その中で，社外取締役を希望する者が約400名である。

＊資料：韓国上場会社協議会，社外取締役人材プール活性化方案（2001.4）

表4-8　社外取締役の研修教育の実施状況

区　分	上場会社協議会	全国経済人連合会
1998年	研修（54名，14科目，18時間） 養成課程（130名，19科目，27時間）	未　実　施
1999年	研修（73名，11科目，15時間） 研修（106名，16科目，20時間） セミナー（55名，2泊3日合宿）	養成課程，2回（60名）
2000年	研修（31名，10科目，12時間）	養成課程，1回（30名）

＊資料：韓国上場会社協議会，社外取締役人材プール活性化方案（2001.4）

表4-9　社外取締役制度の改善策

区　　　分	2001年		2000年	
	会社数	構成比	会社数	構成比
独立性確保のために選任方法を改善すべき	14	37.9	7	24.1
社外取締役の実質的な権限を強化すべき	5	13.5	6	20.7
時機尚早で，廃止すべき	5	13.5	—	—
資格要件を強化すべき	3	8.1	4	13.8
自律的施行を制度化すべき	3	8.1	4	13.8
書面による意見提出も認めるべき	3	8.1	—	—
社外取締役の責任と義務を明確にすべき	—	—	2	6.9
取締役会への出席回数を増やすべき	—	—	1	3.4
社外取締役の員数を減らすべき	1	2.7	1	3.4
社外取締役に費用を支援すべき	—	—	1	3.4
資格基準を緩和すべき	—	—	1	3.4
社外取締役を常勤化すべき	1	2.7	1	3.4
給与として自社株を付与し，退職時まで売買できないようにする	—	—	1	3.4
社外取締役の員数を増やすべき	1	2.7	—	—
現行の制度を維持する	1	2.7	—	—
計	37	100	29	100
無　　回　　答	213		141	

＊資料：韓国上場会社協議会，上場会社関連制度の改善のための設問・分析（2001.6）

企業のみを選好しているのが実態である。

　第2に，今後，社外取締役の需要がもっと増えるとのことである。すなわち，2001年からは，資産総額が1,000億ウォンを超えないベンチャー会社を除いた，協会登録会社（いわゆるコスダク会社，現在366社ある）も，上場会社と全く同じように，社外取締役を選任しなければならない。その必要とされる法定の社外取締役数は，少なくとも400名を超えるものと推算されている[22]。こうした需要に的確に対応していくためには，社外取締役を必要とする会社が，当該会社に適合な人材を容易に把握し活用できるように，信頼できる機関が社外取締役人材プール・システム（pool system）を体系的に管理・運営することが求められる。

　表4-7に示されているように，現在，社外取締役人材プールは，上場会社協議会，経営者総協会，商工会議所，全国経済連合会などが運営しているが，その中で上場会社協議会を除いた大部分は，有名無実な存在となっている。

　また，社外取締役がその職務を効率的に遂行するためには，自分の権限と責任および義務につき明確な認識をもっていなければならないが，実際には，相当数の社外取締役がそれを認識しておらず，その職務についても充分な知識を持っていないのが実態である。この点につき，表4-8に示されているように，上場会社協議会，全国経済人連合会などが，社外取締役に関する研修会などを実施してきた。しかし，現在は，上場会社協議会を除いては，あまり活性化しておらず，その他の機関は，研修会などをすでに中断している状況にある。しかもその研修の内容も，社外取締役の基本的な職務遂行に関わるものに限られていたので，今後，より専門的でかつ体系的な教育プログラムの開発が望まれるところである。

6．設問調査による社外取締役制度の改善策

　表4-9に示されているように，韓国上場会社協議会の設問調査によれば，社外取締役制度の改善策として，各会社より多様な意見が出されている。その中で「独立性を確保するために選任方法を改善すべき」と答えた会社が一番多く（37.9％），「社外取締役の実質的な権限を強化すべき」あるいは

「社外取締役の資格要件を強化すべき」と答えた会社も相当数に達しているが，他方，「時機尚早で，廃止すべき」，「自律的な施行を制度化すべき」，あるいは「社外取締役の員数を減すべき」などのように社外取締役制度の強化に反対する意見もかなりある。

第3節　監査委員会制度

1. 導入背景

従来の監査役の運営実態を見ると，商法改正が行われるたびごとに，監査役の地位を強化するため多くの改善策がとられてきたが（商409条2項，409条，411条など），監査役はほとんど機能せず，形骸化を増しているばかりでなく，財閥オーナーないし経営陣の諮問役割に甘んじているのが実態であった。監査役制度については，従来より，多くの問題点が指摘されてきたが，これらを整理してみると，次の通りである。すなわち，第1に，監査役の権限が主として事後的な適法性監査に限られていること，第2に，監査役の取締役会への参加が法律上完全に保障されていないこと，第3に，監査役に業務執行機関の選任・解任権が与えられていないこと，第4に，監査・監督機能の重複によって，むしろその実効性が低下したこと，などである。そのほかにも，韓国の監査役制度は，もともと日本独特の類型であり，比較法的にみても異例なものであるとの見地から，昨今国際的に韓国企業の不透明性が深刻な問題として取り上げられている中で，世界的な趨勢に適するよう，会社支配構造を変革していく必要性は大きいこと，さらに最近，日本においてさえも，将来的にはアメリカ式のシステムが導入されるべきとの声が高まっていることから，今後，日本法に倣って社外監査役，常勤監査役を中心に監査役会を再構築していくにしても，その実効性を期待することはほぼ不可能であるとの指摘もなされていた。

そして監査委員会を導入した場合の長所としては，次のようなことが指摘されていた。すなわち，第1に，会議体である監査委員会を設けることに

よって，単独機関としての監査役の機能の限界を払拭することができること，第2に，監査委員である社外取締役は，取締役会の意思決定に直接参加して，意思決定の妥当性如何についても関与することができること，第3に，監査委員である社外取締役は，取締役としての資格において，代表取締役の解任などを議案として取締役会の招集を請求し議決権を行使することができること，第4に，監査委員会は，外部監査人の選任だけでなく，会社の内部統制システムないし内部会計担当役職員の選任に関する決定権を持ち，内部監査と外部監査を結び付けることによって効果的な違法性監査を実施できること，第5に，監査委員会制度は，国際的にも普遍的妥当性が認められており，グローバル・スタンダードという観点から支配構造を再構築していく必要があること，第6に，投資の大型化の進展とこれに伴うリスク管理の重要性が強調されるにつれて，事後監査（適法性監査）よりはむしろ事前監査（妥当性監査）に重点が移っていること，第7に，その間の監査役制度の運営実態を前提にした場合，これを諦めて新たな制度を採り入れたからといって，大した冒険とは言えないことなどである。

2．監査委員会制度の概要

(1) 監査委員会設置の根拠

第2次商法改正では，「会社は，定款の定めるところにより，監査役に代えて商法第393条の2の規定に基づく監査委員会を設置することができる」（商415条の2）として，監査委員会の設置如何は任意であるが，必ず定款の規定に基づいて設置すべきことや，監査委員会を設置した場合には，監査役を廃止すべきことを明らかにしている。但し，証券取引法上の大型証券会社ならびに上場会社，および金融機関は，商法第393条の2の規定に基づく監査委員会を設置しなければならないとされている（証取法54条の6，191条の17，同法施行令84条の24，銀行法23条の2）。

また，同委員会の実効性を高めるために，その設置が強制される上場会社などが監査委員会を設置した場合には，その旨を韓国証券取引所に報告しなければならないとされており（有価証券上場規程19条1項1の2号），同委員会の設置如何は，株券の上場審査要件および上場廃止基準とされている（有

価証券上場規程15条の2第2項7号，37条1項4号)。しかも，その設置が強制される上場会社などが監査委員会を設置しなかった場合には，500万ウォン以下の科料に処せられる (証取法213条2項5号)。

(2) **監査委員会の構成と委員の資格**

第2次商法改正では，監査委員会は3人以上の取締役によって構成されなければならないが，次の各号に該当する者が総委員の3分の1を超えてはならない (商415条の2第2項) とされている。その資格要件については，前節で紹介した通りである。

他方，証券取引法と銀行法では特則を設けて，大型の上場会社または金融機関の監査委員会は，その総委員の3分の2以上を社外取締役をもって構成されなければならないと定めており，この場合，監査委員会の委員長は必ず社外取締役としなければならないとされている (証取法54条の6第2項，191条の17第1項，銀行法23条の2第2項)。

しかも，証券取引法および銀行法は，社外取締役ではない監査委員会の委員についても，その資格に制限を加えている。すなわち，同法第191条の12では，資産総額1,000億ウォン以上の上場法人および協会登録法人について，1人以上の常勤監査役を設けることを義務づけるとともに，常勤監査役の不適格要件を挙げているが，社外取締役でない監査委員会の委員についてもこの要件が準用されることになっている (証取法54条の6第3項，191条の17第2項，銀行法23条の2第3項)。その不適格要件としては，①未成年者・禁治産者・準禁治産者，②破産者としてまだ復権されていない者，③禁固以上の刑を受けその執行が終了した日，あるいはその執行を受けないものと確定された日より2年を経過していない者，④証券取引法によって解任または免職された日より2年を経過していない者，⑤当該会社の主要株主，⑥当該会社の常勤の役職員または最近2年内に常勤の役職員であった者，⑦当該会社の経営に影響力を及ぼしうる者として大統領令で定める者[23]が挙げられている。

従って，証券取引法に基づいて監査委員会を設けた場合，常勤監査役であったものはその職を失うことになってしまう。そこで，改正法は，常勤監

査役であったものは，上記の不適格要件⑥号の規定にもかかわらず，社外取締役でない監査委員会の委員にはなりうるとの特則を設けて（証取法54条の6第3項但書，191条の17第2項），その救済に当たっている。

(3) 委員の選任・解任

　商法は，監査委員会の委員の選任方法について，何ら規定をおいていないが，解任については，取締役総数の3分の2以上の決議をもってしなければならないと定めている（商415条の2第3項）。しかし証券取引法では，監査委員会の委員となる社外取締役を選任するときには，監査役の選任方法に関する商法409条2項および3項の規定を準用することを定めている（証取法54条の6第6項，191条の17）。したがって，商法上の監査委員は，取締役の中で取締役会の普通決議によって選任されるのが原則であるが，証券取引法上の社外取締役である監査委員は株主総会で選任されることになり，しかも，その選任の際には，議決権のない株式を除いた発行済株式総数の100分の3を超える株式を有する株主は，その超える株式について議決権の行使が禁じられることになる。この場合，会社は定款の規定をもって，上記の100分の3より低い比率を定めることもできる。

　また，上場会社および協会登録会社については，社外取締役でない監査委員を選任または解任する場合にも証券取引法上特則が設けられている。すなわち，証券取引法191条の11第1項では，最大株主とその特殊関係人，その他の大統領令で定める者が所有する議決権ある株式の合計が，当該会社の議決権ある発行済株式総数の100分の3を超える場合，その株主はその超える株式につき，委員の選任および解任において，議決権行使が禁じられる。

　会社設立の際には，取締役・監査役の選任規定（商296条，312条）に基づいて，委員を選任することができる（商415条の2第6項）。監査委員会はその決議をもって委員会を代表すべき者を選ばなければならないが，この場合，数人の委員が共同で委員会を代表するものとすることもできる（商415条の2第4項）。

(4) **委員会の権限と義務**

　改正商法は，監査委員会の権限について具体的な規定を設けず，監査役の権限事項とされているものを同委員会が代わって行うという形をとっている。すなわち，商法415条の2第6項によれば，商法上監査役の権限とされている，取締役の職務執行に関する監査権（商412条1項）の他に，取締役会への出席・意見陳述権（商391条の2第1項），取締役と会社間の訴訟における会社代表権（商394条1項），取締役の違法行為差止請求権（商402条），取締役に対する業務報告要求権・会社の業務および財産状態調査権（商412条2項），取締役の報告受領権（商412条の2），臨時総会の招集請求権（商412条の3），子会社の業務・財産状態に関する調査権（商412条の4）に関する規定は，監査委員会にこれらを準用するとされている。

　しかし，監査委員会は，独任制をとっている監査役とは異なり会議体である以上，監査委員会がこれらの権限を行使する場合には，委員会の決議をもってその代表委員が執行することになると解される。

　商法上，監査役の権限とされている各種の訴権（商328条，376条1項，429条，445条，529条）については，準用規定がないが，これは，各委員が取締役としての地位に基づいてもその権限を行使することができるからであろう。

　また，外部監査法の適用を受ける会社（資産総額70億ウォン以上の会社）は，毎営業年度の開始後4ヵ月以内に外部監査人を選任しなければならないとされている。この場合，監査役または監査人選任委員会の提案により定時総会の承認を得なければならないとされているが，今回の改正に基づいて監査委員会が設置された場合には，同委員会がこの提案権をもつことになる（外監法4条2項）。

　しかも，監査委員会は商法上の内部委員会の一つであるので，取締役会より委任された事項についても，委員会の決議を通じてこれを執行することができると解される（商393条の2第2項）。内部委員会の権限については，取締役会は，①株主総会の決議を要する事項の提案，②代表取締役の選任および解任，③委員会の設置とその委員の選任および解任，④定款で定める事項を除いて，その権限を委員会に委任することができるとされている（商

393条の2第2項)。

　監査委員会の義務についても，商法上監査役の義務とされている事項，すなわち，株主総会に対する調査・報告義務（商413条），取締役会に対する報告義務（商391条の2第2項），監査録作成義務（商413条の2），および監査報告書の作成・提出義務（商447条の4）が監査委員会に準用されることになっている（商415条の2第6項）。

　改正商法は，監査委員会の委員個人の責任についても何ら規定を設けておらず，商法414条（監査役の責任），400条（責任免除），450条（責任解除），403条ないし406条（少数株主による代表訴訟）の規定が監査委員会に準用されると定めているにすぎない。

　この点，会議体である監査委員会が責任を問われるべき対象にはならないはずであるから，その責任の対象となるのは，委員個人であるととらえるべきであろう。もっとも，同委員は同時に取締役でもあるので，実際の運用上，取締役としての責任の内容は，委員としてのそれとは異なるものと思われる。

(5) 委員会の運営および決議の効力

　商法は，監査委員会の運営方法について，何ら規定を設けていないので，一応，商法上の内部委員会の一つとして運用することが予定されていると考えることができる。しかし，商法は，内部委員会の運営方法についても，その招集および決議方法につき取締役会に関する規定が準用されると定めているだけで（商393条の2第5項，390条，391条），具体的な運営方法については何ら規定を設けていないので，監査委員会の細部運営についても，各会社の自律に任せられているものと理解すべきであろう。但し監査委員会には，会社の費用をもって専門家の協力を得ることが認められている（商415条の2第5項）。

　また，委員会の議事録についても，取締役会の議事録に関する規定が準用されるので（商393条の2第5項，391条の3），議事録には，議事の経過の要領およびその結果，反対した委員の氏名および反対理由を記載して，出席した各委員が記名捺印または署名をしなければならない。

委員会の決議の効力についても，何ら規定を設けていないので，取締役会の内部委員会が決議した事項の効力と同様に考えるしかないであろう。すなわち，監査委員会で決議した事項は，原則的に取締役会の決議としてその効力が認められるが，取締役会にはこれを再び決議することが認められ，監査委員会は，その決議した事項を各取締役に通知しなければならないとなっている（商393条の2第4項）。

3．監査委員会の運営実態

韓国上場会社協議会の調査によれば，2001年11月現在，上場会社総数の689社のなかで，証券取引法上監査委員会の設置が強制される会社（資産総額2兆ウォン以上）81社（11.76％）と，自律的に設置した会社21社（3.04％）を含めて，計102社（14.8％）が同委員会を設置していたが，2002年6月現在，上場会社総数の669社のなかで，その設置が強制される会社75社（11.21％）と，自律的に設置した会社37社（5.53％）を含めて，計112社（16.74％）が同委員会を設置しているとされている。すなわち，年々監査委員会を自律的に設置する会社が増えているということであろう。

以下では，前掲の「上場会社関連制度の改善のための設問・分析」を参考にして，監査委員会および取締役会内の委員会の運営実態を紹介することにしたい。

(1) 設置委員会の数

同調査によれば，取締役会内の委員会を設置したと答えた会社は，設問に答えた上場会社250社の中で，58社に過ぎず（23.2％），そこに設置されている委員会の総数は123個である。その58社の中で，1個の委員会だけを設置した会社が一番多く（20社，34.5％），4個の委員会を置いている会社も6社（10.3％）あり，1社当たり，平均2個の委員会を設置している。しかし，無回答の会社が250社の中で192社（76.8％）にもなるので，全体的にみて，委員会制度は，さほど活性化しているとは言えない状況にある。

(2) 設置委員会の種類

　また，委員会を設置したと答えた会社の総数58社の中で，「監査委員会」を設けている会社が一番多く（42社，71.4％），その次が「社外取締役候補者推薦委員会」である（27社，46.6％）。これは，おそらく証券取引法上，資産総額2兆ウォン以上の上場会社にその設置が強制されているからであろう。他方，会社の重要事項を処理するために，各種の委員会を自律的に設けている会社も相当数に達している。例えば，経営委員会を設置している会社が一番多く（19社，32.8％），その次は，報酬・報償委員会とリスク管理委員会8社，取締役会運営委員会7社，執行委員会6社，財務委員会と人事委員会2社，常務会と公益委員会が1社の順になっている。

(3) 監査委員会の構成員

　監査委員会の委員の中の社外取締役の構成比をみると，監査委員会を設置したと答えた会社42社の中で，証券取引法上の最小限の法定要件である，取締役3名に社外取締役2名になっている会社が一番多いが（21社，50.0％），その他のすべての会社が法定要件である3分の2を超えている。しかも，監査委員の全員が社外取締役である会社も19社（45.2％）に達していることは，注目に値する。

(4) 社外取締役候補者推薦委員会の構成員

　社外取締役候補者推薦委員会の構成比をみると，ここにも，社外取締役候補者推薦委員会を設置したと答えた総会社27社の中で，証券取引法上の最小限の法定要件である，総委員2名に社外取締役1名になっている会社が一番多く（9社，33.4％），その次が総委員4名に社外取締役2名になっている会社である（6社，22.2％）。ここにも，委員の全員が社外取締役である会社が4社（14.8％）ある。

(5) 取締役会内の委員会の活動状況

　また，「取締役会内の委員会が会社の経営活動に寄与すると思うか」という設問に答えた210社の中で，「寄与する」と答えた会社は92社（43.8％）

に止まっており,「大した寄与はしていない」と答えた会社は110社(52.4％),「むしろ阻害要因となる」と答えた会社も8社 (3.8％) ある。

(6) 監査委員会の活動状況

さらに,「監査委員会制度が既存の監査役制度に比べて,経営上の透明性を高めるのにどれほど寄与すると思うか」という設問について,「大きく寄与する」と答えた会社 (13社, 7.0％) と「寄与する方」と答えた会社 (104社, 55.6％) を合わせると, 117社 (62.6％) が監査役より監査委員会が寄与すると判断しているようである。反面,「寄与しない方」と答えた会社 (64社, 34.2％) と「全然寄与しない」と答えた会社 (6社, 3.2％) を合わせると, 70社 (37.4％) もあり, 無回答の会社も, 設問に答えた会社総数250社の25.2％ (63社) にもなるので, 単純に監査役より監査委員会がより寄与すると速断するわけにはいかないだろう。

4. 問題点および今後の課題

(1) 監査委員会の制度上の問題点

現在に至るまで, 監査委員会の制度上の問題点として指摘されている事項を整理すれば, 次の通りである。すなわち, 第1に, 業務執行の決定とこれに対する監督機能が同一機関によって行われるこの体制では, 監督機関としての独立性が弱められる可能性があること, 第2に, こうした体制では, 権限と責任の所在が不明確になる可能性があること, 第3に, 外部からは感知できない力関係によって特定人が影響力を行使する危険性が高いこと, 第4に, 執行役員制度を導入せずに, 監査委員会制度を導入するにしても, 自己監督という矛盾を払拭することは困難であること, 第5に, 所有者たる経営者が数多く存在している現状では, 業務執行機関の下部機関として監査委員会を設置するにしても, その実効性はほとんど期待できない。現行法上, 取締役会と同等な地位が保障されている監査役制度もほとんど機能しないのに, その下部機関である監査委員会がどれほど機能しうるかは疑問であること, 第6に, 監査委員会制度の成功的定着は, 専門性と独立性を備えた社外取締役の確保に関わっているが, この前提条件が整っていない現状の下で

は，監査委員会を導入するにしても，その短所ばかりが浮かび上がってきて，むしろ現行の監査役制度より監督機能が弱められる可能性があること，第7に，監査委員会は，その3分の2以上が非常勤である社外取締役によって構成されるので，会社情報への接近などが遮断され，会社の業務を正確に把握するのが困難になる可能性が高い。現行の監査役制度のもとでは常勤の監査役を選任することもできるので，情報収集という点では，監査委員会より優れていること，第8に，監査委員会制度は，アメリカにおいてさえ完全に検証された制度とはいえないこと，第9に，比較法的観点からしても，監査委員会につき監査役に代わるような強力な地位を与えている立法例は稀であることなどである。

(2) 監査委員会の運営上の問題点

まず，前掲の上場会社協議会の調査により，会社側から指摘された運営上の問題点につき概観してみると，監査委員の選任に関する問題点としては，表4-10に示されているように，「議決権の制限による議決定足数の確保問題」を指摘した会社が一番多く（15社，53.6％），その次には，「厳しい資格条件による候補者選定の困難さ」（7社，25.0％），「大株主および取締役会に対する牽制機構としての独立的な業務遂行の困難さ」（3社，10.6％）の順になっている。

また，「監査委員会制度の運営上，どういう問題点あるいは困難な点があるか」という設問については，表4-11に示されている通りである。

また，現在に至るまで，学者などによって，監査委員会の運営上の問題点として提起されている事項を整理してみると，次の通りである。すなわち，第1に，監査委員会が旧法上の監査役の機能を代行するに過ぎないものならば，これは，本来受け入れようとしたアメリカ法上の監査委員会とは本質的に異なるものではないか，ということである。1999年9月22日に公表された，「企業支配構造模範規準」[24)]では，監査委員会は，少なくとも次のような職務を遂行しなければならないとしている。すなわち，①経営者の業務執行に関する適法性監査，②企業の財務活動に関する健全性・妥当性および財務報告の正確性の検討，③重要な会計処理基準および会計方針変更の妥

表 4-10 監査委員の選任に関する問題点

区　　　　　分	会社数	構成比
議決権の制限による議決定足数の確保問題	15	53.6
厳しい資格条件による候補者選定の困難さ	7	25.0
牽制機構としての独立的な業務遂行の困難さ	3	10.6
監査委員の専門性の不足	1	3.6
社外取締役を中心に監査委員会を構成すべき負担	1	3.6
社外取締役である監査委員を別に区分して選任すること	1	3.6
計	28	100.0
無　　回　　答	222	

表 4-11 監査委員会の業務遂行または運営上の問題点

区　　　　　分	会社数	構成比
本来なすべき監査業務遂行の困難さ	6	37.5
監査に関する明確な規定の不備など	3	18.8
監査業務に関する認識の不足	1	6.3
決算の時, 内部監査期間が短いこと	1	6.3
情報収集および資料伝達の困難	1	6.3
選任の時, 議決権確保の問題	1	6.2
中小企業の場合, 業務進行の損失	1	6.2
合議制, 非常任による専門性および効率性の欠如	1	6.2
外部監査人との業務重複	1	6.2
計	16	100.0
無　　回　　答	234	

当性の検討, ④内部統制システムの評価, ⑤内部監査に関わる各部署の責任者の任免に関する同意, ⑥外部監査人の監査活動に関する評価, ⑦外部監査人候補者の推薦, ⑧外部監査人によって指摘された是正事項に関する措置の事後確認である（同規準 Ⅲの1の3）。第2に, 監査委員の二重の地位により「自己監査」の可能性を払拭することができるか。第3に, 監査委員は, 取締役としての責任とともに, 監査役としての責任を重畳的に負わな

ければならないが，特に常務に携わらない社外取締役である監査委員にこうした責任を負わせるのは過酷ではないか，これは，優秀な人材の確保に妨げになるものではないか。第4に，取締役会は，監査委員会に対して，その業務監督権まで委任することができるか。第5に，監査委員会の権限が当然として妥当性監査にまで及ぶとみるべきか。監査委員会は，監査役に代わるものとして監査役の権限，すなわち，業務監査権と会計監査権を持つことになる。その結果，監査委員会の業務監査権は取締役会の業務監督権と衝突せざるを得ないが，これに伴う問題はどのように解決することができるか。第6に，会議体としての監査委員会は，すべての権利行使を多数決による決議によらなければならないが，これは，委員個人の行動を封鎖し，あるいは即刻的な対応を困難にして，結局監査機能の弱体化に繋がる恐れがあるのではないか。第7に，監査委員会の決議は多数決によって行われるようになっているが（商415条の2第1項，393条の2第5項，391条1項），監査委員会が責任を負うべき行為が委員会の決議によってなされた場合，その決議に反対したか，あるいは異議を申し立てた監査委員も責任を負わなければならないのかどうか。第8に，商法414条に基づく監査役の責任は，監査委員個人ではない監査委員会が負うこととなっているが（商415条の2第6項），これは，一応，監査委員会が責任を負ってから委員相互間に求償関係が成立するということであろうか。第9に，商法上，監査委員会は取締役会内の委員会とされているので，その運営については，商法393条の2の適用を受けることになっている。これによれば，取締役会は，各種の委員会で決議した事項を覆すことができるようになっているが，この規定を監査委員会にも適用させるならば，特に取締役会が特定人によって支配されているような場合には，監査委員会はなんら機能も発揮できないのではないか。第10に，商法上，監査委員会の委員は，取締役の中で取締役会の普通決議により選任されるようになっているが，これは監査委員の独立性を阻害する要因にはならないのか。この点は，現行法上の監査役や，証券取引法上の大型上場会社等の監査委員が株主総会で選任されるようになっていることだけをみても，不合理ではないか。第11に，監査委員会を導入した場合には，既存の監査役の処遇が問題とならないか。特に大型上場会社などのように，委員会の設置が強制

される場合，まだ監査役の任期が残っている場合，問題が生じないか，などである。

第4節　結びに代えて

　以上で，韓国において，近時行われた商法および証券取引法の改正の主要内容を紹介してから，大規模・公開会社の管理・監督体制の改善策の中で，最も重点がおかれていた社外取締役制度や監査委員会制度を中心に，関連するいくつかの制度も取り上げ，その現状を概観し今後なされるべき課題を提示した。

　周知のように，韓国の商法は，過去の歴史的な背景もあって，長年にわたって日本法の影響を強く受けており，その解釈論や立法論も日本のあとを継ぐような形で展開されてきた。この度，IMF管理体制のもとで断行された企業関連法の改正においても，日本法をそのまま踏襲したものや若干変容して受け入れたもの，あるいは日本法上の改正論議の反映とも見られるものが多々あることは否定できない。反面，こうした日本法の影響から脱皮しようとする動きが根強くあったことも事実であって，今回の一連の改正でその一面がはっきりと現れている。それは，両国における企業を取り巻く環境が全く異なることを前提にすれば，当然そうあるべきものと思われるが，しかし，韓国法の立場からすれば，それだけ新たな問題を抱えるようになったことも事実である。こうした点に関する限り，韓国商法は，日本法の影響から大きく離れるようになり，今後，独自な道を歩むことになったとも言えよう。

　前述したように，コーポレート・ガバナンスの在り方をめぐる論議が世界各国において展開されているなかで，敢えて社外取締役によって構成される監査委員会制度を受け入れたことや，外部監査制度および企業会計法制に関する一連の措置は，その典型である。これらの点は，日本法の立場においても，今後の韓国の施行推移を見極める必要があるかもしれない。特に，監査委員会制度については，社外監査役により構成される監査役会制度を構築す

べしとの日本法の踏襲を強調する見解が多数を占めるなかで，敢えて導入したという立法経緯を想起してみると，今後，日本法上の監視・監督体制の在り方を構想する上でも示唆するところが多いものと思われる。また，韓国法の立場においても，この制度の効率的な運用を行い，制度の早期定着をはかるためには，その反対の立場より指摘されていた諸問題点の再検討は避けて通れないことであろう。

その反対の立場より指摘された問題点の中で，特に，専門性と独立性を備えた社外取締役の確保が可能かどうかという問題は，当面の重要課題と言うべきであろう。この点については，前述したように，韓国上場会社協議会などを中心に，社外取締役の人材を確保するために全国規模の人材バンクの形成に着手し相当の成果をあげており，その能力向上のために予備社外取締役に対する教育にも力を入れているが，実際の要求に十分対応できる状況にはないと言うべきであろう。さらに，その員数においても，少なくとも証券取引法の適用を受ける上場会社においては，社外取締役の法定の員数が確保されていることを示しているものの，果たして彼らがどれ程の専門性および独立性を備えているかは別の問題である。また，前記の実態調査によると，社外取締役の学力や専門性にも，外形上あまり問題ないようにも見受けられるし，その資格についても証券取引法上，非常に厳格な要件が定められているので，その独立性についても大した問題はないようにも見られる。しかしながら，社外取締役の推薦方法については，依然として，その大部分が大株主あるいは会社役員の推薦によって行われており，また社外取締役の独立性を阻害する要因については，調査対象会社の50.9％が大株主や経営陣との人間関係を挙げていることからすれば，大多数の社外取締役は，大株主や会社役員の影響力のもとにあることは否定できないように思われる。しかも，例えば，社外取締役の多数を占めている大学教授が実際の会社経営にどの程度の専門性を発揮することができるか，あるいは「最近2年内に役職員でなかった者」といういわゆる2年ルールがその独立性を確保させるのに充分なものかどうか，あるいは，独立性を強調したあまり経営陣との対立構図を深化させる恐れはないか，などについては，なお疑問である。それに，社外取締役が実際にどのような役割と機能を果たすべきかについては，現行法上何

ら規定もなく，全く各会社の自律に任せられているのが現状である。この点につき2000年11月に，大学の教授など民間人によって構成された「社外取締役制度の改善および職務遂行規準制定委員会」によって作成された「社外取締役の職務遂行規準」が公表された。これは社外取締役の行動指針を明らかにしたものであり，各企業が社内規則として受け入れることが勧告されているが，その実効性如何については，今一つはっきりしていない。

　また，監査委員会制度の導入に反対した立場より，執行役員制度を導入せずに監査委員会制度を導入しても，自己監督という矛盾を払拭することはできないとの指摘がなされていた。この点につき，少なくとも上場会社の場合は，取締役総数の2分の1以上（大型上場会社）あるいは4分の1以上の社外取締役の選任が強制されるので，社外取締役でない取締役は，自然に執行役員の範疇に入るようになり，これらの者から，社長，副社長，専務，常務などの業務担当取締役を選ぶしかない。今回の一連の改正に伴う可視的効果の一つとして，影に隠れていた財閥オーナーが経営一線に出てくる傾向があり，従来，各社に数十名も存在していた取締役会の構成員が，大体10名程度に縮小されている。また今回の措置により取締役会の構成員から外されたいわゆる非登記役員は，取締役という名称をもって業務執行を行う限り，取締役としての厳しい責任を問われることになっているので，今後，非登記役員に取締役という名称を与える慣行は漸次なくなるであろう。こうした現状を前提とする限り，今回の改正において，執行役員制度そのものは導入されなかったものの，これを受け容れやすい体制になっており，取締役会の中における業務執行主体と監視監督主体との分離が試みられていると考えることもできよう。今後の施行推移を見極めながら，執行役員制度の導入を積極的に検討する必要はあると思われる。

　前述した監査委員会およびその他の各種の委員会の実態調査によると，自律的にこれらの委員会を設置している会社が段々増えていることは明らかである。しかし，これらの各種の委員会が会社の経営活動にどれほど寄与しているか，あるいは監査委員会が既存の監査役に比べて経営上の透明性を高める上でどれほど機能しているかという問題について，否定的な判断をしている会社がほぼ半数に達していることも事実である。

いずれにせよ，現段階において，社外取締役，または監査委員会および各種の委員会の実態を摑むことは非常に困難であり，今後の施行状況を見極めながら，それぞれの問題点を改善していくためのたゆみない努力が行われるべきであろう。

[王 舜 模]

注
1) この救済金融了解覚書（Korea-Memorandum on Economic Program）では，韓国における昨今の金融危機をもたらした根本的原因を明らかにするとともに，国際的信頼を回復せしめ再び持続的な成長をはからせるために，韓国側が今後3年間遂行すべき政策課題を網羅している。これは，経済政策目標，および金融部門構造調整，貿易・資本自由化に関するものの他，商法との関連において重要な意味を持つ企業支配構造および企業構造に関するものにも及ぶ膨大な内容になっている。
2) この結合財務諸表制度は，1998年2月24日の外部監査法（外監法）の改正により導入され，1999年1月1日より施行された。結合財務諸表とは，持分率などを基準に従属関係にある会社のみを対象とする連結財務諸表とは異なり，連結範囲を企業集団に属するすべての系列会社にまで拡張し，いわば特定の企業集団に属するすべての系列会社の財務諸表を結合して作成される財閥向けのものであり，これには企業集団結合貸借対照表，企業集団結合損益計算書，企業集団結合キャッシュ・フロー計算書が含まれる（外監法1条の2第3号）。こうした世界で例を見ない特殊な財務諸表の作成・監査・開示が強制されたのは，韓国の財閥企業における特殊な所有構造を反映した結果である。これを開示させることによって，系列会社間の内部取引などによる帳簿操作や粉飾決算を予防できるだけでなく，財閥オーナーおよびその血族等の特殊関係人によって支配されているすべての系列会社の間で行われた株式相互保有，相互支払保証の状況や，企業集団全体の財務状態，経営成果，キャッシュ・フローなどが明らかにされるとの経済的効果があるものと把握されている。
3) 外部監査制度の見直しは，外部監査人などの責任強化と独立性の確保という形で行われた。前者については，例えば，外部監査人等がその職務に関して不正な請託をうけ金品または利益を収受し，または要求し，もしくは約束をした時には，3年以下の懲役または3千万ウォン以下の罰金に処せられるが，この場合，その職務と関連して取得した経済的利益の5倍に相当する金額が3千万ウォンを超える場合には，その5倍に相当する金額以下の罰金に処するとされている（外監法19条）。また，外部監査人等が監査報告書に記載すべき事項を記載せず，または虚偽の記載をしたとき（外監法20条1項2号）や，その職務を行うに際して取締役の職務遂行に関して不正の行為または法令もしくは定款に違反した重大な事実を発見したにもかかわらず，これを監査役（または監査委員会）に通報しなかったか，あるいは株主総会に報告しなかったとき（外監法20条1項4号），さらには，会社が「企業会計基準」に違反して会計処理を行った事実を発見したにもかかわらず，これを監査役（または監査委員会）に

報告しなかったときには（外監法20条1項4号），ともに3年以下の懲役または3千万ウォン以下の罰金に処せられることになる。また，後者については，例えば，上場会社は，連続する3事業年度の外部監査人を同一人にしなければならないこと（外監法4条の2）や，外部監査人を総会で選任する際には，その前提として監査役，社外取締役，支配株主を除いた大株主，および大債権者によって構成される「監査人選任委員会」の提案によらなければならないこと（外監法4条2項，同法施行令3条の2）などを挙げることができる。

4) 会計処理基準の国際化は，1998年12月12日に行われた「企業会計基準」の全面改正によって実現された。同改正では，既存の繰延資産概念を全面廃止しながら，将来，企業に対して経済的便益をもたらすと期待できるもの，例えば，創業費，ソフトウェア等の開発費のみを無形資産として認めた（同基準22条）。さらに有価証券はいわゆる公正価値によって評価されるべきことを原則としながら，関係会社の株式については持分法の適用が強制されるなど，現在の国際会計基準（IAS）ないしアメリカの財務会計基準審議会（FASB）基準に倣って大幅な修正が行われた。しかも，2000年1月12日には再び外部監査法の改正が行われ，同法により「企業会計基準」の作成権限が付与されていた「金融監督委員会」は，その権限を民間の専門機関に委託することができるとの根拠規定が設けられた（同法13条4，5，6項）。これを受けて，2000年7月27日より，社団法人である「韓国会計研究院」が企業会計基準の制定，改正および解釈業務を担当するようになり（同法施行令7条の2第1項），この改正によって，会計基準設定主体の民間機構化が実現され，アメリカにおける連邦証券取引委員会（SEC）とFASBとの関係と類似した体制作りができあがった。

5) 韓国におけるコーポレート・ガバナンスの展開状況については，王舜模「韓国におけるコーポレート・ガバナンスと商法の最近の動向（上，下）」，商事法務1571号および1572号を参照されたい。

6) 改正商法では，その影響力を利用し取締役の業務執行を指示する者，あるいは経営権を事実上行使する支配株主などを取締役とみなし，取締役としての厳しい責任を負わせている。すなわち，同法401条の2第1項には，①会社に対する自己の影響力を利用し取締役に業務執行を指示した者，②取締役の名をもって直接，業務執行をなした者，③取締役ではないものが，名誉会長・会長・社長・副社長・専務・常務・取締役，その他会社の業務執行を行う権限ありと認めるべき名称を用いて会社の業務を執行した者は，その指示による業務あるいは直接執行した業務に関して，商法399条（会社に対する責任），401条（第3者に対する責任）および403条（株主の代表訴訟）を適用する際に取締役とみなすと定められている。その改正理由については，次のようなことが指摘されている。すなわち，韓国の財閥企業においては，財閥オーナーが系列会社間の相互出資などを通じ企業集団を形成する，いわば中央執権的な体制がとられている。そして，その財閥オーナーおよびその血族は，秘書室，企画調整室，あるいは社長団会などのいわゆるグループ総括機構を通じて，すべての系列会社の経営に関与し影響力を行使してきた。こうした経営体制の下で，財閥オーナー個人は，グループ総株式の僅か2ないし3％の株式しか所有していないにもかかわらず，グループ内のすべての系列会社を支配する一方で，それに相応する責任を負担しない

という問題が指摘されてきたので，こうした者についても，取締役としての厳しい責任を負わせるためである。
7) 改正商法393条の2では，すべての株式会社に対して取締役会内における委員会を設置しうる根拠規定を設ける一方，内部委員会の設置如何や種類などについては，予め定款の規定をもって定めておくべきことを明らかにしている。また，同内部委員会は2人以上の取締役によって構成される（商393条の2第3項）との規定を設けただけで，委員の資格要件，選任および解任方法については何ら規定も設けていない。従って，これらの点については，定款に別段の定めがない場合には，取締役会の決議によって足りるものと解される。ただ，委員の定数に欠員が生じた場合には，任期の満了または辞任により退任した委員は，新たに選任された委員が就任するまで委員としての権利・義務があるとされている（商393条の2第5項，386条1項）。
8) この有価証券上場規程は，証券取引法88条の委任に基づいて，韓国証券取引所が有価証券市場に上場する有価証券の審査，および有価証券市場に上場されている有価証券の管理を行うために，定められたものである。
9) ここでの内部持分率とは，該当財閥グループのオーナーおよびその血族，その他の関係者，つまり同会社の役員などと系列会社等の保有持分率を合算したものを言う。1998年1月から1999年8月までの変化状況をみると，十大企業集団の財閥オーナー個人の平均持分率は，3.30％から2.82％に若干減少したものの，平均内部持分率は，むしろ26.63％から34.60％に増加している。また，同時期の五大財閥グループの内部持分率（非上場会社含み）も47.90％から53.50％に増加している。
10) 1998年12月現在，5大企業集団に所属する系列会社の非登記役員の実態をみると，S物産の場合，登記取締役20名に非登記役員は約110名であり，S電子は，登記取締役27名に非登記役員約300名，L電子は，登記取締役8名に非登記役員約120名，H建設は登記取締役8名に非登記役員は約140名である。
11) このように，商法415条の2第2項で定めている要件を前提に選任された監査委員会の委員を，厳密な意味において「社外取締役」とは言えない。しかし，外国の立法例によれば，伝統的に監査委員会には一定数以上の社外取締役が存在することが要件となっており，現行の証券取引法においても，監査委員会は3分の2以上の社外取締役によって構成されるべきとされているので，商法415条の2第2項の規定を「商法上の社外取締役に関する資格要件」と把握しても構わないと一般に理解されている。その意味で商法415条の2第2項を前提に選任された監査委員を「商法上の社外取締役」と呼ぶ学者もいる。
12) 証券取引法第191条の12第3項の第1号ないし4号では，①未成年者・禁治産者・準禁治産者，②破産者としてまだ復権されていない者，③禁固以上の刑を受けてその執行が終了した日，あるいはその執行を受けないものと確定された日より2年を経過していない者，④証券取引法によって解任または免職された日より2年を経過していない者を挙げている。
13) 「特殊関係人」の意味については，証券取引法施行令10条の3第2項に定められている。これは，商法上の特別利害関係人とは異なる概念であり，非常に複雑で，かつその範囲があまりにも広すぎるので，社外取締役の欠格要件としては適当ではないと

の指摘もなされている。これは，血縁関係によって結ばれている韓国企業社会の特徴を表しているものとも言えよう。特殊関係人とは，次の各号に該当する者を言う。まず，本人が個人である場合には，①配偶者(事実上の婚姻関係にある者を含む。以下同じ)，②6親等以内の父系血族および4親等以内の父系血族の妻，③3親等以内の父系血族の夫および子女，④3親等以内の母系血族とその配偶者および子女，⑤配偶者の2親等以内の父系血族およびその配偶者，⑥入養者の生家の直系尊属，⑦出養子およびその配偶者と出養子の両家の直系卑属，⑧婚姻外の出生者の生母，⑨本人の金銭その他の財産により，生計を維持する者および生計を共にする者，⑩本人が単独に，または本人と第1号ないし第9号の関係にある者と合わせて，100分の30以上を出資しているか，役員の任免など，法人その他の団体の重要経営事項について，事実上影響力を行使している場合，その法人その他の団体とその役員，⑪本人が単独に，または本人と第1号ないし第10号の関係にある者と合わせて，100分の30以上を出資しているか，役員の任免など，法人その他の団体の重要経営事項について，事実上影響力を行使している場合，その法人その他の団体とその役員である。また，本人が法人その他の団体である場合には，①役員，②系列会社およびその役員，③単独に，または第1号ないし第2号の関係にある者と合わせて，本人に100分の30以上を出資しているか，役員の任免など，本人の重要経営事項について，事実上影響力を行使している個人，およびその個人と1号ないし第2号の関係にある者と団体（系列会社を除く）およびその役員，④本人が単独に，または本人と第1号ないし第3号の関係にある者と合わせて，100分の30以上を出資しているか，役員の任免など，団体の重要経営事項について，事実上影響力を行使している場合，当該団体およびその役員がそれに相当する。

14) 証券取引法施行令37条の6第2項では，証券取引法54条の5第4項第7号で定めている「当該会社と大統領令で定める重要な取引関係にあるか，事業上の競争関係または協力関係にある法人」とは，次の各号の法人（機関投資家およびこれに相当する外国金融機関を除く）を言うとされている。すなわち，①最近の3ヵ事業年度の間，当該会社との取引実績の合計額が資産総額（当該会社の最近の事業年度末現在の貸借対照表上の資産総額を言う）または売上総額（当該会社の最近の事業年度末現在の損益計算書上の売上総額を言う）の100分の10以上である法人，②最近の事業年度中に当該会社と売上総額の100分の10以上の金額に相当する単一の取引契約を締結した法人，③最近の事業年度中に当該会社が，金銭・有価証券・その他の証券または証書を貸し出したか，借入れした金額と，担保提供等，債務保証をした金額の合計額が，資本金（当該会社の最近の事業年度末現在の貸借対照表上の資本金を言う）の100分の10以上である法人，④当該会社の定時株主総会の現在，当該会社が資本金（当該会社が出資した法人の資本金を言う）の100分の5以上を出資した法人，⑤当該会社と技術提携契約を締結している法人，⑥当該会社の監査人として選任された会計法人，⑦当該会社と法律諮問・経営諮問等などの諮問契約を締結している法人を挙げている。

15) 証券取引法施行令37条の6第3項では，同号で「大統領令で定める者」とは，次の各号の者を言うとされている。すなわち，①当該会社の他に，2個以上の他の上

場法人または協会登録法人の社外取締役・非常任取締役ならびに非常任監査役として在任中である者，②当該会社に対する会計監査または税務代理をなすか，当該会社と法律諮問・経営諮問等の諮問契約を締結している弁護士・公認会計士・税理士，その他の諮問用役を提供している者，③当該会社の発行済株式総数の100分の1以上に該当する株式または3億ウォン（株式の取得価額を基準とするが，ストック・オプションを付与された場合には，行使価格を基準とする）以上の金額に相当する株式を保有している者，④第3号の規定による金額の他に，当該会社との取引残額が1億ウォン以上である者を挙げている。

16) 韓国の証券取引法191条の10第1項では，上場会社等が総会の招集をなすときに，議決権ある発行済株式総数の100分の1以下を所有する株主については，会日の2週間前に会議の目的たる事項を日刊新聞に2回以上公告することによって，商法上の招集通知に代えることができるとされている。

17) 上場会社協議会は，証券取引法181条1項に基づいて設立された証券関係団体であるが，「上場会社標準取締役会規程」などの各種の模範内部規則を作成・公表するなど，上場会社の効率的な運営に供するために，積極的な活動を展開している。

18) これは，上場会社協議会が2001年6月30日現在，上場会社693社の中で証券投資会社1社と会社整理手続開始会社61社を除いた，631社を対象に，社外取締役の選任状況を調査・分析したものである（「2001年上場会社社外取締役現況」，上場，第319号，2001.7，57頁以下）。

19) この資料は，上場会社協議会が2001年4月27日を基準に，証券取引所に上場されている，12月決算上場会社573社の中で，設問に応えた250社（43.6％）を対象に調査・分析したものである（「上場会社関連制度の改善のための設問・分析」，上場，第319号，2001.7，67頁）。

20) 従来，証券取引法上の常勤監査役の資格要件については，消極的要件の他に積極的な要件も定めていたが，1999年2月の証券取引法改正で削除された。当時の証券取引法191条の12第2項では，常勤監査役の資格について，「大統領令で定める基準に適合な資格を備えた者」と定められていたが，これを受けて同法施行令84条の19第2項では，次のように資格要件を定めておいた。すなわち，第1に，上場会社の役員として3年以上または役職員として10年以上勤めた経歴を有する者，第2に，国家・地方自治団体・政府投資機関（「公企業の経営構造改善および民営化に関する法律」の適用を受ける法人を含める）・3条第1項各号の金融機関など，または当該金融機関などの監督機関で通算10年以上勤めた経歴を有する者，第3に，弁護士・公認会計士・税理士の資格を有する者として，当該職に5年以上勤めた経歴を有する者，第4に，教育法による大学または師範大学などで経営学・会計学・経済学・法学などを3年以上講義した助教授以上の教員，第5に，上記の各号の他に，これらに準ずる者として金融監督委員会がその資格または勤務経歴を認めた者である。

21) 全国経済人連合会，「企業支配構造の改善方案の諸問題」（政策建議資料），2000.10，5頁参照。

22) 韓国日報，「社外取締役求人難」，2002年2月9日参照。

23)「当該会社の経営に影響を及ぼしうる者として大統領令で定める者」とは，①主要

株主の配偶者および直系尊卑属,②常勤役員の配偶者および直系尊卑属,③系列会社の常勤役職員または最近の2年以内に常勤役職員であった者を言うとされている(同法施行令84条の19第3項)。

24) 1999年9月22日に公表された,「企業支配構造模範規準」は,いわゆる韓国型のコーポレート・ガバナンスを体系化するために,民間人の自律的参加によって構成された「企業支配構造改善委員会」によって作成されたものである。同委員会は,委員長(金在哲,韓国貿易協会会長)のほかに,経営者,金融界代表,会計および法律専門家,学会代表など,13名の委員によって構成されており,これとは別に,商法および経営学者,証券・金融専門家などによって構成された諮問委員会が結成されていた。これは,企業側にとっては,実務上のガイド・ラインとして大いに活用されてあり,その後の商法および証券取引法などの改正に多大な影響を与えたものである。

第 5 章

企業の内部統治機構と
コーポレート・ガバナンス

はじめに
――企業の支配的法機構としての株式会社とその法規制――

　企業とは，計画性をもって，継続的に営利行為を実現する統一的組織体を言うが，企業形態は，歴史的にも，世界的にも，様々なものがあり，一様なものではないが，現代において世界的に普遍的な企業形態は，会社，特に株式会社である。アジアでも，株式会社は，日本や韓国のような資本主義国だけでなく，中国のような「社会主義国」でも，社会経済的に主要な企業形態となっている。それは，株式会社には次のような機能が認められるからにほかならない。

1．資本集中機能（企業規模の拡大）と危険分散機能（株主有限責任）

　会社，特に株式会社は，多数の者を構成員としているから，その一人ひとりは少額でも，多額の資本を集めることができる。その出資持分を株式と言う。株式は，均一・細分化された持分であり，多数の者から出資者を募ることができる。株式会社は，大規模企業に適した企業形態であると言える。
　また，株式会社では，構成員たる株主が多数であるため，会社に損失が生じた場合でも，構成員一人当たりの危険負担は，相対的に少額にとどまる。また，出資者たる株主は，出資額を限度とする有限責任とされる。その意味で，株式会社は，保険と並んで，優れた危険分散機能を有すると言える。

2．市場経済社会における主体機能

　現代の多数の国での株式会社の設立は，準則主義が採られ，創業の自由が

認められており，これにより会社は自由に市場に参加することができる。また，会社は，利益を目的に設立されるから，構成員の利益最大化が会社の主たる目的となる。また，会社は解散することによって，自由に市場から退出することができる。また，会社業績が債務超過など，不振に陥ったときは，破産制度が用意されており，市場から強制的に排除することによって，効率的な投資が実現される仕組みになっている。株式会社は構成員から独立した法人格を有し，株式譲渡の自由の下，構成員の交代があっても，企業としての会社は継続され（ゴーイングコンサーン），また，合併，分割などの企業再編手法により，企業維持が図られている。また，会社が倒産しても，企業再生を図る制度が多数，用意されている。このように，株式会社は市場の主体として優れた資質を持っており，株式会社の組織および活動を規制するのが会社法の役割である（市場取引を規制するのが契約法である）。

3．所有と経営の分離——擬制資本と機能資本の分化（持分の株式化）——

株式会社では，所有者たる株主が経営者たる取締役等の役員を選任して，経営を任せることになっており，所有と経営が制度的に分離している。株式会社においては，持分が株式化して，その流通が保障されることによって，機能資本たる株式会社そのものと，その所有を象徴する株式である擬制資本とが分離し，したがって，所有と経営は必然的に分離すると言える。

このように，株式会社において，所有と経営は分離しているが，所有者たる株主は，株主総会を構成し，株主総会は経営者たる取締役を選任・解任し，また，会社の基本的事項について決定する権限を留保することによって，所有による経営の支配（コントロール）が確保されるようになっている。

しかし，株式会社の大規模化に伴う株式保有の分散により，株主総会が機能を発揮できず，その結果，経営者のコントロールが十分できず，所有による経営の支配が困難になるという問題が発生した（経営者支配の問題）。この経営者支配をいかに克服するかが，コーポレート・ガバナンスの中心問題と言える。

4．各国会社法の生成と発展

(1) 日　本

　日本の会社法は，明治23（1890）年の旧商法において規定されていた。同法は，設立については免許主義を採っていた。明治32（1899）年に制定された新商法においても，会社法の規定がおかれた。この法律は，その後，度々，改正を受けたが，改正部分は会社法がほとんどである。第2次大戦前は，ドイツ法の改正を受けてのものが多かった。比較的大きな改正は，明治44（1911）年，昭和13（1938）年に行われた。いずれにしろ，戦前の会社法は，株主総会中心主義を採っていた。戦後は，アメリカの影響を受けて，昭和25（1950）年に大改正が行われ，業務執行中心主義を採用する現代的会社法が成立した。その後は，昭和30（1955）年，昭和37（1962）年，昭和41（1966）年，昭和49（1974）年に改正が行われ，さらに昭和56（1981）年に大規模改正が行われた（根本改正）。さらに，平成2（1990）年には，大小会社区分立法が成立し，平成5（1993）年に，代表訴訟提起権および帳簿閲覧権の権利行使条件の緩和，監査制度の改善等が図られた。平成6（1994）年，平成9（1997）年，平成10（1998）年の各改正では，自己株式の取得緩和が再三なされ，合併手続の簡素合理化が行われた。平成11（1999）年には，株式交換・株式移転制度および時価評価制度が導入された。平成12（2000）年には，会社分割制度が導入され，企業再編法制が完結した。平成13（2001）年には3回の改正が行われ，自己株式取得の原則容認（金庫株の許容），額面株式の廃止，純資産規制の撤廃，単元株制度の創設の後，株式制度の見直しと会社関係書類の電子化に関する改正が行われ，さらには監査役の機能強化，取締役等の責任制限，株主代表訴訟の合理化が図られた。平成14（2002）年には，会社機関を中心に改正が行われ，委員会（等）設置会社制度が導入された。平成15（2003）年にも，自己株式取得を容易にする改正等が行われた。さらに平成16（2004）年にも改正が行われ，電子公告制度が導入され，株券不発行制度が新設された。平成17（2005）年には，「会社法現代化」の名の下に，新「会社法」が成立する。その新会社法では，コーポレート・ガバナンスに関しては，公開会社に限れば，従来法と基本的

変更はないと言ってよい。

(2) 韓　国

　1954年に韓国は解放されたが，そのときまで適用されていた日本商法がその後も施行された。韓国固有の会社法が制定されたのは，1962年である。同法は，授権資本制度，株式自由譲渡，取締役会制度の採用，株主総会権限の縮小，代表訴訟提起権・違法行為差止請求権・会計帳簿閲覧権等，株主地位の強化等を盛り込んでいたが，内容的には日本の昭和25(1950)年商法とほとんど同じと言えよう。1984年には，大幅改正がなされ，①授権資本枠の拡大，社債発行限度の拡大，記名株式の株券交付による譲渡，取締役会決議による準備金の資本組入れ，転換社債の発行，新株引受権附社債の発行など，企業資金調達の円滑化と財務構造の改善，②名義書換代理人制度および株券不所持制度の一般化，議決権の不統一行使，営業報告書の記載事項の具体化，計算書類の備置・公示など，投資者等利害関係人の保護強化，③監査役の任期延長，権限強化，取締役会の監督権限の明確化，利益供与の禁止など，会社運営の効率化，④会社制度濫用防止のため最低資本金の法定，⑤子会社による親会社株式取得禁止，相互保有株式の議決権制限等について規定がおかれた。1995年改正では，①企業活動の活性化のため，設立手続の合理化，株主総会運営の合理化，監査役の地位強化，資金調達の便宜化，合併規制の合理化を図り，②環境変化に対応した制度整備として，記録の電算化，繰延資産項目の増加，刑罰の過重・調整が行われ，③企業関係者・株主等の利益保護のため，商号の仮登記制度，定款による株式譲渡制限，株式配当制度の手直しなどが行われた。1998年の改正では，①企業資金調達の便宜のため，株式最低券面額の減額，株式分割制度および中間配当制度の導入を行い，②企業経営の透明性の向上と経営者責任の強化のために，株主提案権，累積投票実施請求権の導入，事実上の取締役の責任明定を行い，③企業の構造改革の支援のため，合併手続の簡素合理化，会社分割制度の導入が行われた。1999年の改正では，①企業経営の効率性を高めるために，取締役会の機能を強化し，その運営方法を整備し(画像会議，議事録記載事項の整備と閲覧要件の強化，委員会制度の新設)，②株主総会の運

営方法の改善のために，議長への秩序維持権を付与し，書面決議を導入し，③企業経営の透明性を高めるために，監査委員会制度を導入し，④ストック・オプション制度を導入し，自己株式取得制限を緩和した。その後，2001年には，①自己株式取得・消却を認め，②持株会社設立を容易にするため，株式交換・株式移転制度を導入し，③他の会社の営業一部の譲受に株主総会の特別決議を要求し，④株式会社の発起人が１人および社員１人でも設立を認め，⑤取締役会の決議事項の範囲を具体化し，取締役の情報接近権を強化し，取締役会への３ヵ月に１回以上の業務報告義務を定め，⑥株主の新株引受権を強化した。なお，証券取引法も2000年，2001年，2002年に続けて改正された。

(3) 中　　国

　1993年末に初めて会社法（公司法）が制定され，1994年７月から施行された。同法は，有限会社と株式会社について規定している。同法は，日本を中心に，アメリカやドイツの会社法を参考に中国の特殊事情をも加味して独特の内容となっているが，基本的枠組みは，資本主義国の会社法と違うものではない。その後，１回，小幅改正がなされたが，基本法としての中国会社法は，基本的には現在まで変わっていないと言える。ただ，省や市などの地方政府も，会社に関する規制について立法権限を有していて，条例を制定することによって，全国法としての中国会社法を実施的に変更していると言える。また，政府機関である国家経済貿易委員会と中国証券監督管理委員会が，1999年３月に「外国で上場する会社における規範的運営と改革推進に関する意見」を公布した。証券監督管理委員会は，2001年８月に「上場会社における社外取締役制度の指導意見」を公布した後，2002年８月に「上場会社のコーポレート・ガバナンス準則」を公表した。さらに，上海証券取引所も，2000年11月に「上場会社におけるコーポレート・ガバナンス・ガイドライン」（草案）を提出した。さらに，最高人民法院を頂点とする裁判所の判決や意見も会社法の規制の発展に重要な役割を果たしている。なお，2005年に会社法の大幅改正が行われることになっている。

第1節　会社機関の分化の態様

1．日本——折衷型——

　日本の株式会社は，すでに明治32（1899）年の新商法において株主総会，取締役，監査役を機関とする統治機構を採用していた。この機関構成は，ドイツ型ともフランス型とも言われている。昭和25（1950）年商法改正により，取締役会制度がアメリカ法にならって採用され，代表などの業務執行を行う機関として代表取締役をおかなければならないものとして，業務執行機関が大規模化・複雑化した。なお，監査役については，昭和49（1974）年以降，強化を図るため，機構改革が繰り返された。まず，昭和49（1974）年改正で，大会社で会計監査人制度が導入され，昭和56（1981）年改正で，複数監査役・常勤監査役の制度が新設された。平成5（1993）年改正では，監査役任期の伸長のほか，大会社について社外監査役や監査役を3人以上とする監査役会制度が導入された。平成13（2001）年改正でも，その地位と権限に関し強化が図られた。

2．韓国——日本型から米国型へ——

　韓国においては，従来，日本と同じように，株式会社は，株主総会，取締役会（資本金5億ウォン未満の会社は取締役の数を1人または2人にすることができるので取締役会を設置しないことができる）・代表取締役および監査役を設置しなければならなかった。なお，資産総額が70億ウォン以上の会社（外部監査対象会社）に会計監査人（外部監査人）をおくのは日本の場合と同様である。

　1999年の改正法により，株式会社は，株主総会，取締役会および代表取締役のみを設置することができるようになり，この場合，監督機関としてアメリカ型の監査委員会を設置し，監査委員会の構成員の3分の2以上を社外取締役の中から選任することを要する。なお，上場会社の中で，資産総額が

2兆ウォン以上の大会社と金融機関は監査役を設けることができず，監査委員会のみを設けなければならない。

3．中国——折衷型（日本，ドイツ，アメリカ）——

中国会社法における株式会社の機関は，次のようになっている。すなわち，中国の株式会社は，最高意思決定機関としての株主総会，業務執行機関としての取締役会（董事会），業務執行の監督機関としての監査役会（監事会）の3機関に分化している。株主総会は，会社の所有者と明言された株主により構成され，会社の最高機関である。取締役会は，株主総会により選任される取締役により構成される（中国会社法112条1項では，取締役会は，5人から19人の取締役で構成されると規定されている）。なお，取締役会は経理を選任し，経理は業務を執行する。監査役会は，株主総会により選任される監査役と職員・労働者の代表たる監査役から成る（3人以上で構成される）。このように，中国の株式会社における機関の分化の形態は，ドイツ型（監査役会制度）とアメリカ型（取締役会・役員）の折衷型である。監査役と取締役会の両方を採用しているという意味では，日本と同じように折衷型を採っているが，日本とも異なる。

第2節　各機関への権限分配

1．日本——業務執行機関中心主義——

新商法制定後，昭和25（1950）年改正までは，株主総会中心主義が採用されていた。つまり，株主総会が取締役・監査役の選任・解任権限や会社の基本的事項について決定権限を有するのはもちろん，株主総会はどのような事項でも決定権限を有するものとされ，まさに株主総会は，最高・万能の機関とされていた。監査役は取締役の業務執行を監査するものとされ，その監査権限は会計監査とともに業務監査に及ぶものであった。

しかし，昭和25（1950）年改正により，経営の機動性を図るため，業務執

行機関たる取締役会・代表取締役に大幅な権限移譲が行われ，逆に株主総会は，法令および定款に規定する事項のみを決議事項できるとされて，最高機関性を維持しつつも，もはや万能機関性を失った。一方，監査役は，代表取締役の監督は取締役会でも行われるので，その権限は会計監査権限に限定された。しかし，大型倒産や粉飾決算の発生を契機として行われた昭和49 (1974) 年改正により，監査役は再び，業務監査権限を与えられ，この権限を果たすため，業務財産状況調査権や違法行為差止請求権，対取締役訴訟の会社代表権等，その権限が強化された。昭和56 (1981) 年改正では，監査役の権限とその独立性が一層強化された。平成2 (1990) 年の改正では，監査役の職務範囲の拡大が図られた。さらに，後述のように，平成13 (2001) 年の改正では，監査役の機能強化が図られた。なお，新会社法には，有限会社を株式会社に一本化したため，株式会社の機関設計の自由化が図られたが，大規模・公開会社に関する限り従来と変わっていない。

2．韓国——業務執行機関中心主義——

韓国の現行商法は，日本の昭和25 (1950) 年商法と同様，授権資本制度と取締役会制度を採用することにより，株主総会中心主義から取締役会中心主義へと経営体制の一大変革を実施した。株主総会は商法と定款に規定した事項のみを権限事項として限定している。ただ，株主総会は，取締役・監査役の任免権だけでなく，定款の変更権を持っているから，最高機関性を有している。業務執行機関は，意思決定機関としての取締役会と代表を含む執行機関である代表取締役に分化し，取締役会は業務執行その他総会の権限事項以外のすべてを決定し，代表取締役は決定に従い業務を執行し，日常業務を決定し執行する。監査役（監事）は，取締役の業務執行を監査する株式会社の必要的・常設機関である。しかし，韓国でも，監査役制度がその本来の機能を十分に発揮できなかったので，監査制度の実効性を確保するために改正を繰り返してきた。韓国の場合，1984年改正法以前の監査役は，会計監査権限のみを有していたが，1984年改正法は，業務監査権を認め，その権限を強化した。1995年改正法は，その権限と独立性を一層強化した。さらに1996年の改正証券取引法は，資本金1,000億ウォン以上の上場会社におい

て，常勤監査役制度を採用した。また，1999年改正商法は，取締役会内に監査委員会を設け，監査委員会をおいた会社は，監査役を廃止することになった。

3．中国——株主総会中心主義——

中国の株式会社の権限分配に関しては，株主総会に重要な権限が集中し，株主総会中心主義を採っていると言える。すなわち，株主総会は，取締役全員と監査役の一部を選任・解任し，取締役報酬の決定，年度決算の承認，利益処分案の承認，新株発行・社債発行の決議，資本減少決議，合併・分割・解散の決議，定款変更，さらには経営方針および投資計画の決定なども行う権限を有している（中国会社法103条各号）。

先進資本主義国の会社法においては，取締役会中心主義へと移行しているが，これは経営の機動性確保の要請に応えるものである。中国において株主総会中心主義が採られた背景には，まず，市場経済が機能し始めたばかりであるという歴史的事情があろうし，また，株式会社のほとんどが国有企業を株式化したものであるために，主要株主として国家しかないということもあろう。

第3節　各国における問題点——制度と現実の乖離——

1．中国——行政干渉の下での内部独裁——

中国の株式会社は，基本的機関構造において従来の日本や韓国，そしてドイツと同様に，株主総会，取締役会・経営者，監査役会という3局構造をとっているが，実態は中国独特のものとなっている。証券取引所に上場された株式会社の大半は元の国有企業であり，現在の株式所有構造を見ても，半分近くは国有株である。国有株の代表者は，政府官僚であり，その絶対的株式保有を通じて他の株主を支配していると言える。会社の董事長，総経理も，上級主管部門からの行政的派遣が多い。従来の国有企業が株式会社化さ

れても，本質的な変化はなく，元工場長（場長）が董事長あるいは総経理になっており，上級主管部門が会社内部の事項について直接干渉している場合も多い。また，会社機関が分化しているにもかかわらず，監督が有効に行われず，執行を行う董事長や総経理が支配した状態となっている。会社の董事長，総経理，党書記を独り占めにし，業務執行の決定，執行，監督の機能を集中させている企業も多い。

2．韓国――財閥支配――

韓国は1995年にWTOに加盟し，経済のグローバル化が進むとともに，先進資本主義国において展開されていたコーポレート・ガバナンス論が議論されるようになってきたが，経済成長が続く中で，深刻な問題としては捉えられていなかった。韓国の企業社会は，経済成長の進展とともに，政官財の癒着構造が深まり，従来より存在した財閥企業は，各種の特典を受けながら，膨張を重ね，すべての産業を独占する市場構造が形成されていた。

これらの財閥企業においては，その取締役の選任・解任は，大半が財閥の支配下におかれ，一般株主や市場からのコントロールは，ほとんどないに等しく，そのコーポレート・ガバナンスは，財閥支配と言ってよかった。

3．日本――持合に基づく経営者支配――

従来の日本型のコーポレート・ガバナンスの特徴は，執行と監督の未分離である。この執行と監督の未分離は，制度そのものの本質ではなく，日本では，終身雇用制と社内重役制がこれを支えてきたと言える。各取締役は，代表取締役か，業務担当取締役か，使用人兼務取締役として，執行を担当してきた。つまり，業務執行機関は，全体として社長を中心とする執行体制となってきた。よく言えば，各取締役は，執行しながら監督するということであろうが，実際上，監督機能はなかなか働かなかったと言える。取締役は「取り締まられ役」と化していた。業務執行を監督すべき監査役も，横滑り監査役が多数を占めるなど，社長に人事権があり，無機能化しているのが実情であった。かくして，従来の日本の各社のコーポレート・ガバナンスについて言えば，代表取締役たる社長の独裁体制が敷かれていたと言えよう。

このような「経営者支配」が成り立ったのは，日本独特の会社所有構造である，会社の相互保有（持合）があったからだと言える。

第4節　解決への道──コーポレート・ガバナンス改革──

1．中国──社外取締役，少数株主保護──

中国では，近年，一部の上場会社において，企業収益の低下傾向が続き，赤字経営の上場会社の割合も増大しており，その原因として，コーポレート・ガバナンスの不備が挙げられている。その不備を是正する制度として注目を浴びているのが，社外取締役制度である。証券監督管理委員会は，2001年8月に「上場会社における社外取締役制度の指導意見」を発表し，これにより，すべての上場会社は2002年までに社外取締役を最低2名，2003年6月30日までに3分の1以上を起用しなければならないとした。

また，一般株主が無視されている状況を改善するため，その権利を救済する方法が模索されており，中国会社法にはない制度である株主総会決議取消や株主代表訴訟の実質的認容を目指して，訴訟が提起されている。

2．韓国──IMF管理下での米国型への転換──

韓国では，1997年に財閥企業およびその傘下にあった多数の企業が倒産し，金融・証券市場が大混乱し，年末にIMFによる救済金融を受けるに至った。そして，IMFの管理体制の下で，諸改革が断行され，企業構造改革の一環としてコーポレート・ガバナンス改革も行われた。

1999年の商法改正により，監査役の法的地位が強化され，監査委員会制度が導入された。証券取引法が適用される大会社では，監査委員会は義務化された。商法上の監査委員会は，取締役会内の委員会であり，3人以上の取締役で構成され，特別利害関係のないものが3分の1を超えなければならず，監査委員会を設置した会社では監査役を廃止し，監査委員は取締役会の普通決議により選任され，特別決議により解任される。証券取引法上，監査

委員会は，資産総額2兆ウォン以上の上場会社に対し設置を義務付けられた。2001年の改正により，監査委員会の委員の3分の2以上は社外取締役でなければならず，かつ，監査委員会の委員長は社外取締役でなければならないものとされた。

韓国における社外取締役制度の導入の背景には，①企業経営の透明性を高め，企業支配構造の改善の過程で取締役会の改革の必要性が提起されたこと，②1998年の企業支配構造改善方針の一環として上場会社で社外取締役の選任の義務化が推進されたことがある。2000年には，資産総額2兆ウォン以上の上場会社では，社外取締役は全取締役の2分の1以上で，3人以上でなければならないとされた。なお，2兆ウォン未満の上場会社では，総取締役の4分の1以上で1人以上の社外取締役の選任が要求される。

韓国上場会社協議会の2002年の調査では，上場会社の社外取締役は，1社当たり平均で2.17人で，職業は経営者が47.9％，教授が19.0％，弁護士が9.9％，会計士・税理士が8.1％となっており，教授の専門は63.0％が経済・経営系である。大株主や経営陣からの独立性の程度は，非常に独立的が66.9％，どちらかと言えば独立的が20.1％と肯定的である。報酬の支給形態は月額固定が76.2％と圧倒的に多く，活動に対する満足度は，比較的満足が43.5％，満足が7.9％，普通が43.2％で，肯定的評価が過半数である。

3．日本——米国型の選択的採用——

(1) 平成13（2001）年改正の内容と問題点

同改正は，次の3点からなるが，コーポレート・ガバナンスの観点から重要なのは，①の「監査役の機能強化」にある。しかし，改正の主眼は，②の「取締役等の責任制限」にあった。

① 監査役の機能強化

a．監査役の任期を3年から4年に延長し（商273条・会社法336条1項），b．監査役の取締役会への出席・意見陳述の権限を義務化し（商260条ノ3・会社法383条1項），c．監査役に監査役の辞任に関する意見陳述権を認め（商275条ノ3ノ2・会社法345条4項），d．監査役会に監査役候補者の決定

への関与を認め（議案の同意権，議案提出権——商特18条3項・会社法343条），半数以上の監査役を社外監査役とし，かつ，社内出身者を社外監査役から排除するものであった（商特18条1項・会社法335条3項，2条16号）。

② 取締役等の責任制限

会社に対する責任を定款規定に基づく取締役会決議，株主総会特別決議により（社外取締役については定款に基づく契約により），その地位に応じその報酬の2，4，6年分まで縮減できる（商266条7項以下・会社法425条以下）。

③ 株主代表訴訟の「合理化」

監査役の考慮期間を延長し（商267条3項・会社法847条3項），公告または株主に対する通知の制度を設け（商268条4項・会社法849条4項），訴訟上の和解を認容し（商268条5～7項・会社法850条），被告役員側への会社の補助参加を認容した（商268条8項・会社法849条1項）。

④ 改正の問題点

同改正は，監査役の地位と権限を強化するものとして評価できるが，依然として不十分な点は次の2点にある。第1に，その地位に関し，監査役候補者の議案の提出権を取締役会（実質的には社長たる代表取締役）に認めるべきではなく，第2に，その権限に関し，重大な違法行為を行った取締役の解任に関与する権限（解任権，解任訴権，株主総会への解任提案権のどれか）を与えるべきであるということである。この2点が実現しない限り，いくら改正を行っても，監査役の監査に対する評価は，高まらないと言ってよいだろう。

(2) 平成14（2002）年改正の内容と法的問題点

① 重要財産委員会制度

a．内容　大会社またはみなし大会社において取締役10人以上（新会社法では6人以上）で1人以上の社外取締役がいる場合に，取締役会決議で重要財産委員会をおくことができる。取締役3人以上で構成される（商特1の3・会社法373条1項）。重要財産委員会をおいたときは，登記をしなければならない（商特1の5Ⅰ・会社法911条3項21号）。同委員会の権限として，

商法 260 条 2 項 1 号・会社法 362 条 4 項 1 号（重要な財産の処分および譲受け）・2 号（多額の借財）の決定をすることができる（商特 1 の 5 Ⅴ・会社法 373 条 1 項）。なお，委員会（等）設置会社は，重要財産委員会を設置することができない（商特 21 の 36 Ⅳによる商特 1 の 3 〜 5 の適用除外）。すなわち，重要財産委員会制度は，取締役の数があまりにも多数となり，業務執行の意思決定の面で取締役会が機動的に行動できず，機能麻痺に陥っている日本の大規模株式会社（従来型）に配慮して，導入されたものである。新会社法では，重要財産委員会は「特別取締役」と呼ばれる。

b．問題点　重要財産委員会への疑問点として次の点を指摘できよう。第 1 に，重要財産委員会への委任の範囲はどこまでか。一括委任しかできないのか一部委任も可能か。第 2 に，その行為が他の重要な業務執行にもあたる場合（例えば子会社株式の全部譲渡の場合），委任できるか。第 3 に，取締役会との関係で，重要財産委員会の決定の前に取締役会で決定できるか，また重要財産委員会の決定を取締役会で覆せるか。第 4 に，監査役は全員，重要財産委員会への出席義務を負うか（最近，1 人出席すれば足りるとする説が出ている。なお，会社法 383 条 1 項但書はこれを肯定）。第 5 に，そもそも，重要財産委員会は必要か，取締役化のスリム化で対応可能ではないか。

② 委員会（等）設置会社に関する特例

a．内容　この特例は，大会社またはみなし大会社について，アメリカ型の統治機構を選択することを認めるものである。委員会（等）設置会社では，取締役会内に指名委員会，監査委員会，報酬委員会をおく（商特 21 の 5 Ⅰ・会社法 2 条 12 号）。各委員会は，過半数の社外取締役を含む 3 名以上の取締役で構成する（商特 21 の 8 Ⅳ・会社法 400 条）。委員会（等）設置会社では，監査役をおくことができない（商特 21 の 5 Ⅱ・会社法 327 条 4 項）。監査委員会が監査役の機能を担当する。1 人以上の執行役をおき，業務執行を担当させる（商特 21 の 12・会社法 402 条，418 条 2 号）。一定の事項については，執行役に業務の決定を委ねることができる（商特 21 の 7・21 の 12 ①・会社法 418 条 1 号）。要するに，委員会（等）設置会社制度の導入の目的は，執行と監督を分離し，3 つの委員会によって取締役会の監督機能を強化し，それを

前提に執行役への大幅な権限委譲を認め，迅速・機動的な意思決定を可能とすることである。

　b．問題点　　委員会（等）設置会社の監査委員会は，地位および権限に関し，監査役設置会社（従来型）の監査役（会）とどう違うのかあるいは同じなのかを問題としなければならない。第1に，監査の範囲に関し，監査委員会は，適法性監査のみならず妥当性監査も行う点で，監査役とは違うと言えよう（通説によれば）。第2に，しかし逆に，監査委員会の適法性監査は弱くなっていないか問題とされうる。監査委員会は業務執行の内部機関だけに違法性の指摘はしにくいからである。第3に，監査委員会は，組織的監査を原則とし，一方，監査役（会）は独任制を原則とする。第4に，監査委員（取締役）の任期は1年と短い（監査役は4年）。第5に，監査役の選任は株主総会でなされるのに対し，監査委員の決定は取締役会で行われる（実質的に指名委員会）。第6に，取締役会，監査委員会の決議についての監査は，自己監査の危険もある。第7に，社外取締役が多数で機能するのか。第8に，常勤監査委員も必置でない。第9に，こうみてくると，改正法は，実査を監査委員が自ら行うことは予定されていないのかという疑問が出てくる。最近，アメリカの監査委員会の権限に近付ける解釈がある。そこでは，内部統制部門の充実が強調される。しかし，権限に関する規定の上では，監査委員会と監査役は同じはずである。第10に，逆に，監査委員が執行役の選・解任に直接関与できるという点では監査役より権限が強い。第11に，また，内部統制システム構築責任は誰にあるかの問題もある。委員会（等）設置会社では取締役会にある（商特21の7Ⅰ②，商施規193・会社法416条1項1号ホ）。従来型では，経営者の事柄として代表取締役たる社長にあるとされてきた（監査論でも主流）。もちろん取締役会でシステム設置の決定をしてもよい。なお，新会社法では，取締役会に内部統制システム構築責任を課している（会社法362条5項）。

　報酬委員会に関し，執行役の報酬はともかく，報酬委員会が取締役の報酬を決定することはお手盛りではないかという疑問がわく。個別額を決定するときに，当該取締役は特別利害関係人として議決権を排除されるとしても，仲間内の決定であるだけにお手盛りの危険はある。

指名委員会に関し，同委員会に執行役の指名の権限がないのは不十分である。アメリカでは，この権限を認められているのが普通である。なお，委員会（等）設置会社を採用した会社では，この権限を指名委員会に付与している例もある。

　委員会（等）設置会社と監査役設置会社とで，利益処分，役員報酬の決定，役員の責任に関し不均衡が生じているが，この理由付け（取締役会の監督権限が強化された）に合理性があるか疑問がある。前二者についてはアメリカ風の，後者については日本独自の甘味剤としてしか説明できない。両者を揃えるべきである。私見を言えば，前二者については（執行役の報酬決定を除き），株主総会の権限とすべきである。なお，新会社法では，両者の均衡を図るよう改正がなされた（委員会（等）設置会社に合わせられた）。

(3)　委員会（等）設置会社（アメリカ型）の内容・特徴と徹底
　① 　執行と監督の分離

　アメリカ型は，取締役会が株主のために社長以下の業務執行者を十分に監督するという間接民主主義体制の強化が狙いである。業務執行者を「執行役」に選任するものとすれば，取締役の員数を削減したり，取締役会の機能を業務執行者への監督へと比重を移すことが容易になる。問題点としては，執行役と取締役の兼任は禁止されていないことにある（アメリカも同様）。ともあれ，代表執行役たる社長を取締役の中から選任する必要がない点で，執行と監督の分離を一層推し進めるといえる。そこでは，社長の交代が従来型（監査役設置会社）よりはスムーズに行いうる。

　② 　社外取締役の重視

　社外取締役が機能するかが委員会（等）設置会社制度の根幹である。すなわち，取締役会を業務執行機関として強化するには，執行役の支配から独立した立場に立ちつつ，長期的な利益の向上を求める株主の視点から会社の業務執行につき客観的に判断できる人物を取締役とすることが欠かせない。問題点としては，第1に，独立性が不十分ではないかという点である。この点は，法律や規則で規制すべきであり，会社の自治に委ねては適正な運用が期待できない。その際，独立性を保つ方策としては，執行者との親族関係や特

別の取引関係がないこと，親会社の業務執行者・使用人でないことなどを挙げることができる。第2に，現行法は，社外取締役の員数につき一定数以上を要求していない。取締役会内に設置される各委員会の委員を兼任させれば最低2人いればよい。しかし，社外取締役がある程度いないと監督が十分できないといえる。アメリカの上場規則などで定めているように，社外取締役を全取締役の過半数とするよう，要求すべきである。

[末永 敏和]

参考文献
李範燦『比較企業法講義』(三知院)
王東明「中国の株式所有構造とコーポレート・ガバナンス」井村進哉・福光寛・王東明編著『コーポレート・ガバナンスの社会的視座』(日本経済評論社) 所収
金洪玉『社外取締役制度に関する比較研究と中国法への示唆』(博士論文)
田中信行「中国会社法の隠れた問題点」ジュリスト1174号60頁以下
李黎明「中国企業社会改革の現状について」法律時報73巻8号73頁
髙橋公忠「中国のコーポレート・ガバナンスの背景」法律時報73巻9号77頁
畠田公明「中国会社法の業務執行機関に関する諸問題」法律時報73巻9号83頁
末永敏和「中国会社法の特色とその異質性」法律時報73巻10号58頁以下
浜田道代「取締役制度の改革②(委員会等設置会社)」金融・商事判例1160号154頁
近藤光男「取締役会制度の改革」金融・商事判例1160号136頁以下
吉本健一「委員会等設置会社における監査委員の資格と権限」監査役472号4頁以下
末永敏和・長谷川俊明・稲葉陽二編『委員会等設置会社・重要財産委員会導入の実務』(中央経済社)
末永敏和「機関を中心とする大会社関連の改正」ジュリスト1229号26頁以下

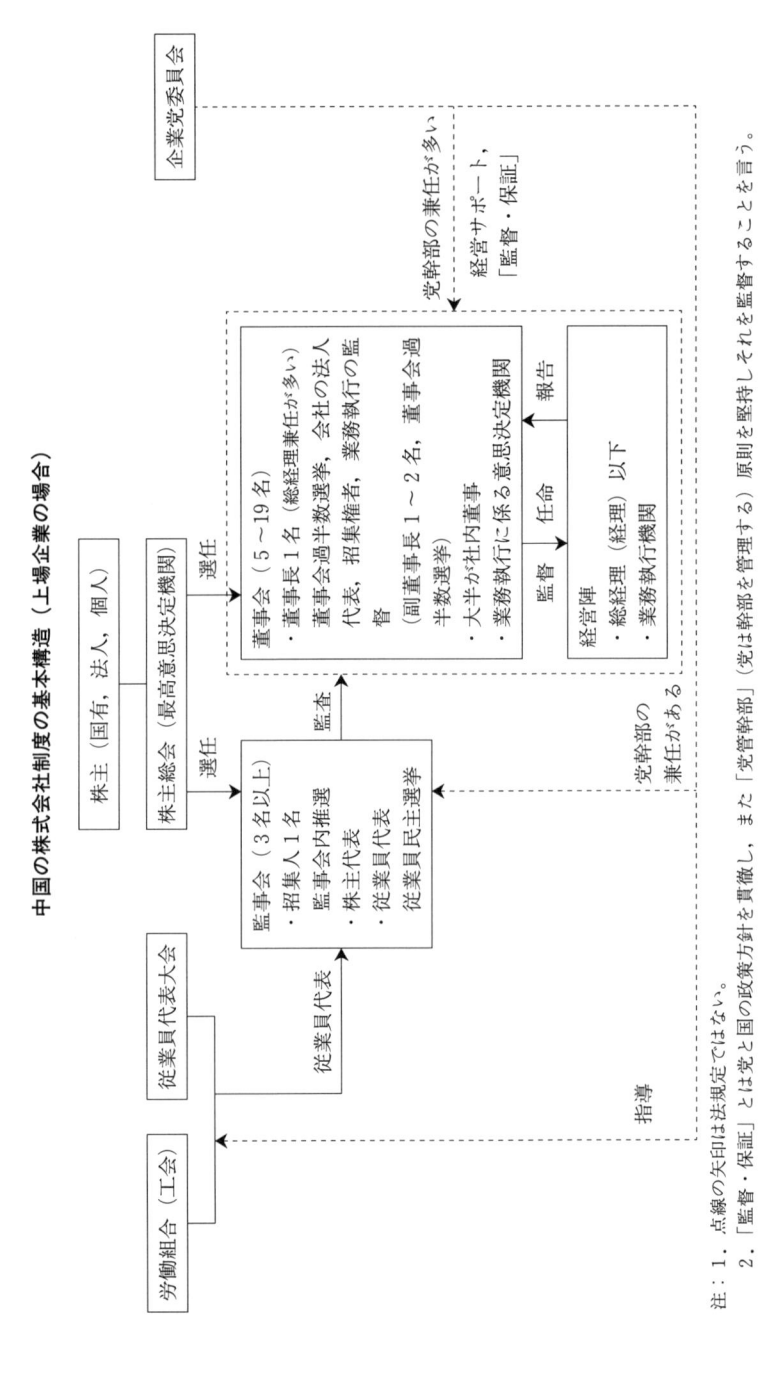

中国の株式会社制度の基本構造（上場企業の場合）

```
労働組合（工会）          従業員代表大会          企業党委員会
                                                    │
                                                    │
                    従業員代表                       │
                         │                          │
                         ▼                          │
  ┌──────────────────────────────────┐              │
  │ 監事会（3名以上）                  │              │
  │ ・招集人1名                        │              │
  │   監事会内推選                     │              │
  │ ・株主代表                         │              │
  │ ・従業員代表                       │              │
  │   従業員民主選挙                   │              │
  └──────────────────────────────────┘              │
         ▲            監査                           │
         │選任                                       │
                                                    │
  株主（国有、法人、個人）                            │
         │                                          │
  株主総会（最高意思決定機関）                        │
         │選任                                       │
         ▼                                          │
  ┌──────────────────────────────────┐   党幹部の兼任が多い、
  │ 董事会（5〜19名）                  │   経営サポート、
  │ ・董事長1名（総経理兼任が多い）     │   「監督・保証」
  │   董事会過半数選挙、会社の法人     │◄─────
  │   代表、招集権者、業務執行の監督   │
  │ ・（副董事長1〜2名、董事会過       │
  │   半数選挙）                       │
  │ ・大半が社内董事                   │
  │ ・業務執行に係る意思決定機関       │
  └──────────────────────────────────┘
         │ 監督  ▲任命        ▲報告
         ▼      │             │
  ┌──────────────────────────────────┐
  │ 経営陣                             │
  │ ・総経理（経理）以下               │
  │ ・業務執行機関                     │
  └──────────────────────────────────┘

         党幹部の
         兼任がある

  指導
```

注：1. 点線の矢印は法規定ではない。
2. 「監督・保証」とは党と国の政策方針を貫徹し、また「党管幹部」（党は幹部を管理する）原則を堅持しそれを監督することを言う。
3. 現在、上場企業の9割以上はその前身が国有企業である。
4. 現在、上場企業発行済株式の50％以上は国有株（国家株と国有法人株）である（「コーポレート・ガバナンスの社会的視座」、日本経済評論社、117頁）

出所：王東明作成

第6章

株式市場とコーポレート・ガバナンス

はじめに

　コーポレート・ガバナンスは，広い意味で捉えると，企業活動の公正ないし正当性と効率性を確保し，株主と経営者さらに債権者や従業員などの利害関係者間の関係を調整するための枠組みについての議論であると捉えることができる。一般的に，上場企業のガバナンスについては，会社内部の統治機構によるいわゆる内部コントロールとともに，株式市場等による外部コントロールの役割が強調されてきた[1]。内部コントロールの議論の中心は経営者をコントロールするために，いかに効率的で効果的な監督機構を構築するかであるが，日本の監査制度の変遷を見てもその困難性が窺われる。世界的には，アメリカ型ガバナンス・システムをグローバル・スタンダードと捉え，内部コントロールについては社外取締役を中心に据えたガバナンス機構を自国の法制度に採用しようとする傾向が強く見られる。この潮流はIMF管理体制後の韓国やWTO加盟問題に揺れた中国のほか，委員会等設置会社制度を導入した日本にも及んでいる。また外部コントロールについても，情報開示と市場規制の整備の必要性を強く主張するアメリカ型ガバナンス論の影響が強い。

　しかしながらアメリカ型ガバナンス・システムは世界中で通用するスタンダードなのだろうか。アメリカ型ガバナンス論は歴史上特有の金融構造を背景に株主利益を重視してきたアメリカ独自の制度的制約のもとでの議論であり[2]，株式所有構造の違いが各国でのガバナンス構造の差異につながるとの指摘も根強い[3]。またヨーロッパ会社法に関する「ニース合意」に見られる

ようなガバナンス機構への労働者参加規制の整備調整に取り組むEUの動きはアメリカ型ガバナンスに対するヨーロッパ型企業法制の伝統を踏まえた新たな挑戦と言えるであろう[4]。さらにわが国のメインバンクによるモニタリングのように，会社法外の事実上の制度も経営者のコントロールに一定の役割を果たしてきた歴史を見ると，資本市場，株式所有構造，金融機関規制，従業員関係や各国の経済・社会状況の違いもガバナンスの多様性につながっていることを認めざるを得ない。西欧社会に比べてはるかに政治・経済体制および企業文化に多様性が認められるアジア諸国についてコーポレート・ガバナンスの在り方を考える場合にはこれらに対する理解が重要であろう。

　本章では株式市場による外部コントロールを論じるための前提となる歴史的背景，特に株式所有構造の多様性とガバナンスへの影響を中心に概観する。まずアメリカにおいて株式市場による経営のコントロールに大きな役割を果たしている株式の高度の分散と流通がなぜ他国に先駆けて実現したかを検討し，つぎに株式会社の発生過程がアメリカとはまったく異なる中国での株式会社制度の導入および展開について検討し，アメリカ型に移行している韓国と日本のコーポレート・ガバナンスの在り方を支配構造との関係で浮き彫りにできればと考える。

第1節　アメリカ型株式所有構造の特徴と
　　　　　コーポレート・ガバナンスへの影響

1．株式市場によるコントロール

　株式市場を株主・投資家の保護という視点から論じる場合，情報開示の充実と公正な株価形成がなされる取引市場を保証する法規制をいかに整備するかが問題となる[5]。このような株式市場に外部ガバナンス機能を認め，長い歴史を持っているのがアメリカである。

　アメリカでは伝統的に個人株主比率が極めて高いが，このような個人株主は会社の経営に疑問を感じた場合に株主として監督是正権を行使するよりもウォール・ストリート・ルールのもとで株式売却によって企業から離脱し，自

らの利益を守ろうとする傾向にある。一方，このような動きは株価変動をもたらすとともに敵対的企業買収の可能性を生じさせ，これが経営者の行動を経営の効率化と株価の最大化に向かわせる要因になるとして，その舞台となる株式市場にコントロール機能を認めてきたのである[6]。

このような傾向も敵対的企業買収が企業乗っ取り防止に関する諸立法の成立によって減少しはじめた1980年代中頃以降，変質を遂げた[7]。すなわち敵対的企業買収による外部コントロールの機能は，機関投資家の台頭とともに，証券市場でのアナリスト，ファンド・マネジャーや格付機関によって実施される株価に対するモニタリングに代わられたほか，ストック・オプション等の経営者へのインセンティブも株価の上昇を支えるという意味でのコントロール機能を発揮することになった[8]。さらに内部ガバナンスについても，従来からの社外取締役の役割の重視に加えて，1991年に連邦量刑ガイドライン（The Federal Sentencing Guidelines for Organizations）が改正され，コンプライアンス・プログラムすなわち会社内部の法遵守体制が強化されたことも近時のアメリカ型ガバナンスを特徴づけている[9]。このように世界から注目されてきたアメリカ型ガバナンスも，2001年のエンロン事件に端を発した企業スキャンダルが既存のガバナンス制度全体の根幹を揺るがしたことによってその有効性が疑われることになり，2002年7月の企業改革法（サーベンス・オクスリー法）制定をはじめとする新たな改革へとつながっている[10]。

このように株式市場によるコントロールの内容および評価は時代の変遷とともに揺れ動いているが，いずれにしても株式市場によるコントロールを重視してきたアメリカの議論の根底には，出資者である株主は最終的なリスク負担者としてガバナンスの影響をもっとも強く受ける利害関係者であり，株主と経営者の関係が伝統的なガバナンス論における対立軸であるとの認識[11]があり，経営者支配が一般化するほどの個人株主への株式分散が実現されているアメリカ特有の株式所有構造と，このような状況をもたらした証券市場依存度の高い企業金融構造とに，アメリカ型ガバナンス成立の原因を求めることができよう。

2. アメリカの株式所有構造の特色と成立の背景

　アメリカの上場企業では1990年代以降は機関投資家の持ち株比率が急速に高まってきたが，銀行・事業会社等の法人株主中心の日本やドイツと異なり，伝統的に個人株主中心の分散型で短期保有中心の株式所有構造であると言われる。個人株主比率は1970年には80％台であったが，1980年代半ばには50％を切り，1998年には40％まで下落している点で変化は見られるが，保険会社，投資信託，年金基金，信託会社等の機関投資家すなわち受託機関として株式を所有する団体や基金による持株比率は50％を超えるまでに上昇しており，法人企業による所有が大きな役割を果たしてきた日本との差は大きい[12]。この理由として指摘されている大きな要因がアメリカ固有の銀行に対する規制である。伝統的なポピュリズムに支えられたユニットバンキング制度，運転資金目的の短期資金貸付に業務を限定していた商業銀行主義，銀行に対する州際業務規制や大口融資規制などの業務規制のほか，株式取得については国法銀行法による自己勘定での株式取得禁止やグラス・スティーガル法による銀行持株会社の子会社を通じての議決権株式取得の制限，さらに破産法による企業支配者債権の劣後原則など，銀行による株式保有や大口融資活動を控えさせる種々の規制や慣行が19世紀初頭から存続し，結果として証券市場への依存度が極めて高い直接金融中心の金融構造を発達させてきたとの分析がなされている[13]。なお大量保有に伴う投資リスクを回避しようとする投資判断は大口保有よりも短期分散型株式保有に向かわせる主要因であるが，そのほか前述の諸制度のほか，ニューヨーク州保険法による生命保険会社の株式保有制限，投資会社法によるミューチュアル・ファンドの株式保有制限，被用者退職所得保障法（ERISA）のもとでの年金基金の分散投資規制，さらに証券関連法規のもとでの種々の情報開示規定等もこのような傾向に大きな影響を与えてきたと言われる[14]。

　アメリカでは個人株主中心の分散型株式所有構造が市場によるコントロールすなわち外部ガバナンス中心のシステムをもたらした主要因であると言われてきたが，そもそもこのような株式所有構造が成立したのはアメリカ固有の金融構造の結果である点を強調しなければならないだろう。そこでアメリ

カ型ガバナンスがグローバル・スタンダードと言えるかという問いに立ち帰ると，これはアメリカ固有の株式構造のもとで必然的に生じてきたいわばローカル・スタンダードであり，同様な株式構造をもつ国においてのみ妥当性・有効性をもつとの反論も可能となる。

以下では中国の株式会社化の歴史と現在の株式所有構造の特徴を日本および韓国との比較も交えながら検討し，アメリカ型のコントロール制度が機能するかを探りたい。

第2節　中国における株式所有構造の特徴とコーポレート・ガバナンスへの影響

1．現代企業制度導入と国有企業の改組

(1) 改革方針の確立と規制の整備

中国は改革開放以後，高い経済成長を実現させてきたが，計画経済から市場経済への転換過程において私有企業や外資系企業が新たな経済活動の牽引役となる一方で，中国経済を支えてきた国有企業改革がなにより重要であった[15]。国有企業の請負経営責任制から株式制への移行の中で，国有企業を株式会社形態に改組しようという国家的実験は1980年代半ばに始まった。天安門事件の勃発という政治的混乱にもかかわらず，1990年12月には上海証券取引所，1991年7月に深圳証券取引所がそれぞれ開設された[16]。さらに1992年5月には，国家体制改革委員会が株式会社制度案として「株式会社（股份有限公司）規範意見」を公布し，「株式制企業試点弁法」を制定したほか，同年10月には国務院証券委員会と中国証券監督管理委員会が正式に成立するに至った。この構造変革の流れを公的に表明・確実化したのが，「経済体制改革の目標は社会主義市場経済体制の確立である」との中国共産党第14回全国大会政治報告（1992年）における江沢民発言と，経済体制改革の目標と基本原則を系統化・具体化することを目的とした『社会主義市場経済体制確立の若干の問題に関する党中央の決定』を採択した中国共産党第14期中央委員会第3回総会（1993年）であった。後者の『決定』では，①公有

制を主体とする「現代企業制度（公司制）」を社会主義市場経済の基礎とし，有限会社（有限責任公司）や株式会社（股份有限公司）の確立による国有企業改革を行う，②社会主義市場経済体制に相応の市場体系の育成・発展，すなわち要素市場（労働力市場，土地市場，金融市場等）と商品市場（財貨市場）の整備を行うとの改革方針が明らかにされ[17]，その一環として，同年12月29日には「中華人民共和国会社法（公司法）」が制定され，翌1994年7月1日に施行されたが，この立法はまた中国がGATT（現WTO）加盟に向けた法律的な条件整備を意味していた点でも重要であった[18]。なお会社法78条によって株式会社の設立時に要求される最低資本金は1千万人民元（約1億5千万円）と他の先進諸国と比較すると高額であるが，貨幣価値の差を考慮するとその差はさらに拡大し，この点に中国政府が想定する株式会社像の一端が窺えよう。

このように国有企業の株式会社化の路線が明確化された一方で，1994年に国家国有資産管理局と国家経済体制改革委員会は「株式会社国有株管理暫定弁法」を制定し，国有企業の株式会社への改組に当たっては国有株の支配的地位の保障，すなわち国有株の絶対的支配（国有株比率が50％超）ないし相対的支配（国有株比率が30％以上50％以下であるが，株式所有が分散）を堅持する姿勢を続けてきたが，この点については近時，修正が加えられた。中国共産党第15期中央委員会第4回総会（1999年）で採択された「国有企業の改革と発展に関わるいくつかの重要問題についての決定」において，大中型国有企業改革については国が独占経営すべききわめて少数の企業（国有独資会社，国有持株会社）を除いて，多元化された投資主体をもつ会社，すなわち株主の多元化を積極的に実現させるとの方針を打ち出し，実質的にも国有経済の範囲を限定することとなった[19]。

(2) 施行テストの実施

株主の多元化を内容とする現代企業制度の採用は中国経済にとって大きな影響を及ぼし，場合によっては混乱を引き起こす可能性があるだけに，国務院は1994年11月にその本格的な実施に先立って国有企業の会社化についての試行テストを行う方針を打ち出した。国家経済貿易委員会と国家体制改革

委員会が実施案を取りまとめ，全国現代企業制度テスト工作会議で中央政府および各省による実施が決定された。主として改革の対象となる1万5千社余りの大中型国有企業のうち，国務院が直接行政指導の対象とする100社を指定したほか，中央政府内の国有企業管理部門および地方政府の管轄下企業2,343社がテスト試行企業とされた。その結果，国務院指定100社中79社が国有独資会社に，11社が株式会社に，6社が有限責任会社に改組され，その他の2,343社中で株式会社への改組は540社（23％）であった[20]。第2次テストは1996年に実施されたが，同年末には株式会社に改組された国有企業は約9,200社を数え，現代企業制度化は急激に進んできたと言える。

2．現代企業制度化と上場政策

(1) 上場制度の特徴

　国有企業の株式会社化の進展が必然的に株式上場による資金調達手段の拡大につながるのは，日米欧の企業の場合と差異はないであろう[21]。証券取引所への株式の上場については基本的には会社法151条以下が規定するほか，1999年証券法や関連条例および証券取引所の上場規則等によって規制されている。株式上場基準の概要は以下のとおりである。すなわち，①株式が国務院証券管理部門の承認を受けた後に公募発行されていること。②株式総額が5千万人民元（7億5千万円）以上であること。③営業開始後少なくとも3年以上を経過し，かつ直前3年以上連続して利益を計上していること。ただし国有企業から会社法にしたがって組織変更されまたは会社法の施行後に大中規模の国有企業を発起人として設立された場合には，対象とする期間を連続して計算できる。④額面1千人民元以上を有する株主数が1千人以上であること。また公募株比率は25％以上でなければならないが，株式総額が4億人民元以上の会社にあっては15％以上であればよい。⑤会社は過去3年間重大な違法行為ないし会計報告に虚偽記載がないこと。⑥その他，国務院が規定した要件に合致することが要求されている。このような上場基準についての基本的な考え方は日本や韓国と比較しても大きな差異は見られない[22]。

　中国における株式上場制度で特徴的なのはむしろ上場審査手続である。会

社法制定時の株式上場手続は「株式発行と取引の管理暫定条例」等の規定にもとづいて，割当許可制度（審批制）による上場総枠規制と行政配分方式が採用されてきた。まず中国証券監督管理委員会と国家計画委員会が市場状況にもとづき各年度の株式総発行額を決定し，つぎに各地方政府と中央企業主管部門委員会がこの範囲で枠を分配し，それぞれ発行候補となる企業を審査・選定し，さらに中国証券監督管理委員会および証券取引所の審査も必要とされるという方式であるが，政府の統制色が極めて強く，市場への参入メカニズムの点でも先進各国の株式上場制度とは異質と言える。また株式発行申請と上場申請が連続して行われ，上場が認められてから株式を発行できるという手続も特徴的であると言える。

(2) 上場手続の変更と上場企業の増加

　市場経済化に伴う家計の余剰資金とともに，年金生活者の資金も証券市場へと向かい，株民といわれる多数の個人投資家が発生することとなった。流通市場での株式需要に対して供給が追いつかない状況は右肩上がりの株価形成を演出し，政府の株式総発行額の増加策につながった。このようにして国有企業の改組と新規上場企業の増加が順調に進んだと言える。会社法が制定された1993年12月の上場企業数は183社であったのに対して，第2次テストが行われた1996年末には530社，さらに1999年末には949社にまで増えたことでも明らかと言えよう。

　さらに2000年3月には，株式市場の拡大を踏まえて，計画管理規制を廃止し，準則主義をとる届出認可制度（核准制）を採用することになったが，これによって市場での需給関係のアンバランスの是正，恣意的な運用が問題とされてきた審査手続の透明性と明確化が期待されるとともに，民間企業の上場も増えることが予想される状況に至った。具体的には審査手続が中国証券監督管理委員会および証券取引所への申請および承認に簡略化されることで，株式発行および上場を容易にした。このような制度改正後の2000年末には1,088社，2002年末には1,224社，さらに2004年4月現在，上海証券取引所と深圳証券取引所の上場企業数はあわせて1,314社，発行株式総数6,589億株，株式総額4兆5,804億元（68兆7,060億円），株主数7,123万

人という驚くべき進捗状況に至っている。なお 2003 年度末の日本市場の統計では，全国証券取引所上場企業数 2,679 社，発行株式総数 3,429 億株，株式時価総額 369 兆 2,819 億円，株主数 3,507 万人という規模であり，また 2004 年 4 月の韓国市場の統計では，上場企業数 680 社，発行株式総数 237 億株，株式時価総額 384 兆 3,564 億ウォン（38 兆 4,356 億円），株主数 393 万人（2003 年末）という市場規模と比べると，中国市場が既に市場全体では韓国市場を追い抜いているだけでなく，日本市場以上に多数の投資家を抱えているという点でも目覚しい市場経済化の流れを見て取ることができよう[23]。

株式市場の規模を年度株式取引総額の推移で見ると，1993 年に 25 億 971 万人民元であったものが，1996 年に 91 億 1,482 万人民元，1999 年に 169 億 6,579 万人民元，2000 年に 313 億 7,386 万人民元，2001 年に 227 億 938 万人民元，2002 年に 169 億 5,909 万人民元というように，2000 年度までは株式投資ブームを背景に株民の激増による取引額の拡大が続いてきた。その後は上場企業の倒産や上場廃止，2001 年の国有株売却策による平均株価の大幅下落を契機として，加熱気味であった投資も一時横ばい状況に入った[24]。このように現代企業制度化は株式上場という視点からは順調に推移していると言えるが，依然として国有企業から株式会社に改組された企業が全体の 90％を超えており，特に国有株比率の高さが中国上場企業の特徴となっていることから，民間企業の育成および上場が今後の課題と言われる[25]。

なお国有企業改革は 2003 年から新段階に移行した。「政資分離」を徹底させ，株式構造の多元化を推進させるための組織改革を行ったのであるが，新たに誕生した国務院国有資産監督管理委員会が国防企業等の国にとって重要な国有大企業のみを国家出資者の立場で直接管理することとし，2004 年 1 月現在，対象企業を 198 社に限定することとなった[26]。また各省・市レベルの国有企業の場合には，それぞれの省・市に国有資産監督管理委員会が設置され，ここで管理される。

3．中国企業の株式所有構造の特徴

(1) 上場企業と発行株式の種類

　以上のような株式会社制度の推進過程とともに，中国株式の大きな特色と言えるのは，社会主義体制の維持という国家目的を背景に株式発行に際して特に株式流通面での異なる規制が設けられてきたことであろう。株式は一般投資家向けに発行され株式市場での自由な売買を前提とする流通株と，株式市場での流通が規制され原則として相対取引しか認められない非流通株に区分される。

① 流通株

　流通株は，人民元建て株式のA株，外貨建て株式のB株および香港証券取引所やニューヨーク証券取引所等の外国証券市場で上場している株式のH株に分けられる[27]。2004年4月現在，ⓐA株かB株かのいずれかを発行している上場企業数は1,314社であるが，その中で，ⓑA株のみを発行しているのが1,173社，ⓒB株のみが24社，ⓓA株とB株の両方を発行しているのが87社，ⓔA株とH株の両方が29社である。そのほか，ⓕ国内では上場せずに，海外市場でH株のみを発行している会社が70社ある。これを上場審査手続が緩和される直前の1999年12月と比べると，ⓐは365社増，ⓑは351社増，ⓒは2社減，ⓓは5社増，ⓔは10社増，ⓕは43社増という変化がみられる。審査手続の緩和によって上場会社数が約40％増加したが，そのほとんどはA社株のみを発行する会社の増加である。さらに資金調達に外資を利用する会社も増加しているが，外貨建てのB株を利用する会社の増加がほとんどみられないのに対して，国外証券市場でH株を上場した会社が80％以上も増加し，99社に達している点が注目されよう。これらの企業にとって，H株の採用は単に資金調達の側面での新たな戦略であるだけでなく，コーポレート・ガバナンスの側面で中国市場に比べて厳しい国外証券市場のスタンダードを受け入れることで，国際的企業としての認知度を高めようとする経営戦略であると言えよう[28]。

② 非流通株

　非流通株の代表的な分類方法は中国証券監督管理委員会の統計上の区分で

あるが，そこでは国家株，発起法人株，外資法人株，募集法人株，従業員株（内部職工株）に区分されてきた。なお分類目的によっては，国家株，国有法人株，非国有法人株，従業員株の区分や，発起法人株（国家株を含む），募集法人株，従業員株に区分する方法も用いられる。なお国家株と国有法人株を併せて国有株と総称する。国家株と国有法人株の区別は「株式会社国有株管理暫定弁法」によって規定されているが，国の機関や部局等が直接株主となるか，母体となる国有企業が株主になるかという差であり，その果たす役割に大きな差が出ることは考えにくい。上記規定によれば，既存国有企業の改組の場合，国家株となるのは，①既存企業のすべての資産をもって改組した場合の純資産，②既存企業の一部の資産をもって改組し，編入された純資産が母体企業の純資産の50％以上の場合にその純資産である。これに対して，母体企業の国有法人株となるのは，①既存企業の一部の資産をもって改組し，編入された純資産が母体企業の純資産の50％未満の場合にその純資産，②国有企業の子会社が株式会社に改組する場合の純資産である。また，新設の場合，国家株となるのは，国が授権した機関や部局の直接投資額であり，他方，母体企業の国有法人株となるのは，国有企業またはその子会社の法人資産による投資額である。

(2) 株式構成の特徴

国内証券市場での上場企業は1993年の183社から2004年4月現在の1,314社へと7倍に増加しているが，このような上場企業数の増加は当然に発行株式総数の大幅増にもつながっている。1993年末の発行総数が387億株であったのに対して，1996年には1,219億株，1999年には3,089億株，2000年には3,791億株，2001年には5,218億株，2002年には5,875億株，さらに2004年4月には6,589億株へと17倍に増加した。また株主数は1999年に4,481万人，2000年に5,801万人，2001年に6,650万人，2002年に6,884万人，2004年4月に7,123万人と増加の一途をたどっている。

このような株式の増加が株式構成の変化につながっているかという視点から上場企業の全体的な傾向を見ると，まず流通株は1993年末に27.3％であったが，1994年以降は33％から36％の間で推移し，2004年4月の

35.5％という比率は10年前と変わらない状況である。なお流通株のうちでA株についてみると，1993年末に15.7％であったが，1994年から1997年までは22％前後，1998年以降は2004年4月の26.6％まで概ね20％台半ばで推移しており，2004年4月の流通株に占めるA株の割合は76％である。このことは資本調達面でのA株の役割の大きさを表わしていると言えよう。非流通株比率は流通株と逆の数値になるが，2004年4月まで10年以上65％程度で推移している。非流通株のうちで国家株をみると，1993年49％から1997年の31.5％まで減少を続けたが，1998年から再び増加に転じ，2001年には46.1％，非流通株に占める割合も70.6％に達した。このように上場企業数の増加率を上回る発行株式数の増加現象が生じているにもかかわらず，流通株の比率は概ね35％程度で推移し，国有株比率も50％を超えた状況が継続してきたのは，一方では国有株を維持しながら緩やかに株式構造の多元化を実現しようとする国の政策の継続が根底にあり，他方では会社設立時に公募株比率25％以上（ただし株式総額が4億人民元以上の会社にあっては15％以上）を要求する上場基準とともに，公募に応じられる可処分所得を有する個人投資家層の増加が要因と考えられる。

　発起法人株と募集法人株に占める国有法人株数について，企業の業種や前身等によって個別企業では差がでるのは当然であるが，2001年6月の時点で国有企業から株式会社への改組企業が上場企業の9割を上回っているとの資料から推測して，発起法人株と募集法人株のおよそ9割以上は国有法人株であり，この結果，上場企業全体としては国有株が50～60％を占めていると考えられる[29]。このことは国有企業の株式会社への改組が実現された後，上場企業全体では「政資分離」も徐々に進展しているとはいえ，国家の授権する機関や部門による国有株所有を通じて実質的・最終的には国家支配が維持されている状況を示している[30]。

第3節　結びに代えて
――支配株主の固定化と情報開示規制の重要性――

1．日本および韓国企業の株式所有構造と特徴

　中国での国有株による支配に対して，日本では株式相互保有（持合い）による経営者支配，韓国では財閥グループ内での循環的出資による財閥総帥支配が株式所有構造に基づく支配の特徴として指摘されてきたが，日本のバブル崩壊および韓国のIMF管理体制経済はこのような株式所有構造の特徴に変更を加える契機となり，このことは会社支配およびガバナンスとの関係での変化をもたらす可能性にもつながっている。

⑴　日本の株式所有構造

　全国証券取引所協議会の株式分布状況調査結果から，2003年度末の所有者別持株比率を見ると，①政府・地方公共団体0.3％，②金融機関31.1％（長銀・都銀・地銀5.7％，信託銀行17.4％，生保4.9％，損保2.3％，その他0.8％），③事業法人等25.1％，④証券会社1.1％，⑤個人22.7％，⑥外国人19.7％となっている[31]。これを過去の年度推移で見ると，個人株主については，株主数は1949年に約400万人，1986年に約1,700万人，さらに2002年には約3,400万人とバブル崩壊後も増加を続けているが，持株比率は1949年の69.1％を頂点に減り続け，1985年以降は22～26％台の範囲に止まっている。事業法人持株比率は，1973年の27.5％を頂点にその後は22～26％台の範囲で推移してきた。金融機関持株比率は，1959年の9.9％から1989年の46％まで増加し続けた後に徐々に減少を続けているが，特徴的であるのは1985年に長銀・都銀・地銀が21.6％，生命保険会社が13.5％と過去最高であったのに，2003年には5.7％と4.9％と大幅に減少している点と，信託銀行が1986年の7.1％から2002年には過去最高の18.5％へと大きく増加している点である。外国人持株比率は，1980年から1992年までは3～5％台であったが，その後は増加し，2003年には過去最

高の 19.7％に達した。

　以上の統計結果から，1990 年以降は個人持株比率と事業法人比率に大きな変化は見られないのに対して，金融機関および外国人の持株比率動向から見て，機関投資家による持株比率が増大していると思われる。他方で銀行および保険会社の持株比率の激減傾向は銀行を中核として続けられてきた株式相互保有（実質的には環状の相互保有）の解消の動きを反映していると言えよう。バブルの崩壊による株価の下落は保有株への含み損を発生させ，また金融商品に対する時価会計の導入，銀行の株式保有制限やガバナンス規制の強化等の要請は，不良資産問題等で経営が逼迫している多くの銀行や事業会社にとって，株式の相互保有の解消へと導く契機となった。さらに巨大メーカーを中心とした系列取引の縮小や企業グループの枠を越えた中核銀行同士の新たな提携関係の模索，それにともなう純粋持株会社を中核とする新たな企業集団の構築等，企業再編の動きがこの傾向に拍車をかけている。㈱大和総研が作成した上場企業の株式相互保有に関する資料では，市場全体に対する持合い比率は，1991 年に 23.6％であったが，1998 年に 17.4％，1999 年に 13.9％，2000 年に 13.1％，2001 年に 10.4％，さらに 2002 年には 7.9％と減少を続けている。さらに業態別分析によると，銀行が保有する事業会社株式との持合い比率は 1991 年に 10.8％であったが，2000 年に 8.1％，2001 年に 6.2％，2002 年には 3.7％と近年急激に減少している。また事業会社が保有する事業会社株式との持合い比率は 1991 年に 5.9％であったが，1999 年以降は 2％を切り，2002 年も 1.8％と低水準である。事業会社が保有する銀行株式との持合い比率も 1991 年に 4.3％であったが，2000 年に 2％，2001 年に 1.6％，2002 年に 1.1％とやはり減少している。この分析からは銀行とともに事業会社でも株式相互保有の解消が進んでいることが明らかであるが[32]，この傾向は前述した株式所有構造の推移，特に銀行の持株比率の変化からも推定できる。

(2) 韓国の株式所有構造

　韓国証券取引所の株式分布状況調査から，2002 年末の所有者別持株比率を見ると，①政府・公共団体 7.4％，②金融機関 23.8％（銀行 17.8％，保

険会社1％, 投資信託会社3％, 年金基金1.3％), ③事業会社21％, ④証券会社0.8％, ⑤個人35.4％, ⑥外国人11.5％である[33]。これを過去の年度推移で見ると1997年のアジア経済危機とIMF管理体制の影響を強く受けていることがわかる。上場企業数を見ても, 1997年に776社と過去最高であったが, その後減少し, 2003年には684社に止まっている。所有者別持株比率の推移から特徴を見ると, 日本と比べて政府・公共団体の持株比率は従来から高いが, とくに1998年と1999年には17％台を占めたが, 2001年以降は1997年以前と同じ水準で落ち着いている。個人持株比率は1989年以前には50％を超えていたが, 1992年に40％を切って以降は30％台後半で推移しており, 20％台半ばで推移する日本よりも数字上は40％程度を占めるアメリカに近いと言える。なお株主数は1998年までは100万人台で推移してきたが, 1999年以降は300万人前後と増加傾向にある。事業会社の持株比率は1996年13.4％を最低に18～20％で推移し, 大きな変動は見られない。金融機関のほとんどがIMF経済危機の影響を受け, 1996年には29.2％を占めていたのが, 1998年に12.3％にまで減少し, 2002年にようやく20％台を回復した。とくに銀行は1996年の11.2％から1998年および1999年に3％台半ばまで減少したが, その後2002年には17.7％と過去最高を記録するまでに回復し, このような状況については大株主の持株比率減少との関係で機関投資家の影響力が増大したとの見方もある[34]。これに対して, 韓国企業の特徴であった財閥支配については株式市場統計からは明らかではないが, 財閥総帥の持株比率が1996年の4.8％から2001年の3.3％に減少しているにもかかわらず, 系列会社間の2001年の出資額は50兆5千億ウォン, また出資比率は1996年の24.8％から2001年の35.8％に増加したことで, 系列会社に対する持株比率が1996年の33.9％から2001年の39.2％にむしろ増加しており, IMF管理体制前と比べて系列会社間の循環出資を利用して少ない持分で系列企業全体を実質的な財閥総帥が支配する構造には衰えが見られないとの指摘がある[35]。

2. 支配株主の固定化とガバナンス制度

中国において民間企業ないし私企業や外資系企業は今後ますます増加し,

上場企業全体としての国有株比率は徐々に減少するであろうが，他方で国有企業から改組された株式会社における国有株比率の是正については，政府が2001年に実施した国有株放出策が失敗したこともあり，株式構造の多元化は緩やかにしか進展しないものと思われる。このように多くの国有企業改組型上場企業において今後も筆頭株主である国有株が株主総会を通じて企業を支配する構造，すなわち支配株主ないし支配権の固定化が続くものと思われる。このような構造は個人株主と機関投資家の持ち株比率が極めて高く，支配権の変動可能性をガバナンスの前提として組み込んでいるアメリカの状況とは大きく異なるものである。これに対して，減少傾向にあるとはいえ依然としてグループ法人株主間の株式相互保有によって経営者支配が続くと思われる日本および日本と同様な系列会社間の循環出資を通じて少ない持ち株比率で企業グループを支配する財閥総帥支配が続いている韓国の状況は，機関投資家の増加という実態を考慮しても，支配権の固定という視点では中国と似ていると言えよう。

　上場企業のガバナンスについては，会社内部の統治機構によるいわゆる内部コントロールとともに，株式市場等による外部コントロールの制度をいかに充実させ，それを機能させるかが課題であるが，実質的に支配株主ないし支配権の固定した日本と韓国において，アメリカ型の資本多数決制度が機能することを基盤として認められた機関構成および権限分配によるコントロールがうまく機能してこなかったことは明らかであり，中国も例外ではありえない。韓国および日本，そして国有企業の株式会社化を進めている中国ではむしろ逆説的に聞こえるかもしれないが，上場大企業は出資者のみの私的企業ではありえず，社会的ないし公的な存在であるという点を強調することによってコーポレート・ガバナンスの仕組みを再検討することが必要となろう[36]。この意味で所有ないし支配権に基づかないコントロールの実現すなわち資本多数決制度に依拠しない外部コントロール制度の充実は最も重要であろう。コーポレート・ガバナンスの目的が公正で効率的な経営の実現の保障であるとしても，企業経営の受益者ないし関係者は株主だけではない。現在でも有価証券報告書の閲覧や企業のホームページでの自主的開示等を通じて，一般公衆を含めたすべての利害関係者にそのような経営が実現されてい

るか否かを知るための会計情報が与えられてはいるが，株式市場等での情報開示をさらに充実させることが必要と考える[37]。各国の証券取引法や市場規制の具体的な分析および提言は今後の課題とするが，本章で概観した各国の株式所有構造から見て，支配権の固定が常態化してきた中国，韓国および日本においては，アメリカのような内部コントロールに大きな期待を寄せることはなかなか難しいのが現実である。そこで株式市場を株式という商品を売買する関係者のみの市場ととらえるのではなく，企業経営の透明性を高めるための公衆に対する情報開示の場であるとの視点に立ち，外部コントロールの実効性を高める方向に進めることが望ましい[38,39]。

［髙橋　公忠］

注

1) 川口幸美『社外取締役とコーポレート・ガバナンス』（弘文堂，2004年），3頁以下では，経営に対する監視・監督システムを制度的監視・監督メカニズム（株主・取締役会・監査役会によるモニタリング）と非制度的監視・監督メカニズム（市場・従業員によるモニタリング）に分類する。
2) 神田秀樹「企業法制の将来――欧米のコーポレート・ガバナンスから何を学ぶか」資本市場87号参照。
3) 首藤惠「アングロアメリカン型企業ガバナンスと機関投資家の役割――米国型と英国型の比較――」渋谷博史ほか『アメリカ型企業ガバナンス――構造と国際的インパクト――』（東京大学出版会，2002年），60頁では，「所有形態の違いが異なるコントロール・メカニズムを生み出しているのであり，多様なタイプのガバナンス・システムの共存は，企業の所有構造とコントロールの多様な関係によって説明される。企業所有の形態は，その国に固有の制度的制約を負うから，あらゆる状況に適合する，優れたガバナンス・システムは存在しない。したがって，制度や環境の変化が企業の所有構造に影響を与えるならば，ガバナンス・システムもまた変化すると考えるべきであろう」と指摘するが，これはアジアのガバナンスの考察にもそのまま当てはまる主張である。
4) 正井章筰「ヨーロッパ株式会社における労働者の参加規制の新展開――2000年12月の「ニース合意」について――」小島康裕教授退官記念『現代企業法の新展開』（信山社，2001年），461頁以下参照。
5) 岸田雅雄「コーポレート・ガバナンス改革と証券市場」企業会計50巻4号46頁，瀬谷ゆり子「証券市場の役割と証券会社」京都学園大学ビジネスサイエンス研究所編『コーポレート・ガバナンスの多角的研究』（同文舘出版，1999年），103頁参照。
6) 田村茂「金融システムの改革と企業金融」花輪俊哉編『金融システムの構造変化と日本経済』（中央大学出版部，1999年）参照。なお，関孝哉「株主構成と議決権行

使」ジュリスト1271号22頁以下では，機関投資家にとって保有株の売却が容易でないために投資対象会社との対話を重視する「リレーションシップ・インベストメント」の方法が1990年代に入り注目されてきたと指摘する。

7) マーク・ロー（北條裕雄ほか訳）『アメリカの企業統治』（東洋経済新報社，1996年），189頁以下参照。

8) 宮本光晴「日本のコーポレート・ガバナンス改革——ステイクホルダー型ガバナンスは可能か——」花崎正晴ほか編『コーポレート・ガバナンスの経済分析——変革期の日本と金融危機後の東アジア——』（東京大学出版会，2003年），26頁以下，首藤・前掲（注3）61頁以下参照。

9) 酒井太郎「米国企業の法遵守体制と会社法上の問題点」久保欣哉先生古稀記念『市場経済と企業法』（中央経済社，2000年），155頁以下，川口幸美『コンプライアンスの整備・運用と取締役の注意義務』経営と経済（長崎大学）80巻4号1頁以下参照。

10) 田中直茂「エンロン破綻と企業統治・ディスクロージャーをめぐる議論（上・下）」商事法務1629号27頁以下，1630号18頁以下，伊藤壽英「アメリカにおける「企業改革法（サーベンス・オクスリー法）」の成立について」法学新報109巻5＝6号3頁参照。

11) 福光寛「変貌するコーポレート・ガバナンス」井村進哉ほか『コーポレート・ガバナンスの社会的視座』（日本経済評論社，2002年），214頁参照。

12) アメリカにおける機関投資家の株式所有状況の推移と機関投資家の多様性についての資料および分析は，首藤・前掲（注3）61頁以下，水口雅夫「米国の機関株主と議決権限の所在」高橋公忠ほか『企業の利害調整機能に関する学際的研究』（九州産業大学，1994年），64頁以下参照。

13) 福光・前掲（注11）207頁参照。

14) マーク・ロー・前掲（注7）67頁以下参照。

15) 李黎明「中国企業社会改革の現状について」法律時報73巻8号73頁以下，拙稿「中国のコーポレート・ガバナンスの背景」法律時報73巻9号77頁以下，中兼和津次編著『現代中国の構造変動2　経済——構造変動と市場化』（東京大学出版会，2000年）参照。

16) なお証券取引所規制および投資家保護のための情報開示に欠くことのできない証券法が制定されたのは1998年12月で，1999年7月から施行された。

17) 上原一慶「中国の国有企業改革」佐々木信彰編『現代中国経済の分析』（世界思想社，1997年），220頁，許海珠『中国国有企業改革の戦略的転換』（晃洋書房，1999年），133頁以下参照。

18) 田中信行「中国の会社法と企業ガバナンス——市場経済化とグローバリゼーション——」渋谷博史ほか『アメリカ型企業ガバナンス——構造と国際的インパクト——』（東京大学出版会，2002年），218頁参照。

19) 田中・前掲（注18）219頁，232頁以下参照。

20) 田中・前掲（注18）220頁以下，許・前掲（注17）140頁以下参照。

21) 田島俊雄「中国の財政金融制度改革」中兼和津次編著『現代中国の構造変動2　経済——構造変動と市場化』（東京大学出版会，2000年），97頁によると，1990年後

半のマクロ的な資金調達状況は，間接金融が純増分では1996年に85％，1997年に82.2％，残高ベースでは87.2％と86.4％であるのに対して，株式発行による資金調達は純増分が3.3％と9.1％，残高ベースでは1.7％と2.7％というように，株式発行による資金調達が増える傾向を示しながらも，依然として金融機関中心の体制が継続すると指摘する。

22) 中国会社法152条。

東京証券取引所第二部の上場審査基準の概要は，形式要件として，①上場株式数は4千単位以上（第一部は10万単位以上），②少数特定者（大株主上位10名）の持株数は上場時までに上場株式数の75％（第一部は70％）以下，③上場時までの株主数が上場株式数が1万株未満の場合には800人（第一部は3万単位未満の場合には2,200人）以上，④設立後3年以上，⑤上場時価総額は20億円（第一部は500億円）以上，⑥純資産額は10億円以上，⑦利益額が最近2年間について最初の1年が1億円以上で直近の1年が4億円以上，または最近3年間について最初の1年が1億円以上で直近の1年が4億円以上かつ3年間の合計が6億円以上，⑧時価総額は1千億円以上等が要求されているほか，適格要件として，①企業の継続性および収益性，②企業経営の健全性，③企業内容等の開示の適正性等にも合致することが要求されている。

韓国証券取引所第二部の上場審査基準は，①設立後3年以上，②少数株主数1千人以上，③公開株比率30％以上，④資本金20億ウォン（第一部は50億ウォン以上），⑤純資産額は50億ウォン（第一部は100億ウォン）以上，そのほかに売上高，利益額等の基準が設けられている。

23) 以後特に出典を言及しない上場会社数等の各国の統計資料は，中国については中国証券監督管理委員会統計資料からの引用（http://www.csrc.gov.cn）であり，日本については全国証券取引所資料からの引用（http://www.tse.or.jp），韓国については「Stock（April 2002）」（韓国証券取引所）からの引用（http://www.kse.or.kr）である。

24) 2001年4月に中国初の上場廃止企業（上海水仙電気株式会社）が出て，投資家に衝撃を与えた。また2001年6月に政府は流通株式の需給のアンバランスを是正するとともに，社会保障制度確立のための資金ルートの確保を目的として，「国有株売却による社会保障資金の調達を管理するについての暫定弁法」によって，国有株を保有する上場株式会社が株式発行を行う際にはその10％に当たる国有株を市場を通じて売却しなければならないとする規定を設けたが，国有株放出による市場の混乱から，同年の夏以降は平均株価が30％も下落する事態を引き起こした。そこで証券監督管理委員会は2001年10月22日に国有株売却停止措置を発動し，さらに翌2002年には当該規定の半永久的凍結を発表するに至った。また2001年11月7日，証券監督管理委員会は中国人民銀行と共同で，「適格海外機構投資家の国内証券投資管理に関する暫定規則」を公布し，翌年12月1日より一定の条件のもとで適格海外機構投資家がA株市場での取引に参入することを認め，これにより国内市場の開放がより一層進んだ。

25) 王東明「中国の株式所有構造とコーポレート・ガバナンス」井村進哉ほか『コーポ

社にすぎないと分析する。
一『中国上場企業――内部者支配のガバナンス』（創土社，2003年），36頁以下では，2001年6月現在の上場会社1,137社のうち，前身が民間企業であったものは85レート・ガバナンスの社会的視座』（日本経済評論社，2002年），76頁。なお，川井伸

26) 張徳霖「（基調講演）中国における企業改革の現状と展望」アジア太平洋センター国際研究交流会議「躍進する中国企業VS進出する日本企業」（2003年1月13日実施）。このような政策は上場企業での国有株売却問題とも深く関わりあっているが，いずれも中国のWTO加盟に係る合意事項に規定する将来の資本市場開放と国家による企業支配という枠組みでの議論であることを理解する必要があろう。

27) B株市場は1992年に人民元の自由な兌換を認めない条件下での外資調達市場として開設されたが，現実の市場参加者の多くが国内個人投資家であるとの矛盾と株式の流動性の欠如に対応するために，2001年2月から従来の国外投資家に加えて国内個人投資家にも部分開放され，さらに同年6月には全面開放に至った。なおこのような開放措置とともに，不正取得外貨利用規制や銀行の不正融資資金対策が同時に強化されたことで市場の透明性を高めようとする方針も明確にされた。またH株については，最も上場が多いのは香港証券取引所であるが，そのほかニューヨーク証券取引所，ロンドン証券取引所およびシンガポール証券取引所にも上場している。

28) たとえばニューヨーク証券取引所では，1993年の上海石油化工株式会社（上海石油公司）の上場に始まり，2001年の時点では旧国有企業のエネルギー，石油化学，交通および通信関係の12社が米国預託証券方式（ADR）で上場しているが，いずれも中国を代表する基幹産業系の大企業であり，資金調達の多様化のみならず，中国の企業改革の旗手としても対外的に大きな役割を果たしていると言えよう。

29) 王・前掲（注25）76頁。なお，川井・前掲（注25）36頁以下参照。

30) 周剣龍「コーポレート・ガバナンスと中国会社法」西村幸次郎編著『グローバル化の中の現代中国法』（成文堂，2003年）94頁参照。

　なお以下では，著名企業を例に検討するが，2001年度報告書（トヨタ自動車株式会社のみ，2003年度有価証券報告書）によると，国有株（国家株ないし国有法人株）の比率が上場企業平均値よりも低く，むしろ株式の流通がかなり進んでいることが窺えるが，国有株を保有する筆頭株主が第2位以下の大株主に比較して圧倒的多数の株式を保有している点で，実質的には流通株の会社支配に及ぼす影響力は小さいと考えられる。なお形式的な株式所有構造だけをみると，日本の代表的民営化企業の日本電信電話株式会社（NTT）も国家株に相当するような財務大臣名義での所有形態が維持されている点で類似性を持つが，他方，トヨタ自動車株式会社のように筆頭株主の持株比率の低さが日本上場企業の特徴と言える（中国上場企業の株式所有の集中度については，川井・前掲（注25）63頁以下参照）。

　① 青島啤酒株式会社（股份有限公司）　発行株式総数10億株
　　　　非流通株　　4億5,315万株（45％）
　　　　　国家株　　3億9,982万株（40％）
　　　　流通株　　　5億4,685万株（55％）
　　　　　A株　　　2億株　　　　（20％）

                H株   3億4,685億株（35％）
        主要株主（総株主数14万2千人）
            青島市国有資産管理局   3億9,982万株（40％）
            香港中央決算有限公司（H株）3億3,545万株（34％）
            中国銀行山東省分行   2,925万株（ 3％）
    ② 四川長虹電器株式会社（股份有限公司）　発行株式総数21億6,421万株
            非流通株   12億1,280万株（56％）
             国有法人株   11億6,068万株（54％）
            流通株   9億5,140万株（44％）
             A株   9億5,140万株（44％）
        主要株主（総株主数70万7千人）
            長虹集団   11億6,068万株（54％）
    ③ 上海上菱電気株式会社（股份有限公司）　発行株式総数5億3,805万株
            非流通株   2億5,437万株（47％）
             国家株   2億5,437万株（47％）
            流通株   2億8,057万株（52％）
             A株   2億6,992万株（32％）
             B株   1億1,376万株（21％）
        主要株主（総株主数6万5千人）
            上海電気集団総公司 2億5,437万株（47％）
            海通証券   892万株（ 2％）
    ④ 重慶長安汽車株式会社（股份有限公司）　発行株式総数12億2,666万株
            非流通株   7億 867万株（58％）
             国有法人株   7億 867万株（58％）
            流通株   5億1,797万株（42％）
             A株   1億6,797万株（14％）
             B株   3億5,000万株（29％）
        主要株主（総株主数11万7千人）
            長安汽車集団有限公司（有限責任公司）　7億 867万株（58％）
            SUZUKI MOTOR CORPORATION   1億2,098万株（10％）
    （参考）
    ① 日本電信電話株式会社　発行株式総数1,611万7千株
        主要株主（総株主数184万6千人）
            財務大臣   741万4千株（46％）
    ② トヨタ自動車株式会社　発行株式総数36億999万株
                金融機関   (51.8％)
                法人企業   (17.6％)
                外国人   (15.1％)
                個人   (14.9％)
        主要株主（総株主数36万4千人）

　　　　　日本マスタートラスト信託銀行株式会社　　　2億5,847万株（7.1％）
　　　　　日本トラスティ・サービス信託銀行株式会社　1億9,746万株（5.4％）
　　　　　株式会社豊田自動織機　　　　　　　　　　　1億9,672万株（5.4％）
31) 株式保有状況を同年度の投資部門別で見ると，時価総額は369兆2,819億円（前年比56.2％増）と上昇しているが，各部門別では，①0.2％，②34.5％，③21.8％，④1.2％，⑤20.5％，⑥21.8％というように金融機関と外国人比率で持株比率よりも上昇するが，前年度からは金融機関の減少と外国人の増加が見られる。
32) 伊藤正晴「持合いの終焉と株式市場の新世紀」（㈱大和総研ホームページ（http://www.dir.co.jp），2004年6月）参照。㈱大和総研資本市場調査本部での資料分析は，分析対象企業は東京証券取引所，大阪証券取引所，名古屋証券取引所，ジャスダック，ナスダック・ジャパン（現大証ヘラクレス）への上場企業3,566社とし，有価証券報告書または東洋経済新報社の大株主情報をデータとして使用しているが，データのカバレッジ（約6割程度）を補正し，本文で挙げている市場全体に対する比率を推定値として算出している。さらに，公正取引委員会「企業集団の実態について――第7次調査報告書――」（http://www.jftc.go.jp/pressrelease/01.may/01051802.pdf）によると，2000年の六大企業集団の集団内株式所有比率の平均値は20.05％（最大は1981年25.48％）であるが，旧財閥系24.95％（1981年32.21％），銀行系15.16％（1979年19.14％）と，いずれも低下傾向にあることが見てとれる。
33) 株式保有状況を同年度の投資部門別時価総額（総額258兆6,807億ウォン）で見ると，以下のように外国人が突出し，金融機関と個人比率が減少する結果が出ている。①5.7％，②15.1％，③20.2％，④0.7％，⑤22.3％，⑥36％。
34) 李俊燮「企業支配構造における機関投資家の役割」日韓法学会第3回共同シンポジウム資料集（2002年9月）9頁以下では，韓国の上場企業における大株主の平均持分率は約23％であることから，現在の機関投資家の所有比重でも企業支配において相当の影響力を行使できると主張される。なお，楊萬植「韓国における財閥解体とコーポレート・ガバナンス」早稲田大学大学院法研論集100号（2001年）280頁では，1998年4月現在の上場企業における大株主1人の平均持分率は26.8％としている。
35) 楊・前掲（注34）276頁，293頁参照。
36) コーポレート・ガバナンスを企業の社会性ないし公的性格の視点から検討するものとして，「特集／企業の社会的責任――企業社会と市民社会の新しい関係」法律時報76巻12号4頁以下，拙稿「企業の社会貢献と社会的責任論――コーポレート・ガバナンス序論――」慶星法学（韓国）11号80頁以下，関・前掲（注6）26頁参照。
37) 東京証券取引所は会社情報等に対する信頼向上の観点から，「上場有価証券の発行者の会社情報の適時開示等に関する規則（適時開示規則）」に，上場会社が遵守すべき基本理念を定めるとともに，上場会社の代表者は東京証券取引所に適時適切な情報開示に関する宣誓書及び適時開示に係る社内体制の状況を記載した添付書類の提出，さらに有価証券報告書等の適正性に関する確認書の提出を義務づける等の規則改正を行い，2005年1月1日より施行した。
38) 金融庁は有価証券報告書虚偽記載などの企業情報開示をめぐる不祥事が続いていることを受け，①有価証券報告書等の審査体制の充実・強化，②公認会計士等に対する

監督等の充実・強化、③開示制度の整備、④市場開設者に対する要請の4項目からなる「ディスクロージャー制度の信頼性確保に向けた対応（第二弾）」を公表した。とくに開示制度改革では、証券取引法を改正して虚偽記載に対する課徴金制度を導入する方針を示しているが（朝日新聞2004年12月25日朝刊、商事法務1719号136頁参照）、このような制度改革も遅きに失した感はあるが、外部コントロールの手段として有効な手だてと言えよう。なお、関・前掲（注6）29頁参照。

39) 中国第4位の国有石油会社集団である中国航空油料集団（CAOHC）の子会社であり、シンガポール証券取引所の上場企業である中国航空油料株式会社（CAO）は、2004年11月末に石油デリバティブ取引による5億5千万ドルの損失を発表したが、10月時点で報告を受けたCAOHCは所有するCAO株（発行済株式の75%）のうち、全体の15%に当たる株式を売却し、インサイダー取引疑惑が浮上しているとの報道がなされている（朝日新聞2004年12月26日朝刊参照）。

シンガポールでは、英ベアリング社事件以来の大型金融不祥事として話題となっているが、その後も中国企業の情報開示に関わる不祥事や監督機関の役人の不正事件報道は後を絶たない。上記事件だけでも、シンガポール証券取引所の中国関連株式の時価総額が640億円以上下落している状況を見ると、国際化を進める中国企業にとってコーポレート・ガバナンス機構と情報開示の信頼性を回復することが急務の課題であろう。

第7章

韓国における企業会計法制の現状と課題
――日本法との比較検討――

はじめに

　企業会計法とは，企業会計を規制する実質的意味の商法をさすものと一般に解されている。現代企業社会における企業会計法は，企業をめぐる各種の利害調整をその目的とすべきであり，それは配当規制および開示規制という両面性を帯びている。こうした企業会計法の目的は，商法を中心に実現されるべき重要な課題であるが，その前提として，明確でかつ適正な会計処理が行われるよう，所要の計理体制が整備されていなければならない。

　今日，企業の大規模化・複雑化にともない，企業会計法の理論的研究の必要性は，日増しに強く要請されつつあるものの，それが商法学と会計学との交錯する領域にあるという学問的特殊性のゆえに，その理論的アプローチは必ずしも容易ではなく，ことに韓国の場合，かつては商法学と会計学いずれの側からも理論的研究がほとんどなされていないという状況にあった。それはもっぱら，企業会計法の中心的位置を占めるべき商法が，その時々の社会的現状や国際的変化を反映することができず，ほぼ有名無実な存在として無視されてきたところに重大な原因があると思われる。

　とはいえ，企業会計に関する法的規制が完全に放棄されてきたわけではなく，個別的な法令による部分的規制は相当，活発に行われてきた。しかし，これらの法令は，あくまでも商法の欠陥を補充するものとして，あるいは臨時方便としての意味しかもたず，それにこれらはさまざまな形で乱立していたため，実務上の不便はもとより，各法令のもつ規制上の限界からも，多くの問題点が指摘されてきた。こうした制度上の不備を改善し，その問題点を

解決する目的で,「株式会社の外部監査に関する法律」(1980年12月31日,法律第3297号,以下では外部監査法(外監法)と言う)と,これに根拠をおいた「企業会計基準」(1981年12月31日,証券管理委員会制定,財務部長官承認)を制定する一方,関連諸法令を修正するなどして,いわゆる「企業会計法制の一元化」を実現するための諸般措置がとられた。その結果,韓国における企業会計法制は,「企業会計基準」という統一した会計基準を前提に,商法,証券取引法,外部監査法,法人税法など,それぞれの法令の目的および方法に従って,各法領域に「企業会計基準」の内容を選別して受け入れるという基本体制が整うこととなった。こうした制度的整備を通じて,企業会計の現代化・国際化も急速に進みつつあり,一定規模以上の大企業に対する外部監査制度を確立・強化することによって,「企業会計基準」を中核とする企業会計法制は次第に定着しつつある側面を見せている。

しかし,「企業会計基準」自体は法令ではないので,その適用範囲,法的性格および法的地位などと関連して様々な問題を抱えている。また,1984年の商法改正に当たっては,「企業会計に対する商法の規制は最小限にとどめるべし」という命題のもとで,商業帳簿の作成に関する包括規定を新設して(商29条2項),商法の規制を「企業会計基準」に全面的に一任しようとする意図が明らかにされた。このような立法政策の妥当性如何はさておいても,果たしてここで言う最小限の商法の規制とは,いかなる意味であり,どのようなものととらえるべきであろうか,また,こうした法制のもとで企業会計法の目的は十分に達成しうるであろうかなどの問題の解明は,韓国企業会計法が抱えている根本的な課題であると言わざるを得ない。

この章では,まず,近時韓国において行われた,企業会計法制の一元化の過程を概観してから,外部監査法と「企業会計基準」との関係,および商法と「企業会計基準」との関係をどのように把握すべきかを重要課題として,日本法制との比較の上で,韓国における企業会計法制の問題点を摘示するとともに,今後推進されるべき方向性を明らかにしたい。

第1節　韓国における企業会計法制の一元化への試み

　ここで，紙面の制約上，韓国における企業会計法制の変遷過程やその背景を詳論する余裕はないが，企業会計法制の一元化がなされた前後の事情について若干の考察をしておきたい。
　1981年に「企業会計基準」が制定される前には，日本法制の強い影響の下でほぼ同様な体制がとられてきた。これらを列挙してみると次の通りである。
　(1)　商法（1962年1月20日制定，法律1000号）上の計算規定
　(2)　商法附則5条の委任により制定された「株式会社の計算書類等に関する規程」[1]（1970年6月23日，大統領令5122号）
　(3)　証券取引法（1976年12月22日，法律2920号）195条の委任により制定された「上場法人等の会計処理に関する規程」（1980年11月11日，大統領令10061号）
　(4)　証券取引法（同上）第196条の委任により制定された「上場法人等の財務諸表に関する規則」（1981年4月30日，財務部令1479号）
　(5)　上場法人以外の一般企業に適用される「企業会計原則」[2]（1981年1月24日，財務部傘下の会計制度諮問委員会の報告形式）
　(6)　(5)と同様に一般企業に適用される「財務諸表規則」[3]（1981年6月30日，財務部告示891号）

　そのほか，税法上の会計処理に関する規定，証券取引法192条の委任により制定された「上場法人の財務管理規程」（1977年7月30日，証券管理委員会制定），韓国公認会計士会が作成する各種の意見書などがあった。
　以上のように，従来の企業会計法制は，その中心的な位置にあるべき商法上の計算規定が，ほとんど死文化されているような状況下で，商法および証券取引法それぞれの根拠規定に基づいて作成された各種の会計基準が適用されるという，いわば二元的体制がとられていた。
　こうした制度上の問題点などが議論されている一方で，現実的な問題とし

て，外部監査制度を確立・強化すべき必要性が提起され，その目的で外部監査法が制定された。この外部監査法は，株式会社から独立した外部監査人による外部監査を一定規模以上の株式会社に強制して，これらの会社の会計処理の適正化をはかり，利害関係人の保護および企業の健全な発展に寄与することを目的とする（外監法1条）。これは，従来の証券取引法上の外部監査制度とは別個の特別法上の会計監査制度として，証券取引法上の上場要件に比べ実質的にその適用範囲を拡大する一方，外部監査人の監査報告書を監理する目的で監理委員会を設置するなど（同法15条），強力な制度的措置を含むものであった。そして，同法第13条では，同法の適用対象会社に適用される会計処理基準は，「他の法令の規定にもかかわらず，大統領令をもって別に定めるべき」とのことが定められ，しかも同法第18条では，証券取引法上の会計監査においても新しく制定される会計処理基準に従うべきことが定められ，同会計基準の優越性が確認された。その直後，同法22条の委任により，同法施行令（1981年9月3日，大統領令10453号）が制定されたが，その6条1項では，同法13条の規定による会社の会計処理基準は，証券管理委員会が財務部長官の承認を得て定める旨の規定が設けられた。この規定の委任命令を受けて定められた会計処理基準が，まさに「企業会計基準」である。

ところで，同「基準」133条では，外部監査対象会社以外のすべての企業にもこの「企業会計基準」が適用されるとの方針が明らかにされ，当初，外部監査法およびその施行令の規定により委任された適用範囲を遥かに超えて適用することを定める一方，一定の規模以下の小企業に対する若干の免除規定をおいた。このようにして，従来より施行上の多くの問題点が指摘されてきた諸会計基準を「企業会計基準」に統合・吸収することによって，名実ともに企業会計法制の一元化をはかろうとする意図が表面化され，それを裏付ける関係法令の整備および改正作業が着々と進められた。

最初に，証券取引法の改正（1982年3月29日，法律3541号）がなされたが，ここでは上記の(3)および(4)の根拠規定であった同法195条および196条が削除され，(3)および(4)が廃止された。また従来，証券取引法によって外部監査が強制された上場法人なども，外部監査法に従い外部監査を受ける

べきこととなって（同法182条），両監査制度の一元化も同時に実現された。

　1982年12月21日には，法人税法が改正され（法律3577号），同法の目的においても「企業会計基準」を準用して貸借対照表および損益計算書を作成すべき旨の規定[4]が設けられた（同法26条2項1号）。

　1984年4月10日には，実に21年ぶりの商法大改正が行われ（法律3724号），商業帳簿および計算規定にも大幅な改革が加えられた。その改正における基本方針は，商法には最小限の重要な事項のみを定め，その他の関連事項は，会計慣行に委ねるべきとの立場より，商法上の計算規定を可及的に「企業会計基準」に接近せしめようとするものであった。その一環として，上記の(2)の委任規定であった商法附則5条を削除して，(2)を廃止するとともに，商法29条2項に，「商法帳簿の作成に関しては，本法に別段の定めある場合を除いては，一般的に公正・妥当な会計慣行による」という包括規定を新設して，「一般的に公正・妥当な会計慣行」に商法的意味ないし法源性を与えることを明らかにした。その他にも，従来の財産法計理体系から損益法計理体系への転換を前提に，商業帳簿，資産評価，株式会社の計算規定にも部分的な改正がなされた。日本商法と対比してみると，次のような相違点をあげることができよう。すなわち，従来の「計算書類」という用語を「財務諸表」に改称し，その範囲を貸借対照表，損益計算書，利益剰余金処分計算書または欠損金処理計算書に限定するとともに，これらの附属明細書を作成すべきことを義務付けている（同法447条）。また，営業報告書を財務諸表の体系から外し，定時総会での報告書類として位置づけている（同法447条の2，449条2項）。利益準備金の積立基準を資本の2分の1に達するまで毎決算期の金銭による利益配当額の10分の1に調整する一方，資本準備金の項目に「その他資本取引より発生した剰余金」を追加して，「企業会計基準」における資本剰余金と商法上の資本準備金の概念を一致させている（同法458条，459条）点などである。

　しかしながら，実務上多くの問題点を抱えている継続性の原則，繰延資産，負債性引当金，利益配当限度額の算定基準などについては何らの手当も加えられなかった。しかも，上記の各種の会計処理基準とともに，従来名目だけとはいえ存在していた「株式会社の計算書類などに関する規程」や「財

務諸表規則」が廃止されたので，今後，これらの会計処理に関する諸問題はもちろんのこと，財務諸表の作成方法および表示などに関する諸問題も，商法上の包括規定とともに「企業会計基準」そのものの問題として扱うべきこととなった。

　以上のような一連の措置を通じて，すべての企業に適用される会計基準として，「企業会計基準」の位置は確固たるものとなり，一応，企業会計法制の一元化は実現されたものと言えよう。その反面，従来より多くの影響を受けてきた日本の会計法制とは，全然異なる道を歩み始めることになり，それだけに種々の新たな問題を抱えることにもなった。

第2節　韓国における外部監査法と「企業会計基準」との関係
――「企業会計基準」の法制化の進展とそれに伴う問題点――

1．外部監査法の改正と会計基準制定主体の民間化

　前述したように，外部監査制度を確立・強化する目的で特別法である外部監査法を制定するとともに，この制度の円滑な施行のために統一した会計処理基準を制定する目的で，同法13条においてその制定権を大統領令に委任した経緯がある。しかし，大統領令である同法施行令6条1項では，その制定権を証券管理委員会に再委任する一方，同施行令同条2項では，「企業会計基準」の制定原則について，「第1項の会計処理基準は，会計慣習の中で一般に公正・妥当と認められるところによるべきであるが，企業会計と会計監査人の監査に統一性と客観性が確保されるようにしなければならない」と定めていた。ところが，1989年の外部監査法改正では，既存の同法13条の規定を削除するとともに，同法施行令6条1項をそのまま同法第13条1項に移しながら，同法施行令6条2項で定めていた制定原則の後段部分，すなわち，「企業会計と会計監査人の監査に統一性と客観性が確保されるようにしなければならない」との文言のみを同法13条2項に移した。

　1997年に入ってから韓国の経済は，国家不渡りとも言われる危機状況に陥って，とうとうIMFによる救済金融を受けることになり，IMFの管理体

制下でいわゆるコーポレート・ガバナンスの全面改革が行われた。その一環として，企業経営の透明性を高めるという目的で，会計基準の国際化をはかるべきこともあげられた[5]。そして間もなく，1998年12月12日に「企業会計基準」の改正が行われたが，同改正では，既存の繰延資産概念を全面廃止しながら，将来企業に対して経済的便益をもたらすと期待できるもの，例えば，創業費，ソフトウェア等の開発費のみを無形資産として認めた（同基準22条）。さらに有価証券はいわゆる公正価値によって評価されるべきことを原則としながら，関係会社の株式については持分法の適用が強制されるなど，現在の国際会計基準（IAS）ないしアメリカ財務会計基準審議会（FASB）基準に倣って大幅な修正が行われた。

　こうした状況下で，外部監査法の改正も行われ，1998年1月8日改正では政府組織の改編[6]に伴い，その13条1項の規定は，「会社の会計処理基準は，金融監督委員会が証券先物取引委員会の審議を経て定める」と変わった。引き続いて2000年1月12日の改正では，同法13条4項に「金融監督委員会は，大統領令の定めるところに従って，専門性を備えている民間法人または団体に1項の規定による業務を委託することができる」という規定を追加し，会計処理基準の制定権を民間法人等に委託しうる根拠規定を設けた。これを受けて，大統領令である同法施行令7条の2第1項では，「金融監督委員会は，外部監査法13条1項の規定による業務を，民法の規定に基づき金融監督委員会の許可を得て設立された社団法人韓国会計研究院に委託する」と定めるとともに，同施行令同条2項では，「会計処理基準に関する事項を審議・議決するために，韓国会計研究院に関係専門家により構成される委員会を設置する」との規定が設けられた。これらの規定を根拠に「会計基準委員会」（Korea Accounting Standards Board：KASB）が設置され，アメリカにおける連邦取引委員会（SEC）とFASBとの関係と類似した体制作りができあがった。しかも，韓国会計研究院の運営資金については，証券取引法206条の8に基づいて証券監督院が証券会社，上場会社などから徴収した分担金の一部が充てられることになった（外監法13条6項，同法施行令7条の2第3項）。

　そして，会計基準委員会は，国際会計基準ないしアメリカのFASB基準

に倣って，2000年8月25日に「企業会計基準」の全面改正を断行しこれを公表して以来，各種の業種別準則[7]，企業会計基準書[8]，解釈書，基準適用に関する意見書，非営利組織の財務諸表作成および表示に関する指針書，財務会計概念体系を相次いで作成・公表するなど，活発な活動を展開している。

以上の一連の措置を通じて，いわゆる会計基準設定主体の民間機構化が実現され，会計処理基準の国際化は急速に進展する一方，商法上の計算規定の死文化は一層深化される状況に陥った。それに，「企業会計基準」の法的地位について商法学者の通説[9]は，これを，外部監査法の一部と把握し，商法の特別法に当たるとの立場をとることになり，同「基準」の法制化もさらに進められるようになった。

2．「企業会計基準」の法制化に伴う問題点

(1)「企業会計基準」の規制領域に関する問題点

外部監査法13条1項では，「会社の会計処理基準は，金融監督委員会が証券先物取引委員会の審議を経て定める」として，「会社の会計処理基準」に関する制定権を金融監督委員会に委任しているにすぎない。ところで，この規定に基づいて制定された「企業会計基準」の1条では，「この基準は，外部監査法13条の規定によって，……会計処理および報告に関する基準を定めることを目的とする」として，「企業会計基準」自体の規定をもって規制領域を報告に関する基準にまで拡大している。その趣旨は定かではないが，規制領域をより拡大するための措置であったことは間違いない。実際に，現行「企業会計基準」では，会計処理の基準の他に，財務に関する書類の範囲，用語，標準様式，作成方法，各種の註釈および附属明細書の作成方法などについてまで詳細な規定を設けている。しかも，「企業会計基準」は，それ自体の規定をもって，連結財務諸表準則，企業集団結合財務諸表準則および業種別会計処理準則の制定権を再び証券先物委員会に再委任するとともに（同基準6条3項，90条），外部監査法の適用対象ではない「中小企業の会計処理特例」と「外部監査対象会社以外の企業の会計処理」についても定めている（同基準89条，91条）。また，韓国会計研究院は，「企業会計基準書」および「企業会計基準解釈書」の制定権限をその下部機関である「会計基準委

員会」に再委任している（同基準92条3項，4項）。これに止まらず，「企業会計基準」1条の2では，「外部監査法13条1項の規定による会計処理基準は，この基準，6条1項の連結財務諸表準則，6条2項の企業集団結合財務諸表準則，90条の業種別会計処理準則等と，同条の規定による企業会計基準等に関する解釈，92条の企業会計基準書および企業会計基準解釈書によって構成される」と定め，「企業会計基準」自体の規定をもって「企業会計基準」の範囲を大幅に拡大している。

しかし，外部監査法が制定される前の旧法体制下では，当該年度の利益算定に直接影響を及ぼす実質的な会計処理基準と，報告に関する財務諸表の作成・表示方法および様式とは，その適用上の重要性において，また，その違反に対する法律効果においても，相違点があるとのことを認識して，これらを分離して定めていたことを想起する必要がある。換言すると，前者は，商法上の配当規制に直接関わる問題であり，後者は，商法および証券取引法上の開示規制に関わる問題である。こうした立場より，1982年の証券取引法改正で削除された同法195条1項では，「上場法人等この法の適用を受ける法人の会計と公認会計士の監査に統一性および客観性を与えるために，一般に公正・妥当と認められる会計処理原則を証券管理委員会の審議を経て大統領令をもって定めることができる」と定めており，これを根拠に制定された「上場法人等の会計処理に関する規程」では，実質的な会計処理基準のみを定めていた。その他の報告基準については，同法196条1項で，「この法により提出すべき財務に関する書類は，証券管理委員会の審議を経て財務部令をもって定める用語・標準様式および作成方法に従い作成されなければならない」とし，上記の規定とは別途に委任されており，これを根拠にして制定されたのが，「上場法人等の財務諸表に関する規則」である。しかも，旧商法においても，同様な体制[10]がとられており，現在の日本法制も基本的にはこうした体制が堅持されている。

そうすると，本来，外部監査法が金融監督委員会に委任したのは，会計処理の基準に限られるものではないかという疑問が生ずる。こうした論理を貫徹するならば，「企業会計基準」の具体的内容の中で，実質的な会計処理基準と関係のないものは，その委任命令の範囲を逸脱したとして，無効と見る

べきかもしれない。この問題は，後述する「企業会計基準」の法的地位，また同「基準」を違反した場合の民・刑事上の法律効果を究明する際に，重要な根拠を提供するものである。

(2) 外部監査法 13 条 1 項の委任立法の形式上の問題点

外部監査法 13 条 1 項の委任規定には，これに基づいて制定される「会計処理基準」の法令形式について，何ら言及もなされていない。これは，委任立法について定めている韓国憲法 75 条および 95 条の基本精神に反するものではないかという問題を提起する。

前述したように，旧商法および旧証券取引法上の委任規定には，これらに基づいて制定される規程および規則の法令形式がそれぞれ具体的に明示されていた。すなわち，「株式会社の計算書類等に関する規程」と「上場法人等の会計処理に関する規程」は大統領令で，「上場法人等の財務諸表に関する規則」は財務部令で制定されていた。しかしこれらを実際に統合・吸収した「企業会計基準」は，いかなる法令形式もとっていない。韓国憲法 75 条には，「大統領は，法律により具体的な範囲を決めて委任された事項について……大統領令を発することができる」と定められている。この規定による授権の限界については，委任命令は必ず法律上「…は，大統領令をもって定める」というような形式で，受任機関と法令形式を特定すべきであると解されており，また法律が補完的事項を主務部長官に委任する場合にも，「…は，主務部令をもって定める」などとして，法規命令形式を指定すべきであり，例えば「主務部長官が定める」という形式で表示されてはならないと解されている[11]。韓国の大法院もこうした立場を堅持している（大法院 1969 年 2 月 25 日判決，1968 다 2196）。

前述したように，当初，旧外部監査法 13 条は，「会社の会計処理基準とその制定については，……別に大統領令をもって定める」として，新しく制定される会計処理基準の法令形式とその受任機関を明示していた。しかし，大統領令である同法施行令 6 条では，「法 13 条の規定による会社の会計処理基準は，証券管理委員会が財務部長官の承認を得て制定する」とし，会計処理基準を大統領令として制定せずに，その受任機関を財務部の傘下にある証券

第7章　韓国における企業会計法制の現状と課題　215

管理委員会に再委任したという経緯がある。こうした体制の下では，法律によって委任された事項を下部機関に再委任することが，憲法上，当然に認められるかという問題があった。こうした問題点を意識していたかどうかは明らかではないが，1989年の外部監査法改正では，上記の外部監査法13条を削除するとともに，同法施行令6条1項をそのまま同法13条1項に移し，「会社の会計処理基準は，証券管理委員会が財務部長官の承認を得て制定する」と定めた。その後，1998年1月8日の外部監査法改正で，現行の「会社の会計処理基準は，金融監督委員会が証券先物取引委員会の審議を経て制定する」という規定に変わったわけである。

　ともかく，外部監査法13条1項においては，「…は，大統領令をもって定める」というような一般的な委任立法の形式をとらず，金融監督委員会に法令形式の決定権までも包括的に一任したという点で，その違憲性如何が疑問視されている。この問題は，後述の「企業会計基準」それ自体の法的地位を究明する際に，重要な手掛かりを提供するものである。

(3)　「会計処理基準」の制定原則

　外部監査法13条2項では，「会計処理基準」の制定原則について，「企業会計と会計監査人の監査に統一性と客観性が確保されるようにしなければならない」と定めているだけである。憲法75条によれば，「大統領は，法律により具体的な範囲を定めて委任された事項について……大統領令を発することができる」とされている。ここでは，上記の制定原則が「具体的な範囲を定めて委任された事項」に該当するかどうかということが問題となる。

　この点については，憲法75条の規定のみならず，法治主義の原則，議会民主主義の原則および権力分立の原則に鑑みても，立法権の全面的委任，または一部の包括的な委任は，立法権の放棄を意味するもので許されるべきでなく，立法権の委任は，個別的・具体的委任のみが許されるべきであると解されている[12]。しかし，実際に包括的委任であるかどうか，個別的・具体的委任であるかどうかを判断することは容易ではなく，この判断基準についてはいくつかの見解[13]が示されているが，韓国の憲法裁判所の判断によれば，憲法75条の「具体的範囲」とは，法律上その内容および範囲ができるだけ

具体的でかつ明確に示されていて，何人も当該法律それ自体より，大統領令などをもって定められる規定の内容の大綱を予測できることを言うと解されている[14]。

　そうすると果たして，上記の「企業会計と会計監査人の監査に統一性と客観性が確保されるようにしなければならない」という文言のみで，金融監督委員会によって制定される会計処理基準の具体的内容を予測することができるだろうか。「統一性」とか「客観性」という用語自体，法理論上非常に抽象的な意味をもつものであり，厳密には，両立し得ない性質のものと思われる。この文言は，一般的または包括的な立法事項を委任した，いわば骨格立法と言わざるを得ない。

　この文言は，旧外部監査法施行令第6条2項で定められていた，会計処理基準の制定原則と比較してみても，その具体性が欠如していることは明白である。前述したように，同号では，「1項の会計処理基準は，会計慣習の中で一般に公正・妥当と認められるところによるべきであるが，企業会計と会計監査人の監査に統一性と客観性が確保されるものでなければならない」とされていた。この文言を前提にした場合，金融監督委員会が制定する会計処理基準の性格および内容の大綱を多少なりとも予測することができた。すなわち，制定される会計処理基準は，現在，会計実務に適用されている会計慣習の中で一般に公正性および妥当性が認められるところを帰納的に集約した実行可能性を持つものでなければならず，同時に韓国において企業会計制度が指向すべき目標，つまり企業会計および監査に統一性と客観性を与えるべきとの理想的目標を設定し，そこから演繹的に導かれる理論的体系をそなえた規範的性格を有するものでなければならない[15]という解釈が可能であった。この制定原則によれば，実行可能性と理想的目標という両要件を同時に満たすことが予定されており，そのいずれか一方を欠いた会計基準は，「企業会計基準」に採用されることができず，たとえ採用されたとしても法的には無効になる。さらに，こうした基準をむやみに採用した金融監督委員会（当時は，証券管理委員会）は，外部監査法の委任命令に違反したことで，重大な責任を負わなければならないと解釈することもできたわけである。

　ところが，1989年の外部監査法改正では，上記の施行令6条を削除する

一方，6条2項で定めていた制定原則の後段部分，すなわち，「企業会計と会計監査人の監査に統一性と客観性が確保されるものでなければならない」との文言のみを同法13条2項に移し，前段部分を削除したのである。その趣旨については，明らかにされていないが，上記の前段部分が，実行可能性を前提に「企業会計基準」に採用される具体的会計基準が会計慣習として存在していることと，また一般に公正・妥当性が認められるべきことを明示していたので，その意図は結局，その後段部分のみをその制定原則として採択したものと解せざるを得ない。

そうすると，現行外部監査法が明示している制定原則は，旧外部監査法施行令と比較して見ても相対的にその具体性が欠如していることは明らかであり，今後この点に関する違憲性如何が慎重に論議されるべきであろう。この問題は，商法29条2項に定められている「一般的に公正・妥当な会計慣行」と「企業会計基準」との関係を糾明する際に，決定的な根拠を提供している。

(4) 「企業会計基準」の制・改正主体の法的性格

前述したように，外部監査法13条4項および同法施行令7条の2第1項を根拠に，「企業会計基準」の制・改正権が，金融監督委員会より民間団体である「韓国会計研究院」およびその傘下にある「会計基準委員会」に委託された経緯がある。ここでは，現行憲法体制下で，金融監督委員会による民間団体への再委任が当然に認められるかという問題を検討してみる。この点は結局，会計処理基準の制定・改正およびこの基準に関する解釈，質疑回申など，すべての関連業務を民間団体に白紙委任することが認められるかという問題である。これこそ憲法によって保障されている国会の立法権を放棄する行為であり，法治主義を破壊する行為と言わざるを得ない。前述したように，「企業会計基準」の法的地位につき通説は，これを外部監査法の一部と把握すべきであるとか，同「基準」は，商法の特別法に当たるとの立場をとっているが，これに従う限り，「会計基準委員会」によって「企業会計基準」が改正されるたびごとに，外部監査法の改正が行われたことと同様の結果を認めることであり，また各種の会計基準書および解釈書が新たに作成・

公表されるたびごとに，既存の学説や判例は無意味になることを認めることにもなる。

　たとえこうしたことが，高度の政策的理由により許されざるを得ないということを認めるとしても，委任，再委任の段階を経ながら，その委任領域の範囲が段々拡大していく現象をいかに受け止めるべきかという問題もある。前にも指摘したように，外部監査法13条1項では，金融監督委員会に対して「会社の会計処理基準」の制定権のみを委任しており，同条3項では，金融監督委員会は「1項の規定による業務」を民間法人等に委託することができると定めているに過ぎない。にもかかわらず，改正「企業会計基準」1条の2では，それ自体の規定をもって，この「企業会計基準」の他に，各種の準則を含めて，「企業会計基準」に関する基準書および解釈書まで，「企業会計基準」の領域に入れている。したがって，「企業会計基準」の特別法的地位を認める通説の立場からすれば，これらに違反した場合にも，後述の外部監査法13条3項および20条1項8号による民・刑事上の法律効果が発生すると認めざるを得ないであろう。これは，現行憲法体制下で認められる委任立法の限界を遥かに超えているものではないだろうか。

(5) 「企業会計基準」の適用範囲（適用対象企業の範囲）

　外部監査法1条では，「この法は，株式会社より独立した外部の監査人がその株式会社に対する会計監査を実施し，会計処理の適正性を図らせることによって，利害関係人の保護と企業の健全な発展に寄与することを目的とする」と定めている。この規定上の「その株式会社」の範囲については，同法2条で，「直前の事業年度末の資産総額が大統領令で定める基準額以上である株式会社（以下，これを会社と言う）は，財務諸表を作成して監査人による会計監査を受けなければならない」と定めており，これを受けて同法施行令2条1項では，その基準額について，「資産総額が70億ウォン以上である株式会社」と定めている。そして，同法13条3項では，同条1項により制定された会計処理基準に従って財務諸表等を作成すべき対象会社については，「会社」と示しているに過ぎない。そうすると，外部監査法では本来，この法に基づいて制定される会計処理基準が適用される会社の範囲について，外

部監査の適用対象会社を想定していたものと理解することができよう。

しかしながら，現行の「企業会計基準」91条では，「この基準は，外部監査法による外部監査対象以外の企業の会計処理にも，これを準用することができる」と定めている。果たして「企業会計基準」自体にこうした性格の規定をおくことが許されるかどうか疑問である。旧「企業会計基準」133条では，「この基準は，外部監査対象以外の企業の会計処理につき，これを適用する」とされていたが，多くの商法学者の非難を受けたこともある[16]。この点は，基本的に「企業会計基準」自体の法的地位をいかに評価すべきかということに係わる問題である。ただ，「企業会計基準」自体の法的地位について，これを外部監査法の一部と把握する通説の立場からしても，「準用することができる」ということは，「会計基準委員会」が準用することを定めうるということなのか，あるいは企業側が準用して適用しうるということなのか，明らかではない。本来準用することを認めるかどうかは，準用することを定める権限のある者が決める問題であるので，論理的にも理屈に合わない規定である[17]。ともかく，その文脈上強制的適用を意味するものではないので，結局，外部監査対象以外の企業といえども，「企業会計基準」を遵守することが望ましいというほどの訓示的規定ととらえるしかないであろう。もっとも，「企業会計基準」を遵守した結果，これと相異なる商法上の強行規定を違反した場合には，商法違反に伴う法律効果が生ずると見るべきであるので，訓示的規定としての意味は，商法上の強行規定が存在しない場合に限られると見るべきであろう。

次に，外部監査法上の資産総額70億ウォン（約7億円）という金額の妥当性如何とともに，果たして資産総額が「企業会計基準」の適用如何を決定する基準として，適切なものかどうかも，再検討されなければならない[18]。本来，資産総額とは，極めて可変的なものであり，この基準だけでは，企業の規模や公開性如何を決め付けることはできない。日本の場合，上場如何によって，会計処理基準の適用を異にするという二元的体制がとられており，外部監査対象範囲については，「株式会社の監査等に関する商法の特例に関する法律」(1974年4月2日，法律22号，以下監査特例法と言う) 1条 (日本会社法2条6号，328条) において，資本金5億円または負債総額200億円以上

の株式会社となっている。韓国の法制下では，前年度の資産総額が確定される前までは，外部監査の対象になるや否やは言うまでもなく，「企業会計基準」の適用如何も決まらず，資産総額の変化に連動して，その会社に適用されるべき会計処理基準が変わるという矛盾を抱えている。こうした問題は，商法上の会計処理基準と「企業会計基準」上の会計処理基準が相異なる場合，困難な問題が発生することもある。

(6) 「企業会計基準」に違反した場合の法律効果

外部監査法では，外部監査対象企業が「企業会計基準」に違反した場合の法律効果について，次のような規定をおいている。

① 同法13条3項では，「会社は，1項の規定による会計処理基準に従って財務諸表・連結財務諸表または結合財務諸表を作成しなければならない」と定めている。

② 同法16条2項では，「証券先物委員会は，会社が次の各号の1に該当する行為をした場合には，当該会社の株主総会に対して役員の解任勧告，一定期間の有価証券の発行制限，その他必要な措置をとることができる」とされており，同項3号は，「13条の規定による会計処理基準に違反して財務諸表・連結財務諸表または結合財務諸表を作成・公示した場合」を挙げている。

③ 同法16条の2では，「証券先物委員会は，会社または監査人が次の各号の1に該当する行為をした場合には，金融監督委員会の定めるところによって，その違反事実が確定した日より3年以内の期間の間，当該違反事実を公示することができる」とされており，同項1号は，「13条の規定による会計処理基準に違反して財務諸表・連結財務諸表または結合財務諸表を作成・公示した場合」を挙げている。

④ 同法20条1項では，「商法635条第1項に定められている者，その他会社の会計業務を担当する者，監査人または監査業務に関わっている者が，次の各号の1に該当する行為をした時には，3年以下の懲役または3千万ウォン以下の罰金に処する」とされており，その8号は，「13条の規定による会計処理基準に違反して虚偽の財務諸表・連結財務諸表ま

たは結合財務諸表を作成・公示した場合」を挙げている。

上記の各規定は，制定当時の外部監査法にはなかったものであるが，①，②，④の規定は，1993年12月の改正で，③の規定は，2001年3月の改正でそれぞれ新設されたものである。その立法趣旨について見ると，④については，「…会計粉飾を根絶させる目的で…，今後，会社の役職員が虚偽の財務諸表を作成し会計粉飾等を行う場合に処罰するためであり」，③については，「…会計情報の信頼性を高めるために会社が会計処理基準に違反して財務諸表を作成した場合には，証券先物委員会をしてその違反事実を公示しうるようにするためである」ことを明らかにしている。すなわち，上記の各規定は，会計処理および報告に関する法的規制を強化するという趣旨で新設されたことは間違いない。

以下では，これらの規定をおいた場合に発生しうる各種の問題点について，検討してみる。

まず，上記の①について見ると，この規定は法文上強行規定の形式をとっているが，これを強行規定と把握した場合，「13条の規定による会計処理基準」に違反すると，これは違法行為に当たり，原則的にはその財務諸表等は無効となり，これを承認した株主総会も無効になる場合が生じよう（商380条）。場合によっては，違法配当または取締役や監査役の責任問題などの法律効果が生ずることもあろう[19]。しかし，こうした法律効果の発生を認めるためには，その前提条件として，前にも指摘した外部監査法および「企業会計基準」の違憲性如何は言うまでもなく，「13条の規定による会計処理基準」の意味が明確にされなければならない。すなわち，この文言の意味が，最も厳格な捉え方として「企業会計基準」の個別規定の中で会計処理に関するものに限られるのか，あるいは「企業会計基準」それ自体をさすのか，それとも，「企業会計基準」1条の2で示しているように，「企業会計基準」以外の各種の準則，企業会計基準書および企業会計基準解釈書までも含むものなのかという問題である。この文言の意味を拡大解釈すればするほど，違法行為となる範囲も拡大されることになり，各種の基準書ないし解釈書に違反した場合，または単純な註釈などの表示方法に違反した場合にも，すべて違法行為となり，上記の各規定に基づくそれぞれの法律効果が生ずるであろ

う。こうした解釈が企業決算の安定性という面からして，不合理であることは言うまでもない。こうした問題は，特に上記の④の刑罰規定との関係において，その違憲性如何が慎重に論議されなければなるまい。民間団体である会計基準委員会が新たな基準書や解釈書などを制・改正するたびごとに，会計処理および表示方法の違法性如何が問題となり，それに伴う刑罰的制裁が加えられるならば，これは明らかに罪刑法定主義の原則に反するものと言わなければならない。それに，上記④の規定は，不実記載または虚偽記載について定めている商法および証券取引法上の刑罰規定との整合性[20]という面においても重大な問題になろう。

こうした状況を考慮に入れてみると，「13条の規定による会計処理基準」の意味をなるべく狭く解する必要があり，「企業会計基準」の形式的違反だけですぐ無効という極端な判断をすることのないように，「企業会計基準」自体の法的地位について改めて検討してみる必要があろう。そして，上記の①の規定は，決して効力規定ではなく，「13条の規定による会計処理基準」を遵守すべきであるという法意を明かしたものであり，いわば取締規定に止まると解するべきかもしれない。そうしないと，上記の②と③の規定は実質的な意味を持たないのではなかろうか。ひいては，上記④の規定との関係においては，証券取引法207条の3第2号にも定められているように，重要な事項について，また故意に虚偽記載をした場合に限って，上記のような刑罰規定が適用されると解する必要があろう。

3．「企業会計基準」の法的地位

以上のような「企業会計基準」が抱えている各種の問題点を前提にして，「企業会計基準」自体の法的地位について検討してみよう。この点について，前述した通説は，「企業会計基準」を外部監査法の一部ととらえ外部監査法と同様な法的地位をあたえるべきであるとの立場をとっている。その根拠については，「企業会計基準」は，外部監査法の授権に基づいて制定された法規範として，内部的には外部監査法の下位規範であり外部的には外部監査法の一部として他の法律と区別される。「企業会計基準」のみでなく，「企業会計基準」90条に基づいて証券先物委員会が定める業種別会計処理準則また

は細部事項も，外部監査法体系の一部をなす」[21]と述べている。すなわち，「企業会計基準」を含めて証券先物委員会が定める各種の準則等も，外部監査法の一部として，商法の特別法に当たるとのことである。さらに，同「基準」に違反した場合の法律効果については，"「企業会計基準」が法であるということは，同「基準」が金融監督委員会の勧告的意見ではなく，これに違反すれば法令違反になるとのことを意味する"[22]として，その立場を明らかにしている。

しかし，こうした通説の立場については，次のような疑問を提起せざるを得ない。すなわち，「企業会計基準」が商法の特別法である外部監査法の一部と把握する重要な根拠として，外部監査法の授権に基づいて制定されたことを挙げて上記のような論理を貫こうとするならば，以上で指摘した，外部監査法と企業会計基準との関係に関する諸般問題点に関する立場を明らかにしなければならない。これらを要約すれば次の通りである。

第1に，外部監査法13条1項では，金融監督委員会に対して「会計処理基準」に関する制定権限のみを委任しているだけである。しかし，これに基づいて制定された「企業会計基準」1条では，会計処理基準の他に報告の基準も定めるとしており，実際に財務諸表の表示方法，標準様式，各種の註釈，基準書，および解説書等について詳細な規定をおいている。これは，外部監査法13条1項の委任命令を違反したものではないか。

第2に，外部監査法13条1項の委任規定には，これに基づいて制定される「会計処理基準」の法令形式について，何ら言及もなされていない。これは，委任立法について定めている憲法第75条および95条の基本精神に反するものではないか。

第3に，外部監査法13条2項では「会計処理基準」の制定原則について，「企業会計と監査人の監査に統一性と客観性が確保できるようにしなければならない」と定めているだけであるが，この文言だけでは，憲法75条で定めている，いわゆる具体性・明確性の基準に違背するものではないか。

第4に，外部監査法13条4項では，金融監督委員会が「会計処理基準」などに関する包括的な制定権を民間団体である韓国会計研究院に再委任することができると定めているが，現行の憲法体制下で，こうした再委任が当然

に許されるのか。また，法治主義を標榜している国家において，民間団体が法律を作るという状況をいかに説明できるか。

　第5に，外部監査法13条3項においては，同条1項の規定による「会計処理基準」により財務諸表・連結財務諸表または結合財務諸表を作成しなければならないと定めており，16条2項，16条の2および20条1項では，同「会計処理基準」に違反した場合，厳格な行政的な制裁または刑罰を科している。通説の立場によると，「企業会計基準」のみでなく，各種準則，解釈書および基準書に対する形式的な違反だけでも，上記のような法律効果が生ずるとみるしかないが，このような解釈が妥当なのかどうか。特に，民間団体によって随時，制・改正される，「企業会計基準」などの形式的な違反を理由に刑罰を科することは，罪刑法定主義の原則に反するものではないか。

　以上のような問題点の深刻性を考慮に入れてみると，結局，「企業会計基準」などは決して法ではなく，その文字どおりに，特定の行政委員会が外部監査法の委任命令に基づいて作成した一つの理想的な「基準」ないし「指針」にすぎないと見るべきではなかろうか。「企業会計基準」の形式的な違反を違法行為と断定し，直ちに財務諸表を無効としたり，役員に責任を負わせたり刑罰を科するということは，企業の決算政策ないし財政政策を硬直化させ，会計処理基準の弾力的な適用を排除することになるので，決して望ましいことではない。逆に，こうした私見を認めることによって初めて，金融監督委員会または韓国会計研究院は，上位の法令に拘泥されずに，会計制度の国際化に向けて弾力的な対応ができるようになり，先進諸国の会計制度を迅速に受け入れる道も開かれるであろう。

　この立場からすると，外部監査法13条1項の趣旨は，金融監督委員会に対して，同法同条2項の制定原則に従い「会計処理基準」を作成すべきことを命令し，これに従わなかった場合，それに相応する責任を負わせようとするところにあると思われる。

　前述した外部監査法の制定趣旨からも確認できるように，そこには，「企業会計基準」を中核において企業会計法制の一元化を実現しようとする強力な意志が現れており，その制定後間もなく，各法令の整備が相次いで断行されたことなどを考慮に入れてみると，特別法に根拠を置いた一貫性のある統

一した会計処理基準を設置しながらも，その法令化を極力排除することでそれ自体に法的拘束力を与えず，他方，商法29条2項，証券取引法194条の3，外部監査法13条3項および18条，法人税法（2001年12月31日，法律6558号）43条および60条2項1号および国税基本法（2000年12月29日，法律6303号）20条にそれぞれ明示されているように，各法律の持つ固有の目的に基づく別個の規定を設けることによって，これらの規定を根拠にしてはじめて，「企業会計基準」に法的意味ないしは法的拘束力を与えようとする体制が構想されたものと見るべきであろう。

　前述したように，「企業会計基準」の制定については，外部監査法による法的根拠が与えられており，またその制定権をもつ金融監督委員会は，「金融監督機構の設置に関する法律」（2000年1月28日，法律6256号）に根拠をおく法定機関であることは言うまでもない。にもかかわらず，「企業会計基準」の形式的な違反だけで，直ちに違法行為に伴う法律効果が生ずることになる混乱を恐れて，あえてそれ自体の法令化を排除した立法態度は，むしろ最善の方策であったと評価すべきであろう。

　このような私見を前提とする限り，「企業会計基準」自体の法的拘束力如何を議論することは，何ら実益もないことであり，むしろ商法，証券取引法，外部監査法，法人税法など各法律のもつ固有の目的に鑑み同「基準」にいかなる法的地位を認めるべきかを改めて検討すべきであろう。各法律で定めている個別規定の内容如何によって，「企業会計基準」の法的拘束力あるいは違反時の法律効果は相異なる様相を帯びて現れるであろう。

　上記の通説の立場からは，特に会計学者に，「企業会計基準」が法であることをなかなか理解してもらえないことに疑問を抱きながら，その理由として次のようなこと[23]が指摘されているが，以下では，その各論点について検討してみよう。

　その第1の理由として，「企業会計基準」と従来の「企業会計原則」および「財務諸表規則」を混同しているからであるとの指摘がなされている。すなわち，「企業会計原則」は，学界に研究資料を提供するための報告形式をとっており，「財務諸表規則」は財務部の告示として公表されていたので，法的強制力がなかったということである。

しかし，通説は，「企業会計基準」の前身とも言うべき「上場法人等に関する会計規程」と「上場法人等の財務諸表に関する規則」は，それぞれ証券取引法の委任命令に基づいて制定された大統領令，また財務部令であって，その法的拘束力が確保されていたことを看過している。また，前にも指摘したように，当初，外部監査法13条では，「会社の会計処理基準とその制定については，他の法令の規定にもかかわらず，大統領令をもって定める」との法令形式を明白に示しているが，にもかかわらず，これらを実質的に吸収・統合した「企業会計基準」は，単なる「基準」の形式をとっているに過ぎず，その法的地位を格下げしたことは，決して偶然ではなかろう。それに，同「基準」の制定以後，相次いで行われた商法，証券取引法，税法などの改正においては，直・間接的に同「基準」を遵守すべしとの趣旨の規定をおいており，それぞれ作成すべき書類の範囲や同「基準」に違反した場合の法律効果においても相違点が見られるということを指摘しておこう。第2に，通説の立場からは，「企業会計基準」と日本の「企業会計原則」を混同するからであるとの指摘もなされている。すなわち，日本の「企業会計原則」は，法規範ではなく指導原理にすぎないということである。しかし，通説は，なぜ日本の「企業会計原則」がこうした立場を堅持してきたかについて，十分に理解していないようである。日本においても，その間何度か，「企業会計原則」の法令化が慎重に議論されたことがあるが，その度毎に各界からの反対にあい，結局，実現されなかったという経緯がある。例えば，日本の経済団体連合会は，「企業会計原則」が法令化されると，これに違反した場合，直ちに違法になるので，企業は余計な神経を使うことになり，また，これに伴い大蔵省（現財務省）の行政指導がさらに細かくなるおそれもあって，大蔵省が株主総会にまで間接的に介入することを許容することにもなり，結局，官僚により会社の決算統制が行われる恐れがあることなどをあげていた[24]。また，日本の法制審議会は，次のような反対理由を提示したことがある。すなわち，企業会計審議会は大蔵大臣の諮問機関であって，同審議会が作成した「企業会計原則」は，意見の報告に他ならないので，何ら法的拘束力を有するものではない。もし，これを認めれば，同審議会が「企業会計原則」に収容した条項はすべて法的拘束力をもつことになる。これでは，企業

会計審議会に対して，企業会計に関する立法権を白紙委任したのに等しいとのことであった[25]。

日本の場合には，実質的な会計処理基準の他，財務諸表の作成方法などについては，証券取引法193条の委任により大蔵省令として作成されている「財務諸表等の用語，様式および作成方法に関する規則」（1963年11月27日制定，大蔵省令59号）と，法務省令として作成されている「株式会社の貸借対照表，損益計算書，営業報告書および附属明細書に関する規則」（1963年3月30日制定，法務省令31号（現在，日本商法施行規則（2002年3月29日制定，法務省令22号）））が存在していることを看過してはならない。

第3に，通説の立場からは，「企業会計基準」の制定機関が国会または政府ではないので，一般に法ではないとの認識を持っているという点を挙げている。しかし，果して法治国家を標榜している国家において，国会や政府の他に，韓国会計研究院のような民間団体が法を作ることができるかと反問したい。たとえ，法定機関である金融監督委員会が外部監査法によりその制定権の委任を受けたとしても，憲法に違反することはできないのである。

第4に，通説の立場からは，「企業会計基準」にその違反した者に対する処罰規定がないという点を挙げている。この点についても，法治国家において果して，韓国会計研究院のような民間団体が刑罰規定を含む法令を制定することができるかを反問したい。

第3節　韓国における商法と「企業会計基準」との関係
　　　――「一般的に公正・妥当な会計慣行」の法的意義――

1．商業帳簿の作成に関する包括規定の新設

韓国の商法29条2項には，「商業帳簿の作成に関しては，本法に別段の定めある場合を除いて，一般的に公正・妥当な会計慣行による」という，いわゆる商業帳簿の作成に関する一般規定ないし包括規定が設けられている。前述したように，この規定は，商法との関係において，「企業会計基準」の実効性を高めるために，1984年の商法改正によって導入されたものである。

こうした類型の包括規定は，商法上の計算規定のもつ自足性の欠如，固定性，抽象性[26]といった属性に伴う欠陥を補充するものとして，かつ法と技術あるいは法的規範と社会的規範とを結び付ける媒介として，その役割・機能が期待されるものである。こうした包括規定は，それぞれの表現上の違いはあるものの，大多数の国で採用している。それは，今日のような多様な企業の実態，それに加えて絶えず変化・生成・発展する会計理論に十分に対応しきれない法の限界あるいは欠陥を補うための制定法の宿命の告白に他ならないであろう[27]。日本の場合，これに相当する規定（日本商法32条2項（日本会社法431条））が，単なる解釈指針として，しかも公正な会計慣行たるものが斟酌されるべき素材としての意味しか持たない点を考慮に入れてみると，韓国のこの規定には，「一般的に公正・妥当な会計慣行」が商業帳簿の作成指針として適用されるべきことが明らかにされており，さらにその会計慣行を集大成したものと言われる「企業会計基準」を，法の領域内に受け入れようとした態度を明らかにしたという点で画期的な措置であったと言えよう。

　もっとも，日本の場合，本規定の設置の要否をめぐって激しい論争が，長期間にわたって展開されたことや，その表現如何によって起こりうる種々の論点が論議されたことを想起してみると，日本とは異なる角度で，本規定との関連で問題となる諸点を再検討しなければならない。その際，日本で議論された諸論点，特に反対論者が指摘した諸点を念頭におく必要があろう。韓国法の立場から，これらの諸点を整理してみれば，次の通りである。すなわち，第1に，「一般的に公正・妥当な会計慣行」により，商法上の強行規定が改廃される恐れはないか。第2に，本規定の「一般的に公正・妥当な会計慣行」と「企業会計基準」との関係をどのように把握すべきであろうか。果して，「企業会計基準」のすべての内容が，現在，韓国における会計実務上，慣行として確立していると断言できるか。第3に，「一般的に公正・妥当な会計慣行」ないし「企業会計基準」に違反した場合の法律効果について，どのように把握すべきか。第4に，金融監督委員会または韓国会計研究院が「企業会計基準」の内容を修正した場合に，そのたびに商法が当然に改正されたのと同様な効果が生ずると言えるか。もし，そうだとすれば，企業決算の安

定性を害する恐れはないのか。第5に,「一般的に公正・妥当な会計慣行」即ち「企業会計基準」という等式が成立するならば,金融監督委員会または韓国会計研究院が「企業会計基準」に受け入れた条項は,その全部が法的拘束力を持つことになるが,これはまさに,金融監督委員会または韓国会計研究院に対して,企業会計に関する立法権を白紙委任したのと同様なことではないか,ということである。

ともかく,この規定は商法と「企業会計基準」を結び付ける重要な媒介として,その役割が期待されているだけに,商法と「企業会計基準」との関係は,この規定をどのように把握すべきかという点に帰結するものと言えよう。

以下では,日本法との比較の上で,韓国商法29条2項の解釈論を展開しながら,「一般的に公正・妥当な会計慣行」の法的意義や商法と「企業会計基準」との関係を検討してみることにする。

2．商法上の計算規定と「一般的に公正・妥当な会計慣行」との関係

本規定における「本法」とは,商法そのものを指すものであり,別にここに含まれるものは何もない。なぜなら,前にも指摘したように,本規定の新設とともに,商法および証券取引法の委任規定に基づいて作成されていた,各種の会計基準たるものが全部廃止されたからである。したがって,「本法に別段の定めある場合」とは,具体的に商法総則編の商業帳簿に関するいくつかの規定,株式会社編の451条ないし461条および有限会社編の583条,つまり商法上の計算規定をさすことになる。

そして,これらの商法上の計算規定を除いては,「一般的に公正・妥当な会計慣行」によると定められているので,少なくとも商法上の計算規定は,「一般的に公正・妥当な会計慣行」たるものより優先的に適用されるべきであり,本規定の解釈上,後者により前者が改廃されることはあり得ないはずである。

ところで,1984年の商法改正および「企業会計基準」の修正を通じて,相互間の調整が行われたとはいえ,その後行われた「企業会計基準」のたび重なる改正によって,その乖離は深刻な水準に至っている。しかし,本規定

の解釈上,上記のような立場を貫くならば,いかなる場合といえども,商法上の計算規定が優先的に適用されるべきであり,商法を改正しない以上,これらとは異なる「企業会計基準」の新規定などが適用される余地はない。この点につき,「企業会計基準」の法的地位を外部監査法の一部としてとらえる通説の立場においては,特別法優先の法則により,「企業会計基準」の新規定が商法上の計算規定を改廃するとみるか,少なくとも外部監査法適用対象会社に対しては,この点が認められると解している。しかし,「企業会計基準」を特定の行政機関が作成した「指針」にすぎないと解する私見の立場で言えば,決してこの点を認めるわけにはいかない。この問題は,結局,本規定上の「本法に別段の定めある場合を除いては」という文言の解釈とともに,後述する「一般的に公正・妥当な会計慣行」と「企業会計基準」との関係をどのようにとらえるかによって,その結論は異なることになるであろう。

3.「一般的に公正・妥当な会計慣行」という文言の意味

本規定における「一般的に公正・妥当な」という文言は,商業帳簿を作成する際に適用されるべき会計慣行の性格を示しているものである。この点については,商法29条1項に定められている商業帳簿の作成の目的,すなわち「営業上の財産および損益状況を明らかにしなければならない」という要請に合致するか否かによって判断されるべきものと解されており,異説はないようである[28]。ここで,「営業上の財産および損益の状況を明らかにしなければならない」という要請が,商法あるいは企業会計法の追求すべき共通の目的ないしは理念であることに,いささかも疑いの余地はない。しかし,この文言だけでは,何人に何人のためにどの程度明らかにすべきかが明確でなく,この文言も会計慣行の「公正・妥当性」を判断する基準として十分なものとは言えない。結局,その判断基準は,今後の裁判所の判断を待つしかなく,判例の蓄積により具体化される概念であると解するしかないであろう。

いずれにせよ,「企業会計基準」に定められているものであっても,それらが直ちに商業帳簿の作成の目的に合致するとは限らず,これに合致しない

限り，商法上の公正・妥当性は認められないとみるべきであろう。

次に，本規定には，「慣行」という言葉が導入されているが，これと従来より使われてきた法律上の慣習を区別すべきかどうかという問題がある。日本の場合，この点につき見解が対立しており，韓国の場合も，この両概念を区別すべきであるとの見解[29]があるので，日本法上の諸論点を参考にして，この点を検証してみよう。

日本の場合，この両概念を区別すべきであるとの立場[30]においては，もしこれを区別しなければ，本規定は確認的性格をもつに過ぎず，その創設的効力を認めるわけにはいかないと言う。こうした見地からここでの慣行とは，慣習と異なって，事実の繰り返しが慣習よりもはるかに少なくてもよいし，またその行われる場所的な範囲も狭くて差し支えないものと言いながら，その根拠として，次のようなことを挙げている。すなわち，「慣行という語が慣習と同一義とすれば，日本の民法92条だけで足り，本規定のような包括規定を設定する必要は全く存在しない。なぜなら，従来にも民法92条の解釈に関する通説および判例では，当事者が特に慣習に従わない意思を有すると認められない限り，これによると解されていたからである。また，本規定において，「公正なる」という形容詞を付する必要も全くない」と。この立場においては，公正なるという語を加えたのは，慣習とは言えない慣行たるもののなかに，商業帳簿の目的に適合するものも解釈指針として取り入れるためであり，結局，本規定は，実際上，慣習として確立されていないものであっても，近く実行される見込みが確実であるものを慣行のなかに含めて，解釈指針として認めるために設けられたものということである。

韓国の商法の場合，慣習として確立されていないものであっても，近くに実行される見込みが確実であるものならば，本規定の会計慣行に含める必要はあるだろうか。

ここで，注目すべきであることは，日本の場合，本規定は解釈指針としての意味しかもたず，一応公正な会計慣行を斟酌すべきではあるが，必ずしもこれに従わなければならないということではない。しかし，韓国の場合，本規定は適用指針であり，「一般的に公正・妥当な会計慣行」たるものが存在する以上，これに従わなければならない。しかも，近くに実行される見込み

があるかどうかの判断自体も容易ではない。にもかかわらず，こうしたものの適用を強制することは，かえって法秩序を混乱させる可能性もある。したがって韓国の場合には，慣行を慣習と区分する実益はさほど大きくないと思われる。このように見ると，韓国の本規定も，確認的意味しかもたないものと言えよう。すなわち，韓国の場合にも，日本の民法93条と同様の規定（民法106条）があり，これを根拠として従来の多数説は，商法に規定がない場合には会計慣習を採用すべきであると解してきた。しかし，こうした従来の見解は，あくまでも多数説の立場であり，当時は会計慣習たるものも確立されておらず，さまざまな形で乱立している状況下で，会計慣習の適用を強制することは問題であるという少数説もあったのである。したがって，本規定は，従来の多数説を明文化したものであり，実際に会計慣習が存在し，その公正・妥当性が一般的に認められる以上は，当事者の合意如何を問わず，それに従わなければならないことを明らかにしたという点にその意義があり，従来の少数説の立場からすると，創設的規定としての意義が認められよう。

　もっとも，韓国の場合，慣行を慣習と同一語と把握すると，慣習化されていない新会計理論などが本規定の会計慣行に含まれる可能性は全くないということになり，「企業会計基準」は，「一般的に公正・妥当な会計慣行」を集大成したものとは言い切れないという結論になる。つまり，現実に「一般的に公正・妥当な会計慣行」たるものが存在する状況で，新会計理論が出現してその公正・妥当性が広く認められるとしても，それが慣行化されていなければ，本規定の会計慣行に合流され得る道は遮断されていると解するしかないであろう。日本の場合には，本規定に会計慣行を斟酌すべしという表現を用いているので，慣行化されていない新会計異論なども解釈指針として取り入れる余地が残されており，逆に新会計理論の適用を可能ならしめるために斟酌という表現が使われていることに注意する必要がある。

　この点に関する限り，韓国の本規定は多くの問題点を抱えており，立法上の不備と言うべきかもしれない。今後の立法過程において，いわゆる離脱規定の導入如何[31]が慎重に議論される必要があろう。ただ，特定の事案について「一般的に公正・妥当な会計慣行」が存在しない場合には，本規定が適

用される余地がないので，この範囲内では新会計理論の導入も可能である。

4．「一般的に公正・妥当な会計慣行」と「企業会計基準」との関係

まず，「企業会計基準」が本条で言う「一般的に公正・妥当な会計慣行」のすべてであると言えるかという問題を検討してみよう。これは，「企業会計基準」が外部監査対象会社だけでなく，会社企業も含むすべての企業の会計処理基準として適切に対応できるかという問題である。この点については，「企業会計基準」91条を根拠として，同「基準」は，外部監査対象会社以外の企業の会計処理にも準用されることになっているので，すべての企業に通用する会計準則であるとして，この点を肯定する見解[32]もあるが，これを否定する見解も有力である。否定説によると，同「基準」は，株式会社を目標として財務諸表の作成について詳細な規定をおいているが，人的会社の会計処理や会計帳簿の作成についてはほとんど定めていないので，同「基準」の他に，「一般的に公正・妥当な会計慣行」に従う場合が多い[33]とか，あるいは，前述したように，同「基準」91条の「準用することができる」という文言につき，授権法上の矛盾を指摘して[34]，反対している者もいる。

この点については，否定説が妥当と思われる。前にも指摘したように，同「基準」は，本来，外部監査対象企業に適用されることを前提に作成されたものであり，「企業会計基準」自体の法的拘束力を認めない私見の立場からすると，同「基準」91条の規定は訓示的規定にすぎないからである。また「一般的に公正・妥当な会計慣行」とは，個人企業と共同企業，人的会社と物的会社，公開会社と閉鎖会社，そして大規模会社と中小規模会社など，それぞれの実体に則して別個に形成されるものであり，相異なることがむしろ当然である。また，同「基準」の具体的規定をみても，同「基準」3条に定められている一般原則は言うまでもなく，財務諸表の作成基準，資産・負債の評価基準，とくに貸借対照表の資本部に関する規定などは，株式会社以外の会社企業や個人商人に適用されるような性質のものではない。したがって，外部監査法適用対象企業はともかく，その他の企業にまで同「基準」の適用を強制することは，理論上無理である。

次に，「企業会計基準」上のすべての規定が，「一般的に公正・妥当な会計

慣行」に該当すると言えるかどうかという問題を検討してみよう。この点について，韓国の多数説は，同「基準」の内容が「一般的に公正・妥当な会計慣行」の全部とは言えないが，少なくともこれに含まれる[35]と解している。これに対して，「企業会計基準」は，「一般的に公正・妥当な会計慣行」を判断する際の一つの推定的資料にすぎない[36]とか，「企業会計基準」は一般的に容認されるモデルにすぎず，そのすべてが「一般的に公正・妥当な会計慣行」に該当するわけではない[37]という少数説もある。多数説は，その重要な根拠として，「企業会計基準」が外部監査法に基づいて「一般的に公正・妥当な会計慣行」を要約したもの，あるいは成文化したものであることを挙げている。しかし，前述したように，同「基準」の制定原則に関する外部監査法上の規定の改正によって，同「基準」の具体的な規定が，実行可能性を前提に，「一般的に公正・妥当と認められる会計慣習」に該当するものでなければならないという当初の制定原則が削除された現状の下では，「企業会計基準」を「一般的に公正・妥当な会計慣行」を要約したもの，あるいは成文化したものという主張は，すでにその重要な根拠を失っていると言わなければならない。また，前述した通りに，「企業会計基準」は，委任立法形式上の問題があるだけでなく，その適用範囲や制定原則など多くの問題点を抱えている。さらに，その制・改正主体が民間団体に委譲されており，規制領域又は委任立法の限界を逸脱して各種の基準書，解釈書までを「企業会計基準」の範疇に含ませている。したがって，現行の立法体制を前提とする限り，「企業会計基準」のすべての規定が本条の「一般的に公正・妥当な会計慣行」に該当すると見ることはできず，少数説も指摘しているように，「企業会計基準」は，「一般的に公正・妥当な会計慣行」を判断する際に，一つの推定的な資料を提供するものにすぎないとみるべきであろう。また「企業会計基準」の具体的規定の中で，商法上の強行規定に反するものは，商法的意味においては無効であると解するしかない。企業会計法の中心的な地位にあるべき商法上の計算規定に多少の問題があるからと言って，民間団体が作成した会計基準によって商法上の強行規定が改廃されるという状況を認めることは，それこそ企業会計に対する商法規制の放棄を意味するものであり，商法の死文化を助長することにもなる。

しかし，商法上の計算規定と「企業会計基準」の他に，会計基準たりうるものが全く存在しない現状下では，各企業それぞれの実体に即した会計慣行が存在するという前提で，その公正・妥当性が一般的に認められていること，またそれが商法上の強行規定に抵触しないということを立証できれば，具体的事項に対する弾力的な会計処理も許容されると解すべきであり，その意味で，「企業会計基準」に基づいて会計処理をすると，一応，「一般的に公正・妥当な会計慣行」によっているものと推定されるという程度の解釈は可能であろう。

5．商法第29条2項に違反した場合の法律効果

日本においては，この包括規定に違反した場合，どのような法律効果を認めるべきかという問題が，包括規定の設定当否をめぐる議論の中心的課題であった。それだけに，韓国法の立場においても，この問題に関する慎重な検討が行われるべきであろう。

まず，本規定を形式的に解釈してみると，「…一般的に公正・妥当な会計慣行による」と定められているので，多数説の立場から言えば，この「一般的に公正・妥当な会計慣行」に少なくとも「企業会計基準」は含まれると解する以上，「企業会計基準」に従わなかった場合，これは直ちに違法となり，それに伴う法律効果が生ずるということになろう。しかし，以上で指摘してきたように，本規定の本来の立法趣旨，「一般的に公正・妥当な会計慣行」の属性，そして「企業会計基準」の法的地位とその具体的規定の内容および体系などを総合的に考慮に入れてみると，このような厳格で，かつ単純な考え方をとるべきではないと思われる。以下でこの点を検証してみよう。

まず，多数説をとるべきではない重要な根拠の一つとして，本規定の立法趣旨を挙げることができる。本来，本規定は，今日のような多様な企業の実態と絶えずに生成・発展・変化する会計理論に十分に対応しきれないという法の限界ないし法の欠陥を補充するために設けられたものである。但し，法政策等の目的によって会計慣行に委ねることができない事項に対しては，商法に個別規定を設けて，その優先的な適用を保障するという体制がとられている。しかし，「一般的に公正・妥当な会計慣行」によって商業帳簿を作成

すべしといっても，実務上，どのようなものがこれに該当するのかは決して明らかではないので，外部監査法という特別法の権威をもって，法定機関である金融監督委員会に「企業会計基準」の制定権を与えて，その責任の下でいつでもそれを修正することができるという制度的措置がとられたわけである。この「企業会計基準」は，いかなる会計処理方法が「一般的に公正・妥当な会計慣行」に当たるかどうかを判断する際に，一つの基準を提供するものである。仮に，「企業会計基準」の違反を直ちに違法行為とみなす意図であったならば，「一般的に公正・妥当な会計慣行」という媒介概念は不要であり，「企業会計基準」を法令化するなり，より積極的な措置が講じられたであろう。前にも指摘したように，「企業会計基準」の具体的規定が「一般的に公正・妥当と認められる会計慣習」に該当しなければならないという，旧外部監査法上の制定原則を自ら放棄した現状下において，多数説の立場を堅持するということは，非常に危険な発想であると言わざるを得ない。ここで，一つの例を挙げてみよう。韓国の商法625条1項3号には，法令または定款に違反して利益配当をしたときに会社の取締役，監査役などに対して，5年以下の懲役または1千500万ウォン以下の罰金に処するという規定がおかれている。仮に，「企業会計基準」即ち「一般的に公正・妥当な会計慣行」という多数説の立場に立つと，「企業会計基準」のすべての規定が上記の法令に該当するので，これに違反して作成された貸借対照表に基づいて利益配当をした取締役などは，処罰を受けることになる。これが罪刑法定主義の原則に反するということは明らかである。

　多数説をとるべきではないもう一つの根拠として，「一般的に公正・妥当な会計慣行」の属性を挙げることができる。こうした会計慣行という概念は，そもそも抽象的で，かつ，流動的な属性をもっており，その範囲も確定的に決まるようなものとは言えない。本規定が，商法総則におかれていることは，このような属性をさらに極大化している。「一般的に公正・妥当な会計慣行」のもつこうした属性にもかかわらず，商法がこれに法的意味を与えたのは，会社企業を含む商人に対して，具体的な会計処理に当たってより弾力的に対応できるようにするための法の配慮を明らかにしたものと理解すべきであろう。仮に，「企業会計基準」に商法と同一の効力を与える意図が

あったならば,「企業会計基準」を法令化し, さらにこれに違反した場合の法律効果に関する具体的規定を商法上明文化すべきだったであろう。これをしなかったのは, むしろ,「企業会計基準」に違反しても, 直ちに違法にはならないということを明らかにするための措置であったと見るべきであろう。

しかも,「企業会計基準」の体系や具体的内容においても, 法令と同一視することのできない多くの要素が内包されている。たとえば,「企業会計基準」には, 解釈上多くの問題点を抱えている「継続性の原則」や「重要性の原則」などの一般原則 (同基準3条) だけでなく, 財務諸表の作成基準 (同基準10条, 11条, 34条, 35条, 76条, 80条) のような一般条項が多く定められている。これらの一般原則や一般条項を法令化する場合には, 立法技術上, 慎重にしなければならないであろう。そして, 同基準においては, 財務諸表のほかに, 27種類の附属明細書 (同基準88条) の作成方法や数十項目に上る註記・註釈事項が定められており, 各種の準則, 基準書, 解釈書などが含まれ, 非常に複雑な体系となっている。にもかかわらず, これらに対する形式的な違反をもって商法違反と同様な法律効果を認めることは, 事実上無理であろう。

それに,「企業会計基準」の具体的規定の中には, 法理論上, 受け入れ難い会計理論に基づくものもあり, 条文の形式や用語においても, そのまま法律規定として認めることのできない規定も見られる。たとえば, 同基準79条には, 前期誤謬修正を許容する規定が設けられているが, ここでの会計上の誤謬とは,「会計基準の適用の誤謬, 推定の誤謬, 勘定分類の誤謬, 計算上の誤謬, 事実の漏落および事実の誤用など」を言うとされている。仮に, 多数説の立場に立ってみれば, 上記の各種の誤謬は, 直ちに違法行為となり原則的に無効になるはずである。それにもかかわらず, 会計年度が変わったからといって, これらが有効なものとなって, その修正が許されるということは, 法理論上ありえないことである。ただ, 故意性のない推定の誤謬については, 期間損益計算上許され得る範囲内で, その修正が認められるであろう。

以上のように, 多数説は多くの問題点を抱えていることは明らかである。

したがって,「企業会計基準」の形式的な違反だけで,直ちに商法上の違法行為になるわけではなく,同「基準」に違反した結果,財務諸表が会社の財産および損益の状況を著しく歪曲して表示しているような場合(商法29条1項)にはじめて,違法行為になるとみるべきであろう。

第4節　結びに代えて

以上で,韓国の企業会計法の現状を概観し,その問題点を摘示するとともに,その解決のための私見を提示した。以下では,今後推進されるべき方向性を明らかにすることで,この章の結びに代えたい。

まず,第2節では,韓国における外部監査法と「企業会計基準」の関係を中心に,特に「企業会計基準」の法制化に伴う各種の問題点を摘示し,同「基準」の法的地位に関する私見を提示した。外部監査法および「企業会計基準」の制定を始めとして試みられた企業会計法制の一元化の全過程を振り返って見ると,当初,「企業会計基準」そのものを外部監査法の一部として捉え商法の特別法としての地位を与えようとする意図は,どこにも見つからない。しかし,その後の施行過程において,いつのまにかそのような認識が法学者の間に拡がり,これに便乗して韓国の「会計基準委員会」は,アメリカの財務会計基準審議会(FASB)をモデルにして,「企業会計基準」の全面改正を断行しさらに各種の基準書・解釈書などを相次いで作成・公表している。他方,外部監査法においても,何回かの改正を通じて,この「基準」に違反した場合,厳格な民事・刑事・行政上の制裁を加えるという体制が定着しつつある。

こうした体制が整うようになった背景には,次のような要因が働いたものと推測される。第1に,その間,深刻な経済不況を経験しながら,大会社の粉飾決算が深刻な社会問題となり,これを根絶するために,企業会計に対する法的規制を大幅に強化する必要があったこと[38],第2に,IMF,IBRDなどの外圧により会計基準の国際化が強く要求され,「企業会計基準」を国際的レベルまで引き上げる必要があったこと,第3に,最近,国際会計基準

(IAS) を世界各国に通用されうる単一基準として発展させることを目指して，国際会計基準委員会 (IASC) の組織改編が行われるなど，国際会計基準の地位が強化され，これを韓国の会計制度に反映させる必要があったこと[39]，第4に，激変する内外経済環境の動きに，迅速かつ効率的に対応できる会計制度を確立するために，会計基準の設定主体を政府機関より民間機関に移譲するという世界的な趨勢を受け入れる必要があったこと[40] などである。

しかし，こうした企業会計法制の下では，国際会計基準ないし新会計理論を迅速に受け入れられるという長所をもつ反面，企業会計法の中心的な役割を担うべき商法や証券取引法との摩擦を避けることができず，外部監査法および「企業会計基準」上の多くの規定が憲法の基本精神に反するという問題を抱えるようになった。こうした法制の下で，解釈上，各種の問題点を最小化するためには，何よりも「企業会計基準」を外部監査法の一部として捉えこれを商法の特別法と把握している法学者の一般的な認識を転換せしめることが急務であろう。すなわち，「企業会計基準」は，民間団体である「会計基準委員会」が作成した一つの理想的な会計処理指針にすぎないという認識を確立していかなければならないであろう。

沿革上，韓国の法制に最も大きな影響を及ぼしてきた日本の法制も，基本的にはこうした認識の上に立っていると思われる。日本の場合にも，2001年7月，会計基準の設定などを目的とする民間団体として「財団法人財務会計基準機構」が発足され，2002年からその傘下に所属している「企業会計基準委員会」が独自の会計基準を作成・公表している。つまり韓国と同様に，会計基準設定の主体が民間団体に委譲されたわけである。当該財団の事業内容を見ると，①企業会計基準等の調査研究および開発に関する事業，②国際会計基準委員会 (IASC) など，国際的会計基準への貢献に関する事業，③企業会計基準・ディスクロージャー制度に関する広報・研修事業などである[41]。すなわち，どこを見ても，商法の特別法としての地位にある会計処理基準を作成するという権限は与えられておらず，同委員会が開発した会計基準に違反すると，直ちに民・刑事上の法律効果が生ずるという規定もない。同委員会が作成した「会計基準」は，既存の「企業会計原則」と同程度の規

範性が認められるにすぎない。これは、商法的意味においては、日本商法32条2項に定められている「公正なる会計慣行」と認められる場合に限って、しかも商法上の計算規定を解釈する際に、「斟酌」されるべき素材にすぎないということである。ここでも、発展する経済・社会のなかにあって企業の「実像」をより適切に映し出すために、創意工夫が求められる企業会計であっても、それは法の枠内で行われなければならない[42]とする、日本の伝統的な考え方を確認することができる。現在、韓国法制がモデルとしているアメリカにおいてすら、FASB基準そのものを法であるととらえる見解はなく、但し、連邦証券取引委員会（SEC）が「一般的に認められる会計原則」（GAAP）として、その権威を認めているのにすぎない。そして、具体的な事例に関するFASB基準の法規範性如何については、各裁判所の判断に委ねられていると解されている[43]。

　それから、本文において指摘した、違憲性の濃厚な外部監査法上の各規定を見直すための作業が速やかに行われるべきであろう。その前に、外部監査法上、会計処理基準そのものを規制することが、その本来の目的からして適切であるかどうかという基本的な問題も検討してみる必要があろう。外部監査法の第1次的目的は、同法1条に示されているように、外部監査制度の効率的施行を図らせるところにある。したがって、外部監査とは直接関係のない会計処理基準について定めたり、それに違反した場合の法律効果について定めたりした場合には、本来こうした規制の中心的役割を果たすべき商法あるいは証券取引法との摩擦は避けられないことになる。いかなる法律もそれぞれの固有の目的や理念を持っており、それに則って規制領域も決まるはずである。企業会計法の究極的な目的は、配当規制と開示規制を通じて利害関係者の利害を調整するところにあり、現行の法体制を前提にする場合、これらの目的を同時に実現させるための規定を設けることができるのは、もっぱら商法だけである[44]。外部監査法上、会計処理の適正化をはかるということは、効率的な外部監査の実施により、結果的に得ることのできる附随的効果に過ぎない。したがって、その固有の目的とは直接関係のない会計処理基準に関する規定をおくとか、開示規制および配当規制に影響を及ぼす規定をおくことは、理屈に合わないことであろう。しかも、これらの規定を外部監査

対象以外の企業にまで拡大して適用することは，外部監査法本来の目的に鑑みてもあり得ないことである。日本の場合にも，外部監査法と類似した性格の「監査特例法」（改正により，日本会社法）が制定されており，これに基づいて外部監査人による監査が行われているが，この法には，会計処理基準に関わるいかなる規定もおかれていない。

　今後，外部監査法の改正に当たっては，会計処理基準の委任に関する規定やこれに違反した場合の諸規定などをすべて削除するとともに，これらの規定を商法あるいは証券取引法に受容するための工夫が必要であろう。その際，特に配当規制に直接関連性を有する重要な計算規定などは，必要に応じ速やかな改正が行われるように，商法に委任規定のみを設けて，これらを大統領令等に委任する方策を模索する必要があるかもしれない。

　日本の場合，2002年5月に行われた商法改正において，株式会社の資産評価に関する規定，資産の貸借対照表能力に関する規定，また利益配当可能限度額の算定における控除項目の一部を商法から削除し（日本商法285条（日本会社法435条），290条1項（日本会社法446条，453条），旧商法286条〜287条削除），これらを法務省令に委任するという画期的な措置がとられた。これは，その立法理由書にも明らかにされているように，「……大会社を前提とした会計規制の立法の技術的な限界，企業会計をめぐる国際的な変化の迅速性と法改正に必要な時間との格差など」を考慮したものである[45]。結局これは，先進諸国の新会計理論などを迅速に受け入れるための措置であったと見ることができる。そうは言っても，韓国法制のように，資産評価規定のような実質的会計処理基準を「会計慣行」や「企業会計原則」に一任しようとしたことではなく，配当規制に直接的関連性をもつ重要な規定は，商法の体制下におくという基本的立場に変化があるわけではない。

　いずれにしても，こうした措置は，当面の課題を解決する方策にすぎないであろう。今後，企業会計法制の全面的改革が構想される場合には，会計に関する上位法としての「企業会計法」を制定するなど，それぞれの企業実体に即して適確な会計処理が行われるよう，会計法制の新たな方向を模索していくべきであろう。

第3節では，韓国商法29条2項の包括規定に関する各種の問題点を，日本法制と比較して検討してみた。日本の場合，これに該当する商法32条2項の規定は，長年の迂余曲折の末に設けられたが，そこに定められている「公正なる会計慣行」とは，商法上の計算規定を解釈する際に，斟酌されるべき素材としての意味しか持っていない。韓国法の立場からすると，「斟酌」という言葉は，法律用語として用いられたことは全くなく，日本の多数説[46]が指摘しているように，「参酌」という言葉よりはそのニュアンスが強いが，「依る」または「基づく」という言葉よりはそのニュアンスが弱いと言われても，商法上の計算規定を解釈する際に，その素材のうちのどれをとるかという最終的な判断は帳簿作成者の自律に任せられているならば，この規定は，それこそ訓示的意味しか持たず，あってもなくてもよさそうなものではないかという疑問が生ずる。そして，また「依る」または「基づく」という言葉を取り入れず「斟酌」という言葉を採用した結果，どれ程の会計理論の発展に役に立ったかも疑問である。すなわち，日本の「企業会計原則」が「公正なる会計慣行」のすべてではないとしても，少なくともこれに該当するという日本の多数説の立場に立って見ても，それが商法規定を解釈する際に斟酌すべき素材となるにすぎないならば，「企業会計原則」の具体的な内容が商法上の強行規定を改廃することは決してあり得ず，結局，商法の改正が先行されないと，商法上の強行規定に反するような新会計理論などの導入は不可能と言うべきではなかろうか。この問題は，商法上の計算規定を法務省令に委任して別に定めるという今回の措置で，どれほどの効果をおさめることができるか，今後の施行推移を見極める必要があろう。

これに比べて，韓国商法上の包括規定には，「一般的に公正・妥当な会計慣行」が存在する限りにおいては，商業帳簿の作成の際にこれを強制的に適用するという点を明示しており，しかも，多数説によればその会計慣行を集大成したものと言われる「企業会計基準」を，商法の範疇に受け入れる体制がとられたという点で画期的であり，この点に関する限り日本法制とは対照的である。しかも，「企業会計基準」の法的地位について，商法の特別法ととらえる韓国の多数説の立場からすると，商法上の強行規定にかかわらずに，国際会計基準などを容易に受け入れられる体制が整っているとも言えよ

う。しかし，結果的に，韓国の法制には，日本商法の改正時に重点的に論議されたいくつかの問題点が現実的に現れ，多くの課題を抱えるようになったこともまた事実である。

　本文においては，こうした観点から合理的な解釈を通じて，これらの問題点を解決しようと努めてみた。すなわち，「企業会計基準」により商法上の強行規定が改廃されることを認めてはならないということと，「企業会計基準」の形式的な違反をもって，直ちに商法違反になるととらえてはならないという結論を導くために，「企業会計基準」自体の法的拘束力を否定し，「企業会計基準」のすべての内容が決して「一般に公正・妥当な会計慣行」に当たるものではないという立場を貫いてきた。しかし，急速に発展している会計制度の変化を反映することができず，数十年間もそのまま放置されている韓国商法を前提に，こうした論理を貫徹するには，少なからぬ限界があったことを率直に認めざるを得ない。

　いずれにせよ，商法上の計算規定をこれ以上放置してはならず，日韓両国における今までの経験を活かして，包括規定の見直しをするなど，企業会計法の中心的な地位と権威を高めるための不断の努力を続けなければならないであろう。

〔王　舜　模〕

注
1) この規程は，従来の「株式会社の計算書類等に関する件」(1963年3月21日，閣令1221号) を名称だけ変更したものであり，計算書類の標準様式および記録方法が比較的詳細に定められていた。これは，日本のいわゆる「計算書類規則」を継受したものであり，内容的にもほぼ同様のものであった。
2) この「企業会計原則」は，1958年に財務部（日本の財務省に該当する）長官の諮問機関であった財政金融委員会の傘下に民間学者によって構成された「企業会計準則制定分科委員会起草小委員会」によって作成されたものである。これは，財務諸表を作成する際に遵守すべき会計処理および報告の原則・原理のみを学問的見地から定めている。その体系や内容は，日本における当時の「企業会計原則」をほぼそのまま受け継いだものである。
3) この「財務諸表規則」は，1958年に上記の「企業会計原則」と同時に公表されたが，「企業会計原則」の理論的根拠を踏まえた実務指針として，財務諸表の標準様式，用語，作成方法等を具体的に定めていた。これも，日本の「財務諸表規則」を受け継

いだものにほかならない。
4) この規定は，1998 年 12 月 28 日の法人税法の全面改正（法律 5581 号）により次のように改正された。すなわち，「内国法人の各事業年度の所得金額計算につき，当該法人が益金と損金の帰属事業年度と資産・負債の取得および評価に関して一般的に公正・妥当と認められる企業会計の基準または慣行を継続的に適用してきた場合には，この法および租税特例制限法で特に定めている場合を除いては，当該企業会計の基準または慣行に従う」(43 条)。
5) この点については，王舜模，「韓国におけるコーポレート・ガバナンスと商法の最近の動向」，「商事法務」1517 号，18 頁以下参照。
6) 1997 年 12 月 31 日に制定された「金融監督機構の設置等に関する法律」（法律 5490 号）によって，従前の証券管理委員会は廃止され，関連業務は，金融監督委員会と，その傘下の審議機関である証券先物委員会に移譲された。
7) 会計基準委員会が作成・公表した業種別準則には，次のようなものがある。すなわち，「企業集団結合財務諸表準則」(2001. 5. 4)，「金融持株会社会計処理準則」(2001. 7 .20)，「銀行業会計処理準則」(2001.12.20)，「証券業会計処理準則」(2001.12.20)，「保険業会計処理準則」(2001.12.20)，「証券投資信託業会計処理準則」(2001.12.20)，「綜合金融業会計処理準則」(2001.12.20)，「相互信用金庫業会計処理準則」(2001.12.20)，「企業構造調整投資会社の会計処理準則」(2002. 2 .22) 等がある。
8) 現在，会計基準委員会によって作成・公表された基準書には，次のようなものがある。すなわち，第 1 号「会計変更と誤謬修正」(2001. 3 .30)，第 2 号「中間財務諸表」(2001.12.27)，第 3 号「無形資産」(2001.12.27)，第 4 号「収益認識」(2001.12.27)，第 5 号「有形資産」(2001.12.27)，第 6 号「貸借対照表基準日後発生した事件」(2001.12.27)，第 7 号「金融費用資本化」(2001.12.27)，第 8 号「有価証券」(2002. 1 .25)，第 9 号「転換証券」(2002. 1 .25)，第 10 号「棚卸資産」(2002. 8 . 9)，第 11 号「中断事業」(2002.12.31)，第 12 号「建設型工事契約」(2003. 2 .21)，第 13 号「債権・債務調整」(2003.11. 7) があり，早晩，第 14 号「中小企業会計処理の特例」が公表される予定である。
9) 呉守根，「会計에 대한 法律規律体系」，「商事法研究」18 巻 3 号，12〜15 頁：朴政佑，「企業経営透明性確保에 関한 研究」，「商事法研究」19 巻 3 号，239 頁：鄭東潤，「商法総則・商行為法」(法文社，1993)，168 頁のほか，多数。
10) 商法上の計算規定が実質的会計処理基準に相当するということを前提にして，株式会社に適用される計算書類の記載方法，その他の様式は，1984 年の商法改正で削除された旧商法附則第 5 条によって大統領令に委任されていた。この委任命令によって制定されたのが，「株式会社の計算書類等に関する規程」（大統領令 5122 号）である。
11) 洪基宗，「委任立法의 限界」，「裁判資料」76 輯（法院図書館），138〜139 頁。
12) 洪基宗，前掲論文，139 頁。
13) この点について，第 1 説は，上位法がその範囲を定める際に，一般的・包括的立法事項を一任するような，骨格立法になってはならないとのことを意味するとし，第 2 説は，予測可能性を意味するという。これに対して，第 3 説は，授権法律において，

行政立法として定める対象を特定事項に限定すべきであり（対象の限定性），その対象について行政立法を定める際に，行政機関を指導または制約するための目標，基準，考慮すべき要素等を明確に指示すべきであり（基準の明確性），行政機関が従うべき基準は，当該授権法律，授権規定と関係のある規定，授権法律全体の趣旨，目的の解釈を通じて明確に現れ得るものであれば十分であるという。この学説の展開状況については，洪基宗，前掲論文，139頁再引用。

14) 憲裁 2000．7．20 99憲가 15，憲公 48号：憲裁 1993．5．13．92憲마 80，判例集 5 - 1, 365頁：憲裁 1997．9．25．96憲가 16，判例集 9 - 2, 312頁。
15) 崔柄星，『企業会計의 理論과 実務』（中央経済社，1984），22～27頁。
16) 李哲松，『商法総則・商行為』（博英社，1989），184頁：呉守根，前掲論文，19頁。
17) 同旨，呉守根，前掲論文，20頁：朴政佑，前掲論文（「企業経営透明性確保에 関한 研究」），240頁。
18) 呉守根，前掲論文，18頁では，企業会計基準の適用範囲が，外部監査対象会社を定める基準によって変わるという問題と，基準自体の合理性如何に関する問題を指摘している。
19) 岸田雅雄，『企業会計法入門』（有斐閣ブックス，1989），22～29頁。
20) 例えば，商法上，財務諸表等に記載すべき事項を記載しないか，または不実な記載をした場合には，500万ウォン（約50万円）以下の科料処分を受けるだけであり（商法635条1項9号），法令または定款の規定に違反して利益配当を行ったときには，5年以下の懲役または1千500万ウォン以下の罰金に処せられる（商法625条3号）。また，旧証券取引法210条6号によれば，有価証券報告書または目論見書等の重要な事項につき，虚偽の記載をした場合には，1年以下の懲役または500万ウォン以下の罰金に処せられるという規定がおかれていたが，2001年3月28日の同法改正で，同規定は削除されたが，同趣旨の規定が207条の3第2号に移され，5年以下の懲役または3千万ウォン以下の罰金刑に変わった。これは，外部監査法上の虚偽記載に関する規定と均衡を保たせるためのものであったと思われる。
21) 呉守根，前掲論文，12～15頁。
22) 呉守根，前掲論文，15頁。
23) 呉守根，前掲論文，13～15頁。
24) 居林次雄，「公正な会計慣行について」，「産業経理」30巻5号，98頁。
25) 大住達雄，「企業会計原則修正案の問題点」，「税経セミナー」16巻3号，33～34頁。
26) 竹内敏夫，「法的立場から見た公正なる会計慣行」，「企業会計」25巻9号，32～33頁。
27) 田中誠二・久保欣哉，全訂新株式会社会計法（中央経済社），4頁。
28) 姜渭斗，『商法要論（第4全訂）』（蛍雪出版社），52頁：金星泰，『商法総則商行為法講論』（法文社），284頁：徐憲済，『商法講義（上）』（法文社），120頁：崔基元，『商法総則・商行為（第3新訂版）』，156頁：李基秀，『商法総則・商行為法学（第4版）』（博英社），174頁： 朴相祚，『新商法総論』（蛍雪出版社），221頁など，多数。
29) 姜渭斗，『商法要論（第3全訂）』（蛍雪出版社），65～66頁。

30) 田中誠二,「商法改正案要項の問題点」,「商事法務」520号, 7頁以下：同「全訂コンメンタル商法総則」, 331頁以下, 参照。
31) この点については, 弥永真生,「「真実かつ公正なる概観」と離脱規定」,「比較会社法研究」（奥島孝康教授還暦記念第1巻）（成文堂）, 96頁以下参照。
32) 孫珠瓚,『商法概説（4訂版）』（博英社）, 66頁。
33) 李基秀,『商法総則・商行為法学（第4版）』（博英社）, 175頁。
34) 呉守根, 前掲論文, 19～20頁。
35) 鄭東潤,『商法総則・商行為法』（法文社）, 167頁：徐憲済,『商法講義（上）』（法文社）, 120頁：李哲松,『会社法講義（第9版）』（博英社）, 728頁：鄭燦亨,『商法講義（上）（第5版）』（博英社）, 128頁：李基秀,『商法総則・商行為法学（第4版）』（博英社）, 175頁：孫珠瓚,『商法（上）（第12増補版）』（博英社）, 167頁：姜渭斗,『商法要論（第3全訂）』（蛍雪出版社）, 66頁など, 多数。
36) 呉守根, 前掲論文, 25頁。
37) 蔡利植,『商法講義』（博英社）, 92頁。
38) 王舜模, 前掲論文（「韓国におけるコーポレート・ガバナンスと商法の最近の動向」), 19～21頁。
39) 山田辰己,「国際会計基準をめぐる最近の動向」,「商事法務」1574号, 24頁以下：岸田雅雄,「国際会計基準と会計法制」,「ジュリスト」1155号, 138頁以下。
40) 西川郁生,「わが国会計ビックバンの展開」,「商事法務」1574号, 31頁以下：松山雅胤,「財務会計基準機構の設立と会計基準等の開発体制」,「商事法務」1606号, 29頁以下。
41) 松山, 前掲論文, 31～32頁。
42) 酒巻俊雄・上村達雄ほか,『会社法』（青林書院, 2003）, 165頁。
43) 岸田雅雄,「米国における一般に認められた会計原則の法的効力（上）」,「商事法務」935号, 28～30頁：片木晴彦,「会計包括規定の役割について」,「商法・経済法の諸問題」（商事法務研究会, 1994）, 25～29頁。
44) 矢沢惇,『企業会計法の論理』（有斐閣）, 116～120頁。
45) 岸田雅雄,「会社の計算・開示関係」,「税経通信」, 2001年8月号（税務経理協会）, 70頁。
46) 田辺明,「対談：商法総則の改正」,「産業経理」30号5号, 126～129頁。

第8章

ベンチャー企業法制

はじめに

　本プロジェクトは「アジアのコーポレート・ガバナンス――中国・韓国・日本における現状と課題――」であるが，ベンチャー企業に関しては，コーポレート・ガバナンスの視点ではなく，むしろ各国におけるベンチャー企業法制の視点から調査を行った。そこでは，各国の実情にあった法制を調査することで，「起業のしやすさ」，「企業経営のしやすさ」，起業後の企業の「成長を支える支援体制」の3点を考えることが筆者の調査研究における狙いであった。この調査を基礎として，本章においては，章のタイトルにあるように「ベンチャー企業法制」について中国・韓国・日本について概観し，これらの概観および調査研究に基づいて，「ベンチャー企業法制」のあり方について，とくに中国の調査研究を中心として日本における「ベンチャー企業法制」のあり方について少し検討してみたい[1]。

第1節　中国のベンチャー企業法制

1．はじめに

　近年の中国の経済成長はめざましく，まさに市場開放を中心とした経済政策がこのことに大いに貢献している。ベンチャー企業も，またこの成長を大きく支えている柱の一つであることには疑いがない。ベンチャー企業関係の

調査は，北京市にある中関村[2]への訪問および中関村の諸条例の立法担当責任者へのインタビューであったことから，中国におけるベンチャー企業法制については，中国の企業法制と中関村条例[3]を中心に検討する。そこで，本節においては，中国会社法における会社の概念，個人独資企業とパートナーシップ企業について述べたのち，さらに中関村に関する検討（条例・実態の検討）を行う。なお，中国においては，日本における「新事業創出促進法」，韓国における「ベンチャー企業育成に関する特別措置法」（後述，第2節参照）のような，全国レベルでのベンチャー企業を対象とする法律はまだ制定されていない。

2．中国の株式会社と有限会社

中国会社法（中華人民共和国公司法＝中華人民共和国会社法。以下，本節では中国会社法と言う）によれば，同法に定める会社とは，有限会社（有限責任公司）と株式会社（股份有限公司）となっている（中国会社法2条）[4]。それぞれの会社の最低資本金からみてみると，次のようになっている。

有限会社の最低資本金（登記資本）は，次のようになっている（中国会社法23条2項）。
・製造業を主とする会社の場合は50万元（同項1号）
・卸売業を主とする会社の場合は50万元（同項2号）
・小売業を主とする会社の場合は30万元（同項3号）
・科学技術開発，顧問，労務提供を営む会社の場合，10万元（同項4号）
・特定の業種を営む有限会社の登記資本額は，前項に掲げるものよりも高額にする必要があるときは，法令において別にこれを定める（同条3項）。

株式会社の最低資本金は1,000万元であると定められており（中国会社法78条2項）[5]，しかも，株式会社の設立は，国務院の授権を受けた部門または省級の人民政府の許可を経ることを要すると規定されている（中国会社法77条）[6]。

このように，最低資本金額が法律により定められている以上，この最低資本金額を充足することができない場合には，株式会社も有限会社も設立することができない。日本においては，最低資本金は，株式会社が1,000万円，

有限会社が300万円となっている。為替レートを仮に1元＝13円とすると，中国における株式会社の最低資本金は日本よりだいぶ高額となるが（1億3,000万円），有限会社のそれは日本の場合の約2倍（650万円）から低い場合（130万円）もある。実際には，日本と中国との一人当たりの所得格差を考えてみると，中国においては，株式会社の設立はおろか，最低資本金の低い有限会社の設立にあたっても相当な資金を用意しなければ，会社を設立することができない。したがって中国において会社を起業することは，これらの法定の最低資本金を用意することのみをもっても，厳しい状況であることを示している。このような状況では，日本のように，株式会社または有限会社を設立して，会社として事業を行うことは困難である[7]。

3．個人独資企業

それでは，どのような形態で企業を起こすのであろうか。中国においても，日本における中小企業促進法をはじめとする中小企業の保護育成を目的とする法令が，いくつか制定されている[8]。そこでいわゆる中小企業として個人が何か事業を行う場合には，どのような企業形態が考えられるだろうか。個人企業の形態が考えられるが，中国では個人企業として個人独資企業というものがある。個人独資企業とは，企業を起こしたい者が財産を出資し，その財産が出資者個人に帰属し，その個人財産をもって企業債務について出資者が無限責任を負う形態を言う[9]。この形態には会社法のような最低資本金制度はないことから，個人が企業を起こすのには適している。この出資者は自分で事業を経営してもよいし，または他の者に経営を委託しまたは他人を招聘して経営を行うことができる。このことは，出資はするが，経営を第三者にゆだねることができる旨を示している（個人独資企業法19条）[10]。起業家がこれを利用するときには，自己資金の出資とその経営を行うことでまさに自分が好き勝手にできる企業を起こし経営することもできれば，出資をするが経営を他人に委ねることもできる。

さらに自己および他人が出資して企業を起こすとなると，いわゆるパートナーシップの利用が考えられる。中国の企業では，先に述べた株式会社または有限会社の利用ではなく，むしろパートナーシップの利用が多いと言われ

ている[11]。

4. 中国のパートナーシップ企業

中国におけるパートナーシップ企業は, 1997年に制定されたパートナーシップ企業法により設立される[12]。パートナーシップ企業は, 日本における合名会社と同じように, 書面によりパートナー契約を締結し, 共同出資, 共同経営であり, その収益を共同で享受し, リスクを共同で負担し, 各パートナーはパートナーシップ企業の債務に対して無限責任を負っている (パートナーシップ企業法2条・3条)[13]。上述のような, 株式会社または有限会社を利用することができないときには, まさにパートナーシップ企業を設立し[14], これが企業活動の拠点として利用されているのである。訪問調査をした中関村についても, 中関村にあるベンチャー企業は, そのほとんどがパートナーシップ企業であるとのことであった[15]。

5. 中関村

中関村には, 大学関係の施設が, 北京大学, 清華大学はじめ170ヵ所あり, 国レベルの研究所が30ヵ所あると言われている[16]。経済のみならず知識の集約地域として北京市の中関村を整備することにし, このことを受けて中関村条例をはじめとする法規を整備したとのことであった[17]。

中関村条例は, 中関村科学技術園区の建設と持続維持可能な発展のために制定され (中関村条例第1条), しかも, 中関村は, 科学教育立国戦略を推進し, 市場経済を発展させるための総合的改革試験区域とし, 国家の新しい技術作りのモデル, 科学技術成果の孵化およびその広がり, また新規のかつハイテク産業化およびそのような人材の育成の基地とすると定めている (中関村条例第4条)。本条例は中関村の組織および個人に適用されるのみならず, 中関村において本条例に関係する活動を行うときにもその適用を受ける (中関村条例第3条)。なお, 中関村においては, この中関村条例のみならず, 多くの条例等が定められている[18]。

中関村におけるベンチャー企業は, そのほとんどがパートナーシップ企業であるが, このパートナーシップ企業の利用についても, 条例により多くの

他の規制を緩和または排除していると言われている[19]。もっとも，その4分の1は上場をめざしているとも言われている[20]。このような条例および科学技術の集積を背景として，ベンチャー企業が活発に活動しているのが中関村である。中関村がこのように展開しているのも，北京市政府のみならず，中華人民共和国国務院からもバックアップを受けていることも大きい[21]。国を挙げてのバックアップがないと，なかなかこのような体制はとれない[22]。

第2節　韓国のベンチャー企業法制

1．はじめに

韓国においては，株式会社の最低資本金は5,000万ウォンであり（商法329条1項），有限会社の最低資本金は1,000万ウォンである（商法546条1項）。仮に100ウォン＝10円とすると，株式会社では500万円であり有限会社は100万円である[23]。韓国においても合名会社および合資会社はあるものの[24]，日本と同じように，資本金を背景とする会社形態は株式会社と有限会社である。ベンチャー企業法制も，商法に基づいて設立された会社を前提とする。そこで，韓国では，ベンチャー企業法制として1997年に「ベンチャー企業育成に関する特別措置法」が制定され[25]，その後何度か改正されて今日に至っている。本章では紙幅の都合上，韓国のベンチャー企業法制の全てを紹介し検討することができないことから，本節におけるこの特別法の簡単な紹介にとどめることにする[26]。

2．ベンチャー企業育成に関する特別措置法

ベンチャー企業育成に関する特別措置法は，「既存の企業からベンチャー企業への転換およびベンチャー企業の創業を促進させることによって，わが産業の構造調整を円滑にならしめ，競争力を高めることに寄与すること」を目的としている。この目的規定を受けて，同法では，まずベンチャー企業の定義を行っている[27]。すなわち，第2条第1項においてベンチャー企業とは

第2条の2の要件を満たす企業であるとし，これを受けて第2条の2においては，ベンチャー企業として扱われるべき要件が示されている。この要件を満たす企業がベンチャー企業として扱われている[28]。

韓国のこの法規制の特徴については，ベンチャー企業の定義を設けていること，および大統領令による定めにより規制の細目が定められていることであろう。前者により「ベンチャー企業とはどのようなものか」がわかれば，その規制はしやすい。しかし，後者の点は規制の細目が大統領令によることから，その時々に相応しい規制ができる反面，恣意的な規制のおそれがあるとも言えよう。

第3節　日本のベンチャー企業法制

1．はじめに

日本におけるベンチャー企業法制は，会社を設立して事業を行う以上，商法および有限会社法に定める4種類の会社（合名会社，合資会社，株式会社，有限会社）に限られる（以下これらの会社を，商法上の会社と言う）。さらに新事業創出促進法を中心とする，中小企業またはベンチャー企業に関する法規制が設けられている。そこで，本節では，商法上の会社のうち，その大半を占める株式会社および有限会社を概観し[29]，ついで，新事業創出促進法について概観する。

2．商法上の規制

株式会社と有限会社に関する最低資本金は，株式会社が1,000万円であり（商168条ノ4。会社法では最低資本金制度は廃止），有限会社が300万円である（有限会社法9条。会社法の成立により，有限会社法は廃止）。これらの最低資本金を用意しないと会社を設立することができない。この金額を用意できれば，誰でも法定の手続きに従えば，株式会社または有限会社を設立することはできる（準則主義）。会社を運営し監督する機構としては，株式会社で

は，取締役会（取締役3名以上で構成），代表取締役，監査役を必要とするが，商法特例法に基づき，会社の規模により，人数，機関の必要的な構成（それを構成するものの資格等に違いはある）等は異なってくる。

　商法上，株式会社と有限会社の設立を考えると，資金面での手当（最低資本金）および運営面での手当（機関構成）の2つの命題をクリアーしなければならない。

3．新事業創出促進法

　新事業創出促進法（平成10年12月18日法律152号）は，「ベンチャー企業」というとらえ方よりも，むしろ「創業」というとらえ方をしていると言える。創業であることから，個人も既に設立されている企業も，何か新しい事業活動を開始することが前提となっている[30]。この観点からは，会社の起業を考えると，商法上の会社形態の選択との関係が問題となる。とくに株式会社および有限会社においては，最低資本金制度があることが問題となる。これらの最低資本金は，ベンチャー企業に限らず当てはまることから，起業行為にとっては一つのハードルとなる。そこで，「中小企業が行う新たな事業活動の促進のための中小企業等協同組合法等の一部を改正する法律（中小企業挑戦支援法と言われている）」（平成14年11月22日法律110号）により，新事業創出促進法を改正して，2003年2月より1円で株式会社または有限会社を設立することができるようになった（新事業創出促進法10条）。ただし，創業の観点および株式会社と有限会社の観点からの規制緩和であることから，先に述べた者のうち，事業を行っていない個人が株式会社または有限会社を設立する場合に限り認められる（新事業創出促進法第2条第2項第3号）。しかもこの規制緩和は，平成20（2008）年3月31日まで申請書を経済産業大臣に提出して確認を受け（これにより設立された会社は，確認株式会社または確認有限会社と言われる），設立の日から5年間は最低資本金制度を適用しない。

4．法規制の姿勢

　日本においては，新事業創出促進法ほかの諸法令において，ベンチャー企

業に関する規定が設けられている。もちろん,会社を規制している商法においても,例えば株式会社においては種類株式の発行を認めるなど（商222条),ベンチャー企業に適した規定が設けられている。ただし,韓国の「ベンチャー企業育成に関する特別措置法」におけるベンチャー企業の定義規定のような,ベンチャー企業を定義する規定は設けられていない。新事業創出促進法の規定にもあるように,むしろ創業の促進をその中心において諸法令において規制がなされているのである。この考え方は,「創業すること＝ベンチャー企業の起業」としてとらえ,会社の設立をまず取り上げている。さらに会社法の規制からは,ベンチャー企業が株式会社または有限会社として設立されている場合には,その会社の類型の中でもベンチャー企業が採りうる便益を提供していると言える。

第4節　日本のベンチャー企業法制への示唆

1．はじめに

調査研究をふまえて,とくに中関村の研究をふまえて,日本におけるベンチャー企業法制について,商法の改正動向も含めて,本節では述べてみたい。まず,最近の商法改正に関する動向について述べる。

2．最近の商法改正に関する動向

法務省民事局参事官室は平成15（2003）年10月に「会社法制の現代化に関する要綱試案」（以下,要綱試案と言う）を公表し,さらに「会社法制の現代化に関する要綱試案・補足説明」（以下,補足説明と言う）を公表して,詳しい説明を行っている。これによれば,会社形態についても大胆な提案をしている。例えば,合名会社と合資会社の規律を一本化すること（要綱試案,第3部),株式会社と有限会社を一本化する（一つの会社類型とする）こと（要綱試案,第4部),さらに新しい類型として日本版LLC（Limited Liability Company：有限責任会社）の創設である（要綱試案,第4部)[31]。この中には,

設立時の最低資本金制度に関してその引き下げまたはこれを定めないことの提案（要綱試案，第4部，第2，1，(1)），譲渡制限株式会社における有限会社型機関設計の選択的採用（要綱試案，第4部，第1，2）も提案されていることから，これらが実現すると，起業にあたり採用すべき会社の選択肢が増えることになる。このことは，設立にかかる費用，設立後の会社経営にかかる費用等の費用面のみならず，実際の会社経営自体のスリム化と円滑化等を十分に考えて，創業に相応しい会社形態を選ぶことになる。しかも，新しい類型の合名会社・合資会社からも株式会社に組織変更することができるので（要綱試案，第3部，4），組織変更が日本版 LLC についても容易にできるようになれば，起業家にとってもっとも設立しやすい方法での起業が行われよう。

　もっとも，新事業創出促進法上の確認株式会社または確認有限会社は，物的会社でありながら，合名会社または合資会社に組織変更をすることができる（新事業創出促進法第10条の17第1項・第7項）。これは商法上，株式会社は有限会社への組織変更のみが（有限会社法64条。会社法の成立により，有限会社法は廃止），有限会社は株式会社への組織変更のみが（有限会社法67条。会社法の成立により，有限会社法は廃止）認められていることに比べると異なる。これは，せっかく設立した株式会社または有限会社という会社形態であっても，5年という期間内に最低資本金を満たすことができないことから生ずる会社の解散というマイナス面と[32]，組織変更の枠を超えてでも会社としての存続を認めることをプラス面と考えた場合，プラス面を優先した規定であろう。試案は，新事業創出促進法の定めを超え，さらに多様な創業形態および運営形態を提供するものであろう。

3．ベンチャー企業法制のあり方

　ここでは，今までの検討をふまえて，ベンチャー企業法制のあり方，とくに日本におけるベンチャー企業法制のあり方を述べてみたい[33]。

　ベンチャー企業法制にとって，どのような項目が重要であろうか。調査研究等からは，次の3つをあげることができる。すなわち，「起業のしやすさ」(A)，「企業経営のしやすさ」(B)，「成長への支援体制」(C)の3点である（図8-

図 8 - 1

起業の
しやすさ
A

企業経営の
しやすさ
B

成長への
支援体制
C

図 8 - 2

A

B　C

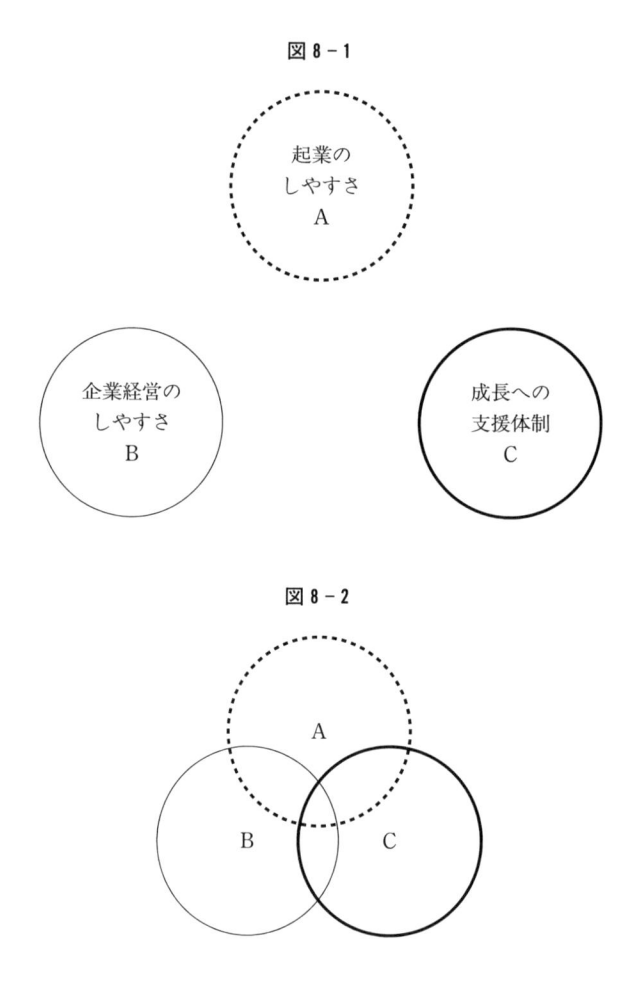

1参照)。これらがうまく機能するベンチャー企業法制のもとでは，まさにベンチャー企業が大いに活躍することになる。図8-1〜図8-3は，これら3つの項目を示しているが，それはそれぞれの項目を考えた企業立地であること，およびそれぞれの項目に関する法規制があることを示すものである。

例えば，中関村は，中関村条例をはじめとする多くの条例によりベンチャー企業の保護育成を図っている。ここでは市場経済での成長をめざす企業が，科学技術分野に関する人と知の資源の集積を活かすために，北京市内

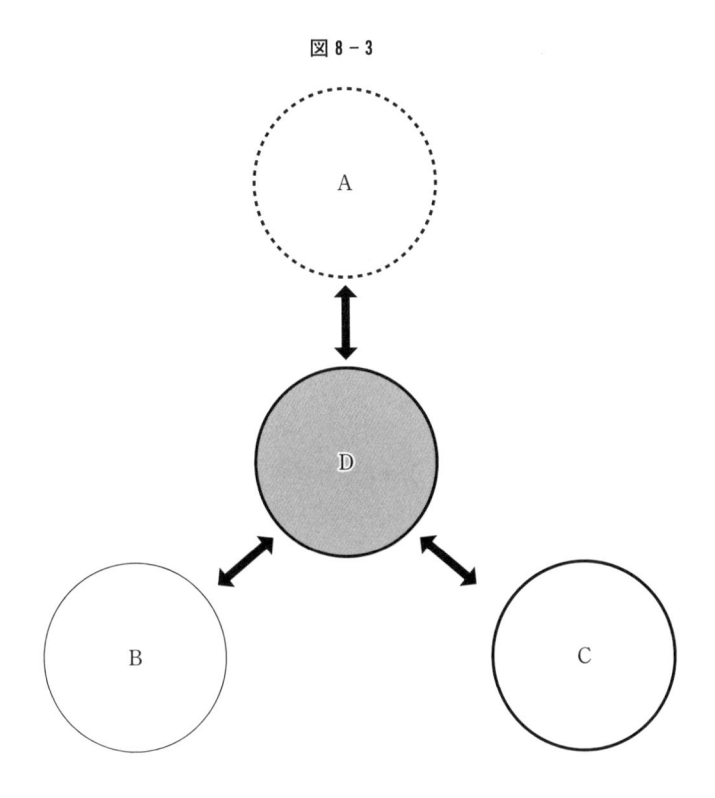

第 8 章　ベンチャー企業法制　257

図 8 - 3

の中関村において創業しまたは集まりそこで企業活動をしている。しかもパートナーシップ企業をその中核として，上場をめざす企業もある。これは，上述の3点が，重なり合った箇所に中関村があることを示しているか（図8-2参照），または3点の真ん中にあり3点と深く結びついている（図8-3におけるDにあたる）ことを示している。企業の立地としても首都北京にあり，消費地および外国との関係[34]でも，他の地域に比べて優位な場所である。さらに法規制に関しても，中関村条例をはじめとする諸条例は北京市の条例にもかかわらず，中華人民共和国国務院の承認を得ており，多くの適用除外をはじめとする特例措置とも言える法規制の中で，ベンチャー企業が設立されまた企業活動を行っている。このように，企業立地としては最善であり，また中関村条例をはじめとする多くの条例によるベンチャー企業育

成がはかられている。法規制上,中関村条例をはじめとする中関村に関する法規制は,先に述べた3つの点を十分に満たすベンチャー企業法制と言える。このようなことから,中関村という一地域のみで考えると,先に述べた3つの点が重なり合ったところに中関村があると言うことができるし(図8-2),中関村条例をはじめとする諸条例の結びつき(中国政府のバックアップも含む)が十分に機能しているのが中関村であるとも言えるのである(図8-3におけるDにあたる)。

それでは,日本におけるベンチャー企業法制について考えてみよう。

まず企業立地の観点から3点を考えてみると,日本全国に統一的な法規制(新事業創出促進法,商法ほか)なので,特に地域的な立地は考えなくてもよいように思われよう。しかし,構造改革特別区域法(平成14年12月18日法律189号)は,一定地域につき現行の法規制を適用しないことで起業を促している[35]。また法規制の観点についても,要綱試案が述べるように商法が改正された場合には,「起業のしやすさ」,「企業経営のしやすさ」は十分に見込まれる。また「成長への支援体制」については,商法上の規定に基づく企業活動の支援ということになろうが,この点については後述する。

ところで,韓国の「ベンチャー企業育成に関する特別措置法」が規定するように,「ベンチャー企業」の定義を新事業創出促進法において設けることも一つの考え方である。設立後の会社は成長するのであるから,個人に限らず企業が分社化して設立した会社も創業であり,このようにして設立された会社もまたベンチャー企業として一般に認められよう。「ベンチャー企業」の定義を設け,この定義に該当する企業に対して,国または地方自治体,金融機関等からの資金面をはじめとする多くの支援を,立法上,促すことも可能である。そうすれば,ベンチャー企業に関する諸法令を連結することにより,3点をうまく連結できるようになり,図8-3のようなベンチャー企業法制を構築することができよう。

日本においては,3点のうち「成長への支援体制」作りが重要となる。中関村のような実際に起業後の企業に関する環境の提供,すなわち起業後の企業に対する支援体制の提供であり,それは成長するための経済的な環境の提供のみならず,それを支援する法環境(支援体制に関する法規制があるこ

と)の提供である。これらの相乗効果により,中関村の企業は成長していると言えよう。起業を促す法規制も必要であるが,法規制としても成長段階に応じた支援体制が必要である。この支援体制を考えるときには,商法上の規制について,設立後の会社の成長段階に分け法規制を行うことも考えてよい[36]。成長段階ごとに規制を分けることは,企業にとってその段階ごとに必要な法規制を遵守すること,言い換えればステップアップへの道筋がわかりやすいことになり,最終的にベンチャー企業の目標が上場であるとすると,段階を踏むことで起業から上場へと進むことができる。この段階ごとの支援を法的にサポートすることが望まれる[37]。商法の規定を段階的に適用することについては,すでに新事業創出促進法により起業に関して(最低資本金に関して)行われているところであり,これを機関運営等にもあてはめていけば,成長段階ごとに法的支援を行うことになろう。

　ベンチャー企業法制については,統一的な法規制で立法すれば(韓国型),これは図8-2のようになるであろう。重なりあう部分はより厚い支援体制となり,重ならない部分もまた相互に関連する事項を統一的に解釈し運用することができる。これに対して関連する法規制を連結するのであれば(図8-3),各法規制がお互いに連結しあう真ん中にベンチャー企業をおかなければならない(図8-3のDにベンチャー企業をおくことになる)。現実的に考えると,日本においては後者の考え方により法規制が行われていくと思われるが,いずれの法規制の形態を採るにしても,本章で指摘した3点を十分にベンチャー企業が享受することができる法規制の構築,とくに「成長への支援体制」が十分にはかられている法規制を設けない限り,中関村におけるベンチャー企業をはじめとする「元気な企業」の輩出を日本において望むことは難しいかもしれない[38]。

おわりに

　本章は,「はじめに」において述べたように,中国における調査研究,とくに中関村に関する調査研究に基づいて,日本におけるベンチャー企業法制

について検討した。国家制度の違い，法制度の違いこそあれ，経済成長の姿は，そのまま2つの国の姿に反映されていることは言うまでもない。日本については，平成18（2006）年に施行が予定されている商法（とくに会社法）の改正動向如何によっては，いわゆる経済特区とも相まって，「元気な企業」を多数輩出することが十分に期待される。「元気な企業」を輩出するための企業法制は，会社制度を含めた企業の類型のみならず，契約をはじめとする種々の取引に関する法規制，さらに起業家をはじめとするベンチャー企業の関係者に関する諸問題をも考慮したものとしなければならない。

(2004年3月)

［砂田 太士］

注
1) 中国，韓国における調査は，主にコーポレート・ガバナンスに関するものであった。ベンチャー企業法制に関する現地調査は，中国における北京市の中関村に関するもののウェイトがほとんどであった。その他の中国での地域（廊坊経済開発区（河北省廊坊市）・上海市）および韓国での調査では，コーポレート・ガバナンスをテーマとする研究会またはインタビューを通じて，会社・企業に関する情報の収集およびそれぞれの実情を調査した。とくに韓国での現地調査では，会社法の研究者との研究会および上場企業協会への訪問であったことから，研究会にてベンチャー企業法制を研究している先生にお目にかかり話をする機会を得たのみであった。したがって，韓国に関しては，これらから知り得た，また知り得る法規制の紹介にとどまる点をあらかじめお断りいたします。
2) ベンチャー企業で有名な北京市の中関村は，その企業を保護育成するために，中関村科学技術園区という特別な地域となっている。これは，北京市人民政府が国務院の許可に基づき画定した5つの区域からなる（後掲注3）・中関村条例第2条）。なお，本章では，中関村科学技術園区を，単に，「中関村」という。
3) 中関村の条例とは，2000年12月8日北京市第11回人民代表大会常務委員会第23次会議において承認され公布され，2001年1月1日より施行されている「中関村科学技術園区条例」（北京市人民代表大会常務委員会公告第25号）を言う。以下，本章においては，中関村条例と言う。中関村条例の翻訳は，大阪大学大学院法学研究科の張凝氏の協力を得た。書面を借りて，御礼申し上げます。
4) 本章における中国会社法の条文については，清河雅孝監訳『中国商事法法規法―会社法／手形・小切手法』（中央経済社，2001年）による。
5) 最低資本金を1,000万元よりも高額にする必要があるときは，法令において別にこれを定めることになっている（中国会社法78条2項）。
6) 有限会社の設立要件は，最低資本金の他いくつか規定されているが（中国会社法

19条），有限会社は株式会社と異なり，国務院の授権は設立要件とはなっていない。
7) 中国における，上海または深圳の証券取引所に上場する会社をはじめとする株式会社については，第1章ほかを参照。
8) たとえば中小企業促進法（全国人民代表大会常務委員会2002年6月29日制定，同日公布，2003年1月1日施行）が設けられており，その第1条は，本法の目的を「中小企業の経営環境を改善し，中小企業の健全な発展を促し，都市及び農村における就業の機会を拡大し，中小企業の国民経済及び社会の発展における重要な役割を発揮させるため，本法を制定する」と述べている。本章における中小企業促進法の条文の邦語訳は，射手矢好雄・張和伏代表編集『中国経済六法2004年増補版』日本国際貿易促進会（2004年）による。
9) 個人独資企業法第2条によると，「本法において個人独資企業とは，本法に従って中国国内で設立され，1名の自然人が投資を行い，財産が投資者の個人所有に属し，投資者がその個人財産をもって企業の債務について無限責任を負う経営実体をいう」と規定している。本章における個人独資企業法の条文の邦語訳は，射手矢好雄・張和伏代表編集『中国経済六法2003年版』日本国際貿易促進会（2002年）による。
10) 個人独資企業法第19条は，次のように規定している。
　　個人独資企業の投資者は企業事務を自主管理することができるほか，その他の行為能力を有する者に委託し又はその者を招聘して企業の事務管理を担当させることもできる。投資者は，他人に委託し又は他人を招聘して個人独資企業の事務を管理させる場合，その受託者又は招聘を引き受けた者と書面による契約を締結し，委託の具体的内容及び授権範囲を明確にしなければならない。
　　受託者又は招聘を引き受けた者は，信義誠実及び勤勉の義務を履行し，投資者と締結した契約に従って個人独資企業の事務管理を行わなければならない。
　　投資者による受託者又は招聘を引き受けた者の職権に対する制限は，善意の第三者に対抗することができない。
11) 中国の調査研究の際，2002年9月12日に，ベンチャー企業法制および中関村に関して，周旺生先生（北京大学教授，北京大学立法学研究中心主任，北京市人民大常委会法制顧問，中国法理学会副会長）にお話を伺う機会を得た。周先生よりこのような話があった。以下，本章においては，周先生より伺った話を引用するときは，「周先生インタビュー」として引用する。なお周先生は，中関村条例の制定にあたり，北京市政府の諮問委員会の委員長を務められ，しかも作業部会の委員長も務められるなど，中関村条例を立案された中心の研究者であられる。なお通訳は，本プロジェクト共同研究員の李黎明九州大学助教授（当時，現在は福岡大学助教授）にお願いした。李先生に，御礼申し上げます。
12) パートナーシップ企業法は，全国人民代表常務委員会にて1997年2月23日に制定・公布され，1997年8月1日より施行されている。本章におけるパートナーシップ企業法の条文の邦語訳は，射手矢好雄・張和伏代表編集『中国経済六法2003年版』日本国際貿易促進会（2002年）による。
13) パートナーシップ企業法によれば，パートナーシップ企業とは営利性企業組織と規定されている（第2条）。

14) パートナーシップ企業の設立については，パートナーシップ企業法の第2章において規定されている。たとえば第8条は，その設立条件として，複数の完全な民事行為能力者であるパートナー（無限責任を負う）を有し，しかも払い込んだ出資を有していることのほか，いくつかの条件を定めている。さらに，出資を実際に払い込んでいることをはじめとする，出資その他の要件も，第2章において規定されている。設立にあたり，これらの要件を満たさなければ，パートナーシップ企業を設立することができない。
15) 周先生インタビュー・前掲注11)。
16) 周先生インタビュー・前掲注11)。
17) 周先生インタビュー・前掲注11)。
18) 投資契約に関する周先生との質疑応答のときに，中関村に関しては，中関村条例のみならず20あまりの条例その他の法規があるとのことであった（周先生インタビュー・前掲注11))。
19) 周先生インタビュー・前掲注11) によれば，中関村条例のみならず，中関村に関する条例は多々あり，それらにより規制緩和または排除をしているとのことである。
20) 周先生インタビュー・前掲注11)。上場を目的としない他の起業家は，会社および税制に関する規制が異なるものの，企業化後の発明，技術の向上等により得た財産（知的財産）または企業そのものを高く他の企業に売却することにより，利益を得ることができる。さらにその得た利益を再投資して，また新しい起業を起こすことも考えられる。ベンチャー企業の定義を，「ベンチャー企業とは，新しいものを作り上げるために立ち上げる会社である」とするならば，まさに中関村の企業活動は，「小さな点から出発して大きな夢を実現させる」ことの出発点であり，かつ孵化する場でもあることから，そこでのベンチャー企業とは，先に述べた「　」内の意味そのものであるといえる。このことからは，ベンチャー企業は，俗な言葉で言うならば，「元気の源」であるといってもよいであろう。
21) 中華人民共和国国務院の1999年6月5日付の北京市人民政府科学技術部宛の文書において，次のようなことを述べている（一部を抜粋）。なお，以下の文書は，中関村駐東京連絡処のホームページ http://www.bjdjuc.co.jp/zgc/building/all-Frameset.htm による。

「本文は，貴下の呈した［科学と教育による国家―新計画の履行を目的とした，中関村サイエンスパーク建設促進申請書（京政文No.1999―35，以後「本申請書」とする)］を承認し，本申請書に対し以下のように回答するものである。
1．本申請書に例記されている中関村サイエンスパーク建設促進に関する事項は原則として是認される。
2．わが国における科学技術分野に優れた人材，ならびに知の資源の最高密集地である北京の中関村地域は，一般的な学問と共に優れた人材と科学技術を享受し，また多くの先進企業がここに拠点を置いている。中関村サイエンスパークの建設促進は研究結果や革新的な知識を生産面において利用することによって，豊かな知的資源を多大な生産力に変容することができるという点で，多義において重要な事柄である。また，北京市の工業構造の再調整や経済的・社会的発展の加速，科学と教育に

よる国家一新計画の履行，国家の革新的将来性の増長においても重要な意義を持つものである。ゆえに，国家の団結力を増大させる主要な施策となるであろう。また建設にあたって，この種の施設の建設経験豊富な他国に学び，なおかつ，中関村サイエンスパークを中国的特徴を備えた，全国的な高度最新技術工業開発の手本となるよう造り上げることは重要なことである。」

22) 周先生インタビュー・前掲注11）によれば，北京市における税収の80パーセントは中関村からのものであるとのこと。このことは，中関村における企業活動が，いかに活発で成長しているかを物語るものであろう。
23) 韓国商法の条文は，『現行韓国六法』（ぎょうせい）による。
24) 合名会社と合資会社は日本におけるそれと同じ会社形態であり，合名会社は商法178条以下に，合資会社は商法268条以下にそれぞれ規定されている。
25) このベンチャー企業に関する法規制のみならず，中小企業基本法をはじめとする，中小企業の保護育成に関する法規制はある。
26) 本章で引用する「ベンチャー企業育成に関する特別措置法」は，2003年5月29日の改正までのものである。なお本法の条文は，断りのない限り，本プロジェクト共同研究員である，王舜模慶星大学校法学大学副教授のご厚意によりなされた翻訳による。ここに王先生に御礼申し上げます。
27) 第2条では，「ベンチャー企業」の定義以外にも，法規制で必要な事項の定義を規定している。
28) 第2条の2は次のように規定する。
第2条の2（ベンチャー企業の要件）
① ベンチャー企業は次の各号の要件を満たさなければならない。
　1．中小企業基本法第2条の規定による中小企業（以下，「中小企業」と言う）であること。
　2．中小企業振興および製品購買促進に関する法律第47条の規定による中小企業振興公団など，大統領令の定める機関から技術および経営革新に関する能力が優秀であるものと評価されること。
　3．次に掲げる事項のいずれかに該当すること。
⑴ 企業の資本金のうち，次に掲げる事項のいずれかに該当する者の投資金額の合計が，占める割合およびその割合を維持する期間がそれぞれ大統領令の定める基準以上である企業
　(1) 中小企業創業支援法第2条第4号の規定による中小企業創業投資会社（以下，「中小企業創業投資会社」と言う）
　(2) 中小企業創業支援法第2条第5号の規定による中小企業創業投資組合（以下，「中小企業創業投資組合」と言う）
　(3) 与信専門金融業法第2条第14号の規定による新技術事業金融業を営む者（以下，「新技術事業金融業者」と言う）
　(4) 与信専門金融業法第41条第3項の規定による新技術事業投資組合（以下，「新技術事業投資組合」と言う）
　(5) 第4条の2の規定による韓国ベンチャー投資組合

(6) 第4条の3の規定による多産ベンチャー株式会社
　(ロ) 企業（技術開発促進法第7条第1項第2号の規定による企業付設研究所を保有した企業に限る）の年間研究開発費と年間総売出額に対する研究開発費の合計が占める割合が各々大統領令の定める基準以上である企業
　(ハ) 次に掲げる事項の中でいずれかの権利または技術を利用して事業化する企業（創業する企業を含む）として，中小企業振興および製品購買促進に関する法律第47条の規定による中小企業振興公団など大統領令の定める機関から技術性または事業性が優秀であるものと評価された企業
　　　(1) 特許権（特許出願をした技術として特許庁長が認める技術を含む）
　　　(2) 租税特例制限法第121条の2第1項第1号の規定によって租税減免対象になる産業支援サービス業および高度の技術を伴う事業にかかわる技術として自体開発した技術であり，または外国人投資促進法第25条の規定によって外国人との技術導入契約の締結に従って申告した技術
　　　(3) 技術移転促進法第2条第5号の規定による公共研究機関から移転されたり，同法第6条の規定による韓国技術取引先を通じて移転された技術
　　　(4) 他の法律によって中央行政機関が研究開発に関する課題を特定して研究開発費の全部又は一部を出捐する研究開発技術として大統領令の定める技術
　② 第1項第2号および第3号(ハ)の規定による評価基準および評価方法などについて，必要な事項は大統領令で定める。[本条新設 2002. 8. 26]

29) 平成14年度の株式会社の数は1,048,920社であり，有限会社の数は1,423,132社である。合名会社が7,848社であり合資会社が29,867社であることからも，株式会社と有限会社の合計数は，会社のうち98.5％である。なお，株式会社のうち資本金が2,000万円未満は779,846社（株式会社の77.3％），有限会社のうち資本金が500万円未満は1,034,842社（有限会社の72.7％）となっている。これらの数字は，国税庁のホームページにおける統計情報，平成14年度の会社標本調査結果における「第12表　法人数の内訳」による（http://www.nta.go.jp/category/toukei/tokei/menu/kaisya/h14/pdf/08.pdf）。

30) 新事業創業促進法第2条第1項は，「創業等」について，事業を営んでいない個人が個人としてまたは会社を設立して事業を開始することであると規定し（1号・2号），また既にある会社が新たに会社を設立して事業を開始することであると規定している（3号）。また「創業者」については，同条2項において規定している。
　後述する最低資本金との関係から，創業者として最低資本金に関する特例の適用を受けるのは，次の場合でなければならない。すなわち，事業を営んでいない個人が会社を設立して事業を開始するものであり（新事業創出促進法第2条第1項第2号），この場合に2ヵ月以内に当該創業等を行う具体的な計画を有していなければならない（新事業創出促進法第2条第2項第3号）。

31) 試案および補足説明に関しては，「『会社法制の現代化に関する要綱試案』の論点(1)～(11)」商事1686号～1689号において，論点ごとに検討されている。

32) 日本経済新聞2004（平成16）年3月20日朝刊11面（西部版）の記事によれば，新事業創出促進法の最低資本金の特例により，2003年2月から2004年3月18日ま

でに 10,082 社が設立されている。しかも，そのうち 429 社は 1 円の資本金で起業しているとのことである。さらに 10,082 社中 366 社（3.6％）は，すでに最低資本金（株式会社＝1,000 万円，有限会社＝300 万円）を満たしているとのことである。起業後に成長し，立派に会社として成り立っていると言える。この記事からは，まだ 5 年経っていないことから確実なことは言えないものの，本文にて指摘しているマイナス面については，もしかしたらそのマイナス部分を強調しすぎなくてもよいのかもしれない，と思うような状況である。

33) 以下の記述は，個人的な意見である。また実際には立法的な手当が必要なことから，立法論的な観点からの意見である。

34) 外国との関係とは，外国企業・研究機関等（以下，外国企業等と言う）が中関村において活動すること，中関村の企業がこれらの外国企業等の中関村内外はもちろんのこと，多くの場所・接点を通じて連携することができること等，企業活動としての外国企業等との関係を指す。

35) 構造改革特別区域法（構造特区法と言う）は，地方公共団体が自発的に設定した構造改革特別区域において，地方公共団体が特定の事業を実施またはその実施を促進することにより，経済の活性化をはかるものである。これにより，多くの地域が構造特区に認定されている。この地域内では，例えば，関税法の特例が認められ（構造特区法 25 条），電気通信事業法の特例（構造特区法 29 条）等，多くの法規制の適用が除外される。

36) 筆者は，「ベンチャー企業における運営機関——その実態と立法論——」新報 109 巻 9・10 合併号（中央大学）373 頁以下（2003 年）において，段階的に成長するベンチャー企業に着目して，成長段階ごとの運営機構，すなわち，株主総会・取締役（会）・代表取締役・監査役のあり方について検討した。この論文では，3 つの成長段階ごとにこれらの運営機構が果たす役割が異なることから，この観点からベンチャー企業にふさわしい運営機関について述べている。また，この論文のきっかけとなったのは，平成 13（2001）年 6 月 16 日に行われた，九州法学会 103 回大会において，「成長企業のマネジメントと法的環境——ベンチャー企業・中小企業の未来像——」と題するシンポジウムを行い，その責任者として，司会および報告をしたことである。シンポジウムの内容については，シンポジウム「成長企業のマネジメントと法的環境——ベンチャー企業・中小企業の未来像——」九州法学会会報 2001 年 30 頁以下参照（九州法学会，2002 年 10 月）。

37) 砂田・前掲注 36) 383-387 頁。

38)「元気な企業」に関して，今回の調査で 2002 年 9 月に訪問した「廊坊経済開発区」では，開発区の中に大学を誘致し企業との連携を図っていた。これも，「元気な企業」の輩出に大いに役立っていよう。清華大学，北京大学に隣接する中関村に関しても，大学の研究者または学生が，自分が研究していることをまたはしたことをすぐに実施することができるのは，まさに「物作り」の原点とも言えよう。また企業もここで企業活動を行えば研究者の知識を活かすこともできることから，中関村では，自然と活き活きとした企業活動を醸し出すのであろう。このように，日本と中国とでは国の体制が異なるとはいえ，中関村にしろ廊坊経済開発区にしろ，「元気な企業」による経

済発展を図る中国の姿に筆者は強烈な印象を受けた。

補遺：本章脱稿後，会社法改正の内容が明らかになってきた。本文および注におけるわが国のベンチャー企業に関する記述については，該当箇所を加筆訂正するのではなく，補遺として以下に関係事項を述べることにする。

平成16（2004）年12月8日開催の法制審議会会社法（現代化関係）部会において，「会社法制の現代化に関する要綱案」が決定された（以下，要綱案と言う）。

要綱案によれば，有限会社と株式会社が一つの会社類型（株式会社）に統一される。これにより有限会社は株式会社の中に取り込まれ，既存の有限会社は存続するものの新しく有限会社を設立することはできなくなる。また最低資本金制度は撤廃され，新事業創出促進法における現行の確認株式会社と確認有限会社とは異なり，改正後は株式会社を1円で設立することができるのみならず，その後も恒常的に1円の資本金で株式会社として存続することができる（もっとも，剰余金の分配規制が設けられる）。また，前述したとおり有限会社が株式会社に統一されることも含めて，株式会社と一口に言っても，機関設計によりいろいろなタイプの株式会社が生じることなる。たとえば，取締役の員数制限も緩和されまた取締役会・監査役の設置も義務づけられなくなることから，取締役一人の株式会社も設立できる（現行の有限会社と同じタイプの株式会社）し，従来のように取締役会と監査役を設ける会社もある。合名会社と合資会社は，規律が一本化される一方，新しい会社の類型として，日本版LLC（Limited Liability Company：有限責任社社）として合同会社（仮称）が認められることになる。合同会社は，出資者の有限責任が確保され，会社内部関係については組合的規律が適用されるというような特徴を有する新たな会社類型である。この合同会社が認められると，中関村におけるパートナーシップ企業のように，ベンチャー企業の設立を促すことになろう。さらに，合名会社，合資会社および合同会社は，株式会社に組織変更することができることも提案されているので，極めて小さい会社として出発し，やがて株式会社に組織を変更し，しかもその株式を公開することができる道筋ができたと言える。

このように大幅に会社法が改正されることからは，起業を志す者にとっては，株式会社を利用しやすくなるし（設立時の最低資本金，機関設計等），また合同会社を利用することもできる。改正後の会社法の姿勢からは，会社を設立することは冒険であるから会社の設立自体がベンチャー起業であるととらえている，言い換えればそもそも設立時の会社はすべてベンチャー企業であると言えるのかもしれない。

要綱案の内容については，商事法務1717号10頁（2004年），旬刊経理情報1071号付録（2005年）に掲載されている。

また日本経済新聞平成 17（2005）年 1 月 4 日付朝刊 1 面（西部版）によると，経済産業省は，法人税を納める必要がないうえに，出資者の責任を限定できる「有限責任事業組合（LLP：Limited Liability Partnership）」と呼ぶ制度を創設する準備に入ったと報道された。この制度も，またベンチャー企業が事業を行うにあたり利用することが期待される制度である。　　　　　　（2005 年 1 月）

終　章
東アジアのコーポレート・ガバナンスから学ぶ

はじめに

1．これまでのコーポレート・ガバナンス論の限界

　東アジア（以下では，中国・韓国・日本を東アジアと表現する）のコーポレート・ガバナンスを学ぶことの意義は決して小さくない。米国・欧州の企業を念頭において組み立てられてきたこれまでのコーポレート・ガバナンス論の限界を浮き彫りにしてくれるからである。

　コーポレート・ガバナンスとは何か。これまでは，経営の規律付けと解するのが一般的と言える。つまり，経営の効率性および経営の健全性を高めるために，経営を規律付けるか，あるいは経営を規律付けるための仕組み作りをしていくことが，コーポレート・ガバナンスの意味であると考えられてきた。

　東アジアでも，コーポレート・ガバナンスをこのような意味で理解しながら，コーポレート・ガバナンス改革を行ってきた。そのことは，米国において，経営の規律付けのために必要ないしは有効とされた諸制度が，これら東アジアの国々においても，法改正を通じて導入されていったことを見れば明らかである。

　こうした米国発の経営の規律付けのための制度的仕組みは，東アジアの国々において，どれほど有効に機能しているのであろうか。この点については，本書の各章で詳しく分析されているが，国により一様ではない。

　韓国では，米国型のコーポレート・ガバナンス改革は，急速に浸透し，統

計上相当の成果を上げたと肯定的に評価されることが多いが，本当の意味での改革または成果とは言えないとする批判も少なくない[1]。

中国では，会社法制定によって制度改革は画期的に前進したと言える。しかし，制度の形はできても，その制度の実効性については，きわめて懐疑的にならざるを得ない状況がある。

日本では，会社法の度重なる改正で法制度の整備は進み，企業のガバナンス意識は以前より高まったと言える。企業の一部では，法の求めるレベル以上にコーポレート・ガバナンス改革を進めているところもある。とはいえ，この改革が，全体としてどの程度浸透したのか。また，本当に必要かつ有益な改革となっているか，という観点からみれば，なお論議すべきところも少なくないと考える。

このように，経営の規律付けという観点から，韓国の企業，中国の企業，そして，日本の企業をみると，程度の差はあれ，まだまだ不十分なところが残されている。

そうした不十分さが生じている理由としては，経営の規律付けの改革が徹底されていなかったことによる場合と，そもそも経営の規律付けの制度が，企業の現実に適合していなかったことによる場合とが考えられる。

中国の企業に対して，さらに経営の規律付けを強化すれば，事態が改善されるかと言えば，そうは言えないところがある。経営の規律付けより，もっと根本的な問題が潜んでいると思われるからである。

韓国にしても，少なからずそうした要素がある。確かに，1997年の通貨危機により，IMF管理下におかれた韓国は，それまでの日本型の監査役制度中心のガバナンス機構から，取締役会中心の米国型ガバナンス機構に大きく転換したことで，コーポレート・ガバナンス改革の実を上げたと説明されることが多い。

しかしながら，韓国のコーポレート・ガバナンス改革の主眼は，財閥改革にあったと言うべきであり，そこでは，支配株主に対する規制が重要な柱となっている。支配株主に対する規制が図られたからこそ，「経営の規律付け」も相当に機能しえたのであり，また逆に，財閥改革の不十分さは，支配株主の規制の不十分さによるところが大きいという見方も成り立つのではあるま

いか。

　中国および韓国のコーポレート・ガバナンスを，経営の規律付けという観点だけから分析しても，見えないところが少なくないのである。

2．支配株主の規律付け

　東アジアのコーポレート・ガバナンスの問題の根源は，「経営」の領域よりも，むしろ「所有」の領域にある。

　韓国では，財閥による会社支配が，中国では国家による会社支配が，日本では，（その比重は大きく低下しているとはいえ，今なお）株式持合いによる会社支配が，それぞれ国の経済を特徴づけている。三者三様ではあるが，いずれも，そこでは，「会社支配」の要素が前面に出ている。

　日本の株式持合いは，稀薄な「所有による会社支配」と経営者支配の折衷された形態である点では，中国・韓国における「所有による会社支配」とは大きく異なっているが，支配の仕組みを利用している点では，所有による会社支配と共通した側面を有している。

　このように，「所有による会社支配」が，実態として存在しているところでは，「経営の規律付け」よりも，むしろ「支配株主の規律付け」が重い意味をもつと考える。経営に問題があるとしても，その根源に，「所有による会社支配」の問題が横たわっている場合が多いからである。

　「支配株主の規律付け」をどのように行っていくか。東アジアのコーポレート・ガバナンスは，そこから始まると言ってよい。

3．ポスト産業資本主義に向けたコーポレート・ガバナンス論へ

　東アジアのコーポレート・ガバナンスから学ぶもう一つの重要な問題は，これからの企業のあり方に関わる。

　東アジアの企業を取り上げるとき，何と言っても強烈な印象を与えるのは，中国の企業の強さである。「経営の規律付けとしてのコーポレート・ガバナンス論」から評価すれば，中国の企業は決して優等生とは言えない。しかし，現実の経済社会においては中国企業の存在感は大きくなるばかりである。

それは，中国企業が，安い賃金と，従業員の数の多さとによって支えられているからである。岩井克人教授の表現を借りれば，そうした中国企業の強さは，産業資本主義的な企業としての強さ[2]ということになる。

　しかし，日本企業には，もはや安い賃金を基礎として成長発展していく道は残されていない。差異性を基礎にしたポスト産業資本主義的な企業を目指さざるを得ないのである。機械と工場と労力がものを言う産業資本主義的企業と異なり，新たな技術，新たな製品，新たな事業，そして新たな市場を開発・開拓していくことで，他の企業と差異化を図っていかなければならないポスト産業資本主義的企業においては，高い資質・技能をもった従業員が重要な役割を果たすことになる。従業員を経営者の手足と考えればすんだ時代から，従業員と企業の関わり方が，企業の運命を左右する時代になっているのである[3]。

　こうした従業員と会社の関わり方の変化を前提にすると，東アジアには，産業資本主義的企業としての強さをもった中国の企業もいれば，ポスト産業資本主義的企業として生きていかざるを得ない日本の企業あるいは韓国の企業もいるということになる。この違いに着目すれば，「従業員」という視点もまた，東アジアのコーポレート・ガバナンスを分析する上で，きわめて大きなウェイトを占めると言わざるを得ない。

　もっとも，これまで，会社法の世界では，従業員は法的存在として登場してこなかった。その理由は，会社法が，株主を会社の実質的所有者としてとらえ，その実質的所有者を経営者から保護する仕組みを定める法律であると理解されてきたことにある。この会社法の考え方からすれば，従業員を会社法のコーポレート・ガバナンスの世界に取り込むことは，株主の権利・地位を制限することを意味するため，容認しがたいことになるからである。

　簡単に言えば，株主の「所有」を「所与」とし，「経営の規律付け」だけを基本とする会社法の建前が，「従業員」がコーポレート・ガバナンスの世界に入り込むことを拒絶してきたのである。

　結局，これまで一般に受け容れられてきた「経営の規律付け」中心のコーポレート・ガバナンス論は，前述のように，「会社支配の規律付け」を軽視してきただけでなく，コーポレート・ガバナンス論から，従業員を放逐してし

まったのである[4]。

しかし，東アジアの企業の現実は，「経営の規律付け」のみのコーポレート・ガバナンス論は，あまりに狭すぎることを示唆している。

4．分析の視点

このように，これまでの経営の規律付け中心のコーポレート・ガバナンス論では限界があることに気付かされたこと，それが，筆者が東アジアのコーポレート・ガバナンスから学んだ最大の教訓である。

その教訓をどのように生かしていくか。とりあえず，本章では，「支配株主の規律付け」に焦点を当てて考察してみたい。

「支配株主の規律付け」とは，具体的に何を意味するかは，後述するとして，ここでは，差し当たり，支配株主に対する法規制ないし法的保障と説明しておくことにする。

まず，第１節では，韓国および中国の企業の支配構造の特色を明らかにしつつ，そのもとで展開されている支配株主に対する法規制の内容を概観する。

第２節では，韓国および中国における支配株主にたいする法規制の問題点を探る。しかし，支配株主には，規制すべき負の側面だけでなく，企業の効率性を支える正の側面もあることを論じる。

第３節では，「支配株主の規律付け」を，一般理論として考察する。「支配株主の規律付け」の内容は，株式会社のとらえ方次第で大きく変わってくる。株式会社をどのようにとらえるのか，そのとらえ方次第で，無視されることもあれば，重視されることにもなることを論証する。

最後に，コーポレート・ガバナンスにおいて，「経営のガバナンス」より，むしろ「支配株主の規律付け」が基本となるべきことを明らかにする。

第1節 韓国・中国・日本における会社支配構造と規制

1．韓国における「財閥による会社支配」と法規制

　韓国の株式所有構造の特色は，財閥による会社支配である。それを象徴するのが，財閥は簡単には死なないという「大馬不死」の神話であった。しかし，政官界との癒着を背景にした財閥の膨張と放漫経営は，韓国経済を深く蝕むところとなったのである。1997年1月韓宝鉄鋼の不渡りが引き金となって，三味，真路，起亜などの財閥の連鎖倒産が起こり，韓国は，深刻な通貨危機に陥った[5]。

　かくして，IMFの救済金融に頼らざるを得なくなり，IMFの管理体制下のもとで，コーポレート・ガバナンス改革が断行されることになったのである。その改革で，主要な標的とされたのが，財閥による会社支配であった。そこで，財閥による会社支配の実態を明らかにし，規制を行うために，以下のような内容の商法改正・証券取引法改正が実施されたのである[6]。

　第1は，企業集団結合財務諸表の作成・監査・開示を強制したことである。これは，連結財務諸表制度が持分率などを基準に従属関係にある会社のみを対象としているのに対して，もっと広範で，特定の企業集団に属するすべての系列会社を対象としている。

　第2は，財閥オーナーあるいは支配株主が，その影響力を利用し，取締役の業務執行を指図し，あるいは経営権を事実上行使した場合には，これを取締役とみなし（事実上の取締役），取締役として会社および第三者に対して厳しい責任を負うとしたことである。

　具体的には，法律上の取締役ではないが，①会社に対して自己の影響力を利用して取締役に対して業務執行を指示する者，②取締役の名義で直接業務を執行した者（①②をあわせて背後取締役と呼ぶ），③取締役でないにもかかわらず，名誉会長・会長・社長・副会長・企画調整室長・専務・常務その他会社の業務を執行する権限を有するかのごとき名称を使用して会社の

業務を執行する者（これらを表見取締役という），が事実上の取締役とされる。

第3は，取締役会制度を改革して，社外取締役制度あるいは監査委員会を導入し，その資格要件において，大株主の影響力をできる限り排除したことである。

2．中国における「国家による会社支配」と法規制

中国では，1970年代末から企業改革が始まり，1993年12月には会社法が，1998年12月には，証券法がそれぞれ制定された。このように企業に関する制度は一応整備されたものの，会社資産（国有資産）の不正流出，粉飾決算，相場操縦，インサイダー取引などの企業不祥事が続発しており，コーポレート・ガバナンスには程遠い状況にあるとされる。

こうして制度の不備が明らかになったばかりでなく，2001年末にWTOに加盟したことで，いっそうの法整備が喫緊の課題となっている。そうした背景の中で，国家による会社支配に対して，どのような規制・改革が行われているのか。以下の3つの観点から整理してみたい[7]。

第1は，会社法における株主の「所有」の位置づけに関する。1993年の中国会社法は，所有と経営の分離を基本としつつも，会社の意思決定機関としての株主総会を最高権力機関として明示している。株主総会の権限を法定しているので，形式的には株主総会は万能機関とは言えないにしても，会社の経営方針および投資計画の決定権限まで与えられるなど，株主総会の権限は相当に広範なものである。

さらに，合併・分割，増資のための新株発行などについては，株主総会の承認決議だけでなく，中国政府（国務院）から授権された機関による審査・許可が必要とされている。このように，国家が支配株主としての意思を貫徹できる仕組みが法的に保障されているのである。

その反面，支配株主の議決権行使の濫用を抑止するための会社法上の仕組みには，不備が目立つ。株主総会決議の瑕疵に関する規定は一応あると言えるものの，特別利害関係を有する株主の議決権行使による不当決議に対する手当を欠くなど具体性に乏しい。まして，特別利害関係人の議決権の事前排

除の制度があるわけでもない。

　第2は，上場会社に関して，中国証券監督管理委員会と国家経済貿易委員会によって2002年1月に公布された上場会社企業統治準則である。中国の上場企業の多くは，国有企業の子会社である。そのため，上場会社に対して，親会社たる国有企業が不当に影響力を行使しないように，以下のように，広範で，詳細な規定が定められている。すなわち，支配株主は上場会社の経営者選任に際しては，法に基づいて行うべきで，株主総会・取締役会を跳び越えて経営者を任命してはならない。

　また，支配株主は，法定外の利益を取得してはならない。上場会社の重要な意思決定は，株主総会のルールに従って行うべきであり，支配株主は，上場会社の意思決定および生産経営活動に直接関与してはならない。

　上場会社は，人員，資産，財務の点で，支配株主から分離し，独立していなければならない。上場会社の経営者，財務責任者などは，支配株主の会社の取締役，その他の職務に就いてはならない。支配企業の上級管理職が，上場会社の取締役を兼任する場合，その職務遂行に必要な時間と精力を確保しなければならない。

　上場会社の取締役会，監査役会，その他の内部機関は，独立して運営されなければならない。支配株主が指名する取締役・監査役候補者は，関連の専門知識，政策決定・監督能力を具えていなければならない。

　その他，取締役会の独立性を図るために，独立取締役制度および委員会制度が導入されている。すなわち，戦略委員会，監査委員会，人事委員会，報酬・考査委員会を設置し，戦略委員会を除く委員会は，過半数の独立取締役によって構成しなければならない。独立取締役は，会社で取締役以外の職務を担当せず，当該上場会社およびその主要株主との間に，本人が独立的・客観的判断を行うのを妨げる関係を有しない者でなければならない。独立取締役は，会社全体の利益を保護し，とくに中小株主の合法的権益が損害を受けないように注意しなければならないとされる。

　第3は，行政機構の整備である。2003年の行政改革以前は，中国では国家株主が会社を支配していると言っても，実際には，株主としての権限は，国務院の各部門（五龍と呼ばれた）によって行使されていた。国有企業の財

務関係は財政部が，投資関係は国家計画委員会が，責任者の選任は党組織が，それぞれ株主としての権限を行使するという具合であった。国有企業の出資者がどこにいるか，見えにくい状況にあったのである。

そこで，こうした行政の壁をなくすために，行政改革により国有資産監督管理委員会を設置し，国有企業に対する権限を集中させる体制に変えたのである。これにより，国家は支配株主として統一的な機能を発揮しやすい体制を整えたのである。

第2節　中国・韓国のコーポレート・ガバナンス改革の問題点

1．韓国における会社支配規制の問題点

韓国における財閥オーナーおよび一族による会社支配の特徴は，オーナーが代表権を有する経営者として表舞台に登場せず，秘書室，企画調整室，あるいは社長団会などのいわゆるグループ統括機構を通じて，系列会社の経営に影響力を行使する形をとるところにある[8]。つまり，財閥は支配すれども責任を負わなくてすむ体制を構築してきたのである。

この状況を改善し，支配と責任を一致せしめるべく，1998年改正商法は，既述のように，「事実上の取締役」の責任を明文で定めたのである。

日本法では支配株主はどのように扱われているか。商法247条1項3号（会社法831条1項3号）が，特別利害関係を有する株主が株主総会で不当決議を成立せしめたとき，その決議を取消すことができると定めているにすぎない。そのことからも窺われるように，支配株主が法律で実質的に規制されることは少ない。

これに対して，韓国の改正商法は，事実上の取締役の理論を制度化することで，支配株主に対して踏み込んだ規制を行ったものと言え，高く評価してよい。

しかし，この規制に対しては，業務執行指示者など事実上の取締役の概念が曖昧であること，見えざる影響力行使者を探し出してその故意を立証する

ことはきわめて困難であること，また実務上法的安定性を阻害するおそれがあること，などが問題点として指摘されている[9]。

また，この新たな規制により，今まで背後に隠れていた支配株主が経営の前面に出てくることになると，むしろ所有と経営の分離原則に反するおそれがあるという懸念も示されている。実際，この規制の実施後，財閥オーナーは，代表権のあるポストに就くようになったとされる。懸念は，現実のものとなったのである。

しかも，問題は，以上にとどまらない。株主が代表訴訟を提起しようとしても，韓国法では，1％（大規模・上場会社では，0.01％）の株式所有が必要である。この持株要件は，訴訟継続要件とは解されていないため，代表訴訟の実質的ハードルとしてそれほど高いものではないという見方もあるが[10]，1株株主にも提訴資格がある日本法に比して重い要件であることは否定できない。

さらに，株主はこの支配株主の責任発生原因事実をどのようにして知りうるのかという難題も，依然として残されたままになっている。

次に，社外取締役・監査委員会制度の導入は，大株主・経営陣を牽制し，経営の透明性を高める上で役立つとされる一方，支配株主が社外取締役候補者を決定し，株主総会に推薦し，自ら決定する実態がある以上，社外取締役の資格要件を厳しくしても，社外取締役が大株主，あるいは大株主兼経営者から，独立性を確保できるわけではないと指摘されている[11]。

このように，韓国のコーポレート・ガバナンス改革は，かなり思い切った内容を含んでいる側面もあるとはいえ，財閥による会社支配を適切に規律付けているかとなると，まだまだ不十分なところが多いと言わざるを得ない。

2．中国における会社支配規制の問題点

中国の企業の最大の特徴は，強い国家が，強い支配株主の座に座っていることである。株式会社の歴史上かつて存在したことのないような強大な支配株主の出現は，株式会社にどのような問題を引き起し，会社法にどのような課題を投げかけるのであろうか。

前節で，中国における会社支配に関する法制度・規制を3つのレベルに分

けて整理したが，それぞれにどのような問題があるかをみていくことにする[12]。

第1に，会社法では，株主の「所有」の位置づけに関して，株主総会の最高機関性が明確にされており，支配株主としての国家の意思が確実に貫徹できるように保障されているといえる。しかし，過度に株主の「所有」を保護するあまり，企業運営に支障をきたす硬直的な制度となっている側面もあると言わざるを得ない。国家の意思の貫徹は，支配を保障すれば足りるはずであり，株主総会に過大な権限を付与することは，企業の円滑な経営を阻害し，かえって「所有」の利益にならないと言うべきである。

第2に，上場会社に関する企業統治準則は，会社支配の行使に関して，詳細な規定を設けているが，それらは，中国の国家による会社支配がもたらした2つの大きな問題点に向けられている。

一つは，国家という支配株主の権限を国家に代わって行使する内部者の問題である。経営者（取締役）が株主の代理人であるとするならば，この内部者は，株主の権利を株主に代わって行使する代行者とでも言うべき存在である。中国では，この内部者は，支配株主としての権限を行使する国務院の各部門に勤務する行政官僚，あるいは共産党組織の幹部ということになる。

ところが，これらの内部者が，経済人あるいは企業人としての意識をもって，あるいは企業の利益のために，支配株主としての権限を行使しているかどうかは，疑わしいとされる。このように，国有企業の経営者を選ぶ側に問題があるばかりでなく，選ばれる側にも大いに問題がある。それは，選任された経営者の行動原理が，経営者としてのそれよりも，公務員・官僚としてのそれに従っているとされることである。それゆえに，企業統治準則は，支配株主が指名する取締役・監査役候補者は，関連の専門知識，政策決定・監督能力を具えていなければならないという言わずもがなの規定をおかざるを得なかったのであろう。

もう一つは，上場会社に対する支配株主の干渉・介入の問題である。上場会社は，国有企業の子会社である場合が多いが，支配株主たる国有企業が，上場会社の経営に介入し，上場会社がもっぱら支配株主たる国有企業の利益のために運営されることが少なくないことである。

そのため，上場会社企業統治準則は，支配株主が上場会社の意思決定に直接関与することを禁止し，支配株主と上場会社の人員・資産・財務に関する分離・独立を求めている。しかし，それらの規定の多くは，支配株主の権限行使のあり方についての当為を抽象的に述べているにすぎず，違反した場合の支配株主の責任について触れるところがない。

　また，こうした支配株主の不当な影響力行使を防止するために，1％以上の少数株主にも候補者指名権のある独立取締役制度を導入し，取締役会の監督機能の強化を図ろうとしている。しかし，この独立取締役も，結局は，株主総会で選任されるため，どこまで支配株主から独立した存在となりうるかは疑わしい[13]。

3. 支配株主が苦手な伝統的理論

　このように，支配株主は株式会社の「暴れ者」であるが，そうした「暴れ者」に対して，韓国でも中国でも，程度の差はあれ，不十分な規制しか行われていない。伝統的理論の枠組みで現状を分析すれば，そうした結論になりそうである。

　しかし，そうした分析だけでは，以下のような事情はこぼれ落ちてしまうことになる。一つは，支配株主がいることの企業にとってのアドバンテージとは何かに関わる。通貨危機で深い痛手を被り，コーポレート・ガバナンス改革を進めた韓国は，その後予想を超える速いスピードで通貨危機を克服し，2001年8月にはIMFの管理体制から抜け出した。「IMFの模範生」とまで評価された見事な復活劇を，なぜ演じることができたのか。企業，金融，労働，公共の分野にわたる，国家的規模の壮大な改革の成果を一つの理由だけで説明するつもりはないが，改革のスピードの速さは，財閥という支配株主の存在と無関係ではないように思われる。

　支配株主がいることのアドバンテージは，企業運営の効率性であろう。支配株主による一体的な意思決定が強固にかつ迅速に行われれば，効率的な企業運営が可能になるからである。こうした側面をも織り込んで分析していかなければ，財閥による会社支配の実相に近づいたことにならないのではあるまいか。

もっとも，支配株主が存在すれば，当然に効率的な企業運営が期待できるわけでないことも真実である。中国では，国家という絶対的な支配株主が存在するが，中国の国有企業から効率性を連想する人は少ないであろう。
　中国の国家としての支配株主が，効率的な企業運営をなしえないでいる最大の理由は，支配株主といっても名ばかりで，実態は多くの行政組織あるいは共産党組織の寄り合い世帯にすぎないというところにある。支配株主としての権限は，実際には，国務院の各部門によってバラバラに行使され，支配株主としての一体的な意思形成が強固にかつ迅速に行われていないのである。
　前述の第3の行政改革は，まさしく，この点の改善を図ろうとするものと言える。この行政改革をどのように評価するか。この行政改革を，「政治的問題」としてではなく，企業の効率性改善という「財産法」の観点から評価していくことは，十分に可能であり，また必要なことではあるまいか。
　伝統的理論が支配株主をとらえきれていないと感じさせるもう一つの事情は，支配株主を規制するためのツールに関わる。前述のごとく，韓国でも中国でも，程度の差はあれ，支配株主の規制は不十分とされる。しかし，その不十分さは，規制が不徹底であったことに因るのではなく，むしろ，伝統的理論がそもそも支配株主の規制に有効なツールを提供していないことに因る場合も少なくないと考える。
　中国においては，前述のごとく，国家という支配株主の代行者，国家という支配株主の代理人である国有企業経営者，その国有企業によって選任される子会社上場会社の経営者，その多くは行政官僚・公務員である。その彼らが行動に際して，企業の原理よりも行政組織の秩序原理を優先しがちであるのは，伝統的理論のもとでは，支配株主あるいは支配企業は，会社の「所有者」であるゆえに，そもそも法的義務を負わないとされていることと深く関係しているように思われる。つまり，何をなすべきかの指針となる「法的義務」がないために，企業原理よりも行政原理を優先させたところで問題はないと考えられているのではあるまいか。
　また，支配企業と従属企業の関係性をどのように捉えるか。伝統的理論は，相互に自立した企業間の関係になることを強調する。支配株主による子

会社経営への関与禁止を強調する上場会社企業統治準則は，そうした考え方を反映していると言える。しかし，そうした伝統的理論の前提が，はたして企業グループの経済合理性と適合するものであるかは，実は検証されているとはいえない。むしろ，現実の企業間関係は，この伝統的理論の前提とはまったく異なるとも言われる。

　中国会社法は，経営方針あるいは投資計画のような経営マター（業務執行事項）についても株主総会に決定権限を認めている。このことを基本にして企業間関係を考えると，はたしてどのような仕組みが合理的と言えるのか。こうした中国法の規定は，「経営の規律付け」に特化する会社法が切り捨ててきたところに，なお現実の企業の重要な課題が残っていることを想起させるものであり興味深い。

　伝統的理論は，こうした支配株主のもつ多様な側面を直視してきたとは言えない。伝統的理論は支配株主の取り扱いが苦手であるようにみえる。

第3節　会社支配のコーポレート・ガバナンス

　それでは，なぜ，伝統的理論は，支配株主の取り扱いが苦手なのであろうか。

　その疑問は，これまでのコーポレート・ガバナンス論では，「経営のガバナンス」ばかりが論議され，「支配株主の規律付け」が論じられてこなかったのはなぜなのか，という疑問と必然的につながる。

　その問題を理論的に解明しようとすると，一挙に一般理論の領域に入っていかざるを得なくなる。「株式会社とは何か」という株式会社の基本的仕組みそのものに目を向けざるを得ないからである。本章の冒頭で，東アジアのコーポレート・ガバナンスが，これまでのコーポレート・ガバナンス論の限界を浮き彫りにすると述べたのは，このように，株式会社の一般理論のあり方を問い直す契機を与えてくれるからである[14]。

1. 取締役選任決議に関する2つの解釈論

株式会社は，所有と経営の2つの要素で成り立っている。この所有と経営の2つの要素を結びつけているのが，株主による経営者（取締役）の選任である。日本の商法254条1項（会社法329条1項）は，「取締役は株主総会において選任する」と定める。これは万国共通の定め方と言える。

ところが，この規定については，二通りの解釈が可能である。第1は，文字通り，株主総会で株主が経営者（取締役）を選任し，経営者（取締役）に経営を委任すると解釈するものである。これまでの伝統的理論の立場である。

これに対して，第2は，株主総会での経営者（取締役）選任決議において，株主がいったん資本多数派に企業運営を任せるプロセス（第1のプロセス）と，資本多数派が自らの意思で選任した経営者（取締役）候補者に経営を任せるプロセス（第2のプロセス）という2つのプロセスが同時に行われると解釈するものである。本章の立場である。

このように解釈が二通りに分かれる原因は，株式会社における資本多数決制度を重視するか否かにある。資本多数決制度を単に株主総会における決議方法で，技術的意味しかもたないと「軽く」解釈するときには，第1の解釈を採ることになる。

これに対して，資本多数決制度は持分払戻禁止制度と一体となって，株式会社に特有な資産管理の仕組みを形成していると解するときには，第2の解釈を採るのがむしろ自然となる。

この第2の解釈によると，株主から企業運営を任された資本多数派は，自分の意思で選んだ経営者に経営を任せるのであるから，結局，企業は，資本多数派と経営者（取締役）のチームによって運営されていくとみることになる。

株式会社には，議決権制度，資本多数決制度，そして持分払戻禁止制度があるが，これらの制度が一体となって，資本多数派と経営者がチームを組んで企業を運営していく制度的仕組みを作り出していると解釈するのである。ここでは，この制度的仕組みを，「資本多数決原理を利用した資産管理の仕

組み」と呼ぶことにする。

2．経営統括（管理）の機能の牽制と活性化

　ところで，株主が資本多数派に企業運営を任せ，資本多数派が経営者（取締役）に経営を任せると解するとき，株主が資本多数派に任せる企業運営とは何か。

　ここで，株主が資本多数派に任せる企業運営とは，経営統括（管理）という機能と経営という機能の2つを含んでいる。資本多数派は，そのうち経営を経営者（取締役）に任せるため，結局，株主が資本多数派に任せる固有の任務は，経営統括（管理）の機能（権限）ということになる。

　経営統括（管理）とは，一体性のある経営体制を作ることである。一体性のある経営陣を選任し，経営体制を構築することで，企業を統括していくことが経営統括（管理）である。どのような企業とするのか，どのような経営者（取締役）がふさわしいのか，どのような役割分担で経営体制を作るのか，という企業にとってもっとも基本的で重要な判断がそこでは問われることになる。

　そうした企業にとってもっとも基本的で重要な判断を，資本多数派に委ねるというのが，「資本多数決原理を利用した資産管理の仕組み」なのである。

　それゆえ，当然のことながら，経営統括（管理）の機能を担う資本多数派は，一体性のある経営体制を作り上げていくのに必要な権限をすべて有することになり，企業組織において，きわめて強力な地位を占めることになる。

　もちろん，この強大な権限は，効率的な経営体制を作るために認められたものであるが，資本多数決を形成しうる限り，その強大な権限は常に維持されることになる。もっともこの強大な権限は企業運営の過程で不適切に行使されるおそれもある。したがって，この強大な権限を牽制・抑制しうる機構・仕組みは，不可欠である。

　ところが，現在そうした牽制・抑制の仕組みは，まったく存在しない。現在会社法で監督機関（取締役会）あるいは監査機関（監査役）が設けられているが，これらの監督・監査機関が，この牽制・抑制の役割を果たすことは困難である。なぜなら，この監督・監査機関を構成する取締役・監査役は，

株主総会の資本多数決決議で選任されるが，それはとりもなおさず，経営統括（管理）の機能を掌握している資本多数派によって選任されることを意味するからである。

なぜ，かかる強力な機能・権限が見落とされているのか。それは，すでに述べたように，株式会社制度における資本多数決制度の重要な意義・機能を軽視し，第一の解釈論の立場に立つときには，経営統括（管理）の機能を認識できなくなるからである。

このように考察してくると，韓国法および中国法において，支配株主の規制が不十分であることの最大の原因は，伝統的理論の基本的枠組み自体にあることになる。経営統括（管理）の機能を認識し，この経営統括（管理）を牽制・抑制できる仕組みを構築することがコーポレート・ガバナンスの要諦である。それによってはじめて支配株主の規律付けが可能になるのである。これまでのコーポレート・ガバナンス論は，経営の規律付けを重視し，支配株主の規律付けを軽視してきたが，むしろ，支配株主の規律付けがコーポレート・ガバナンスの基本となるべきである。

第4節　最後に——「管理のガバナンス」と企業の課題——

1．会社支配の類型

このように支配株主の規律付けが基本であるべきだが，支配株主が存在しない場合には，どうなるのか。結論から先に言えば，支配株主が存在する場合だけでなく，支配株主が存在せず，いわゆる経営者支配が行われている場合にも，本章で述べた「支配株主の規律付け」は必要である。支配株主はいなくても，支配株主の代役を務める者がいるからである。

そのことを明らかにするために，会社支配の観点から企業を類型化し，どのような類型の企業に「支配株主の規律付け」が必要であるか，逆に，どのような類型の企業には「支配株主の規律付け」が不要であるかを，検討してみたい。

まず，第1は，理想的な所有者支配の場合である。株式が均等に分散し，どの株主も同等の力を持っており，しかも，すべての株主が自律的で，経営に積極的な関心をもっていると想定する（第Ⅰ類型）。この類型では，株主は株主総会に出席し，十分な議論のもとに最良の意見に従って，経営者を選任することになる。

第2は，経営者支配の場合である。株式が高度に分散し，株主は経営に無関心で，実質的には経営者が経営者を選んで企業を運営している（第Ⅱ類型）。この類型は，公開会社に多くみられるものである。

第3は，多数派支配の場合である。多数の株式が保有する支配株主（あるいは支配株主グループ）がおり，この多額の出資リスクを負担する支配株主が積極的に企業運営に関与することを想定する（第Ⅲ類型）。韓国の財閥による会社支配は，この類型に含めることができよう。

第4は，いわゆる内部者支配と呼ばれる場合である。株式が集中し支配株主は存在するが，支配株主の地位が，出資リスクを負担しない内部者（官僚・党幹部など）によって代行されている場合である（第Ⅳ類型）。中国の国家による会社支配は，この類型に含まれる。この類型では，支配株主の代行者が経営者（取締役）を選任することになる。

第5は，株式持合いによる会社支配の場合である。株式の相互保有と社長会を基礎にして，経営者が，会社を支配していると想定する（第Ⅴ類型）。日本では，この株式持合いは大きく減少しつつあるが，少なからざる部分で今なお維持されていると言える。

2．「支配株主の規律付け」＝経営統括（管理）の規律付け

会社支配の観点から見たこれらの5つの類型のうち，第Ⅲ類型と第Ⅳ類型は，支配株主が存在する場合である。したがって，これらの類型で，「支配株主の規律付け」が必要であることは，理解しやすいことと言える。

それでは，第Ⅱ類型のように，支配株主が存在せず，いわゆる経営者支配の状態にある会社でも「支配株主の規律付け」は必要か。

すでに述べたように，本章に言う「支配株主の規律付け」とは，「経営統括（管理）の規律付け」を意味している。この経営統括（管理）の機能を担

うことのできる者は，資本多数決を現実に形成・管理できる者である。多数の株式を有する支配株主であれば，当然に，資本多数決を形成・管理できる。しかし，経営トップもまた，多数の委任状を集めれば，資本多数決を形成・管理できるので，経営統括（管理）の機能を担うことができる。

となると，第II類型の企業においては，経営者トップには，経営者としての側面と，経営統括（管理）者としての側面とがあることになる。経営者としての役割には，「経営のガバナンス」で対応しうるが，経営統括（管理）者としての役割には，「経営統括（管理）のガバナンス」で対応しなければならない。

株式持合いの第V類型においても，第II類型と同様に，経営トップが経営統括（管理）の機能を担うことになる。ただ，第II類型とは異なり，第V類型では，経営トップは，株式持合いと社長会を利用して資本多数決を形成・管理できるので，株主からの委任状に依存せずに，経営統括（管理）の機能を形成できるのである。

したがって，この第V類型の場合においても，経営統括（管理）の機能を牽制・抑制しうる機構・仕組みが必要ということになる。

3．「経営のガバナンス」のみで足りる場合

それでは，逆に，株式会社では，常に「経営統括（管理）のガバナンス」が必要かと言えば，そうとも言えない。前述の第I類型の場合には，「経営統括（管理）のガバナンス」は必要でなく，「経営のガバナンス」だけで足りるからである。

なぜ，第I類型では，「経営統括（管理）のガバナンス」が不要か。それは，第I類型では，株主が等質で，自律的と想定されているため，誰も資本多数決を形成・管理できず，経営統括（管理）という機能が働く余地がないからである。

すなわち，すべての株主が等質で，自律的である場合，一株式一票の資本多数決で決めるといっても，実質的には，一人一票の頭数多数決で決めるのとまったく変わらないことになる。つまり，この第I類型では，資本多数決制度は特別な意味をもたないことになり，資本多数決制度を前提とする経営

統括(管理)が機能しているとは言えなくなるからである。経営統括(管理)が機能しない以上,経営統括(管理)の機能を牽制・抑制するための仕組みも不要となるのである。

かくして,第Ⅰ類型の場合,「経営統括(管理)の規律付け」あるいは「支配株主の規律付け」は,妥当しないことになる。もっとも,こうした株式会社が,現実に存在するかは,極めて疑わしい。米国の機関投資家主導型の株式会社は,これに近いように見えるが,機関投資家を等質で,自律的な株主とみてよいか疑問と言わざるを得ない。

4．東アジアのコーポレート・ガバナンスの課題

このように,現実の世界には,第Ⅰ類型の企業は存在するとは思われないが,会社法学の世界では,むしろ,この第Ⅰ類型の会社を想定して,会社法の理論が構成されていると言える。これまでのコーポレート・ガバナンス論が,「経営のガバナンス」ばかりを論じ,「支配株主の規律付け」を軽視していることも,これまでの伝統的な会社法理論が,第Ⅰ類型の会社を想定して展開されてきたことを裏付けるものと言える。

しかし,資本多数決が頭数多数決と同じ意味しかもたないきわめて特異な状況にある株式会社を理念型として,会社法理論を構成することが,はたして適切と言えるであろうか。

会社法は,どのような理念型を想定して組み立てられようと,あらゆるパターンの会社に適用されることになる。とすれば,できるだけ,多様なパターンを包括できる理念型を想定して,会社法を組み立てるのが望ましいはずである。

本章のように,資本多数決制度が重要な役割を果たす企業を理念型として会社法を組み立てる場合,その会社法は,第Ⅱ類型から第Ⅴ類型の企業に対応できるばかりでなく,第Ⅰ類型の企業に対しても,たまたま資本多数決が頭数多数決と同じ意義しかもたない変形の場合として,対処可能である。

しかし,伝統的理論のように,資本多数決制度が意味を持たない第Ⅰ類型の企業を理念型をして想定して会社法を組み立てると,その他の第Ⅱ類型から第Ⅴ類型のように資本多数決制度が意味を有する企業については,第Ⅰ類

型の変形として処理することができないことになる。こうした点で，第Ⅰ類型を理念型とする会社法は，柔軟性を欠くと言わざるを得ない。

韓国における財閥による会社支配，中国における国家による会社支配という現実に対して，コーポレート・ガバナンス改革が程度の差はあれ難行している大きな理由は，この伝統的な会社法理論の柔軟性の欠如にあると考える。

［森　淳二朗］

注
1) 梁東錫「韓国における財閥改革と支配構造の改善」志村治美編『東アジアの会社法――日・中・韓・越の現状と動向――』（法律文化社，2003年），249頁。
2) 3) 岩井克人『会社はこれからどうなるか』（平凡社，2003年），208頁。
4) この問題について，幅広い観点から検討するものとして，稲上毅・森淳二朗編『従業員とコーポレート・ガバナンス』（東洋経済新報社，2004年），がある。
5) 梁奉鎭『甦る韓国，安楽死する日本』（竹村出版，2003年），18-25頁。
6) 本章では，韓国の法制に関しては，王舜模・本書第4章論文ならびに現地調査に加えて，以下の文献を参考にした。李範燦『比較企業法講義――日・韓会社法の比較――（第2版）』（三和院，2003年），志村治美編・前掲書，早稲田大学日中韓商事法シンポジウム委員会編『日本・中国・韓国における会社法・証券取引法の変革と新たなる展開』（成文堂，2000年），を参照した。
7) 本章では，中国の法制に関しては，李黎明・本書第1章論文，張徳霖・本書第2章論文，杜鋼建・本書第3章論文ならびに現地調査に加えて，西村幸次郎編『グローバル化のなかの現代中国法』（成文堂，2003年），志村編・前掲書，川井伸一『中国上場企業――内部者支配のガバナンス』（創土社，2003年），早稲田大学日中韓商事法シンポジウム委員会編・前掲書，清河雅孝監訳『中国商事法法規集』（中央経済社，2001年），を参考にした。
8) 李範燦「韓国株式会社の運営・管理機構の現状と課題」早稲田大学日中韓商事法シンポジウム委員会編・前掲書84頁。
9) 李範燦・前掲論文89頁。
10) 梁奉鎭・前掲書47頁。
11) 王舜模・本書第4章131頁。
12) 13) 川井・前掲書第4章・7章参照。
14) 詳しくは，森淳二朗「企業理論と従業員活用型コーポレート・ガバナンス」稲上・森編・前掲書所収，を参照されたい。

あとがき

　本書は，財団法人アジア太平洋センター第8期自主研究8Bプロジェクト「アジアのコーポレート・ガバナンス――中国・韓国・日本における現状と課題――」の研究成果をまとめたものである。

　財団法人アジア太平洋センターは，福岡市により設立され，アジア太平洋地域における「異なる文化理解」と「地方発展」を基本テーマとし，国際的な学術研究交流を推進してきた。2004年4月に福岡市設立の財団法人福岡都市科学研究所と統合し，財団法人福岡アジア都市研究所として都市政策を研究し，将来の都市戦略を考える研究機関として新たなスタートを切っている。

　8Bプロジェクトは2002年より2年間にわたって実施されたもので，アジアのコーポレート・ガバナンスについて，中国及び韓国における取り組みを中心にベンチャー企業及び合弁企業のあり方をも含めた幅広い観点から，真にアジアの企業・国・地域・人に豊かさをもたらしうるガバナンス・システムとはどのようなものであるかを考察した。

　このプロジェクトでは，数回にわたって現地調査や研究会を実施し，これらを通じて，関係国の研究機関及び研究者同士の相互理解も一層深められ，新たな交流のネットワークが広がっている。

　ここにあらためて本プロジェクトに参加された先生方にお礼を申し上げるとともに，プロジェクトの企画段階から実施に至るまで，さまざまなご教示，ご協力をいただいた各団体及び関係者の方々に，この場を借りて心からお礼申し上げる次第である。

　なお，本書の出版にあたっては，藤木雅幸編集長をはじめとした財団法人九州大学出版会の方々にご尽力をいただき，多大な労をおかけした。ここに関係者を代表して心から感謝の意を表したい。

　　　　　　　　　　　　　　　　　　　財団法人福岡アジア都市研究所
　　　　　　　　　　　　　　　　　　　会長　石川　敬一

巻末資料

㈶アジア太平洋センター
自主研究8Bプロジェクトの概要

[研究テーマ]
アジアのコーポレート・ガバナンス――中国・韓国・日本における現状と課題――

[趣旨／目的]
　企業システム，とりわけコーポレート・ガバナンスのあり方は，企業の富の創造や国際競争力を左右するばかりでなく，その国・地域の経済成長にも大きな影響を及ぼしている。市場経済体制に移行した中国は，1993年の会社法制定後，コーポレート・ガバナンスの抜本的な改革を断行し，企業は飛躍的な発展をみせている。また，韓国も1997年の通貨危機をきっかけに企業法制度の構造改革に踏み切っている。このようにコーポレート・ガバナンスと企業の活力は密接に関わっており，アジア諸国におけるスキームとの比較を通じて，日本のコーポレート・ガバナンスの取り組み方を再検討する必要がある。
　現在，市場経済の急速なグローバル化を受けて，コーポレート・ガバナンス改革は米国モデルに同化していかざるを得ないとする論調が支配的になっている。しかしながら，本プロジェクトでは，ベンチャー企業及び合弁企業のあり方をも含めた幅広い観点から，アジアのコーポレート・ガバナンスの多様性を分析し，真にアジアの企業・国・地域・人に豊かさをもたらしうるガバナンス・システムとはどのようなものであるかを模索していくことを目的とする。

[研究会構成]　　　　　　　　　＊所属・役職などは2004年3月31日現在，順不同
（研究主査）　森　淳二朗　福岡大学法学部教授
（共同研究者）末永　敏和　大阪大学大学院法学研究科教授
　　　　　　　砂田　太士　福岡大学法学部教授
　　　　　　　髙橋　公忠　九州産業大学商学部教授
　　　　　　　李　　黎明　九州大学大学院法学研究院助教授
　　　　　　　　　　　　　北京大学法学院副教授（中国）
　　　　　　　王　　舜模　慶星大学校法学大学法学科副教授（韓国）

（顧　　問）　張　德　霖　国務院国有資産監督管理委員会政策法規局局長
　　　　　　　　　　　　　　　　　　　　　　　　　　　　　　（中国）
（特別研究者）杜　鋼　建　国家行政学院公共管理教研部教授（中国）
［研究期間］
　　2002年4月1日～2004年3月31日

自主研究8Bプロジェクト活動実績

[第1回研究会]
　　実施日：2002年4月27日
　　会　　場：アジア太平洋センター会議室
　　内　　容：研究概要説明，意見交換

[第2回合同研究会]
　　実施日：2002年6月30日
　　会　　場：アジア太平洋センター会議室
　　内　　容：研究進捗状況報告，意見交換

[北京現地調査]
　　実施日：2002年9月8日～9月13日
　　場　　所：中国北京市，河北省廊坊市
　　内　　容：国家経済貿易委員会，中国航天科工集団公司，北京大学，廊坊経済
　　　　　　　技術開発区等ヘヒアリング調査

[第3回合同研究会及び韓国現地調査]
　　実施日：2002年10月23日～10月26日
　　場　　所：韓国釜山特別市，ソウル特別市
　　内　　容：研究進捗状況報告，現地調査（慶星大学校，韓国上場会社協議会）

[第4回研究会]
　　実施日：2003年5月7日
　　会　　場：アジア太平洋センター会議室
　　内　　容：今後の研究活動について意見交換

[第5回合同研究会及び中国現地調査]
　　実施日：2003年10月11日～10月17日
　　場　　所：中国北京市，上海市
　　内　　容：中国青年政治学院にて現地研究者との共同研究会，ベンチャー企業，

北京第二中級人民法院，上海証券交易所等へヒアリング調査

［第6回合同研究会］
　実施日：2004年1月12日
　会　場：アジア太平洋センター会議室
　内　容：研究報告及び最終原稿について意見交換

［国際研究交流会議］
　本研究をより広い観点から討議し，研究関連情報を広く市民等に還元するため，研究メンバーを中心にシンポジウムを開催
　実施日：2004年1月13日
　会　場：福岡市役所講堂
　内　容：躍進する中国企業VS進出する日本企業
　　〈第1部　基調講演・現地報告〉
　　　基調講演：「中国における企業改革の現状と展望」
　　　　張　德　霖氏（8Bプロジェクト顧問）
　　　現地報告：「廊坊経済技術開発区における日系企業の課題」
　　　　恩　永　中氏（中国：廊坊経済技術開発区管理委員会副主任）
　　〈第2部：パネルディスカッション〉
　　　コーディネーター：
　　　　　森　淳二朗（8Bプロジェクト研究主査）
　　　パネリスト：末永　敏和（8Bプロジェクト共同研究者）
　　　　　　　　　砂田　太士（8Bプロジェクト共同研究者）
　　　　　　　　　髙橋　公忠（8Bプロジェクト共同研究者）
　　　　　　　　　李　黎　明（8Bプロジェクト共同研究者）
　　　　　　　　　王　舜　模（8Bプロジェクト共同研究者）
　　　　　　　　　張　德　霖（8Bプロジェクト顧問）
　　　　　　　　　恩　永　中
　　　　　　　　　　　（中国：廊坊経済技術開発区管理委員会副主任）

編著者紹介

森　淳二朗（もり　じゅんじろう）
1944 年生まれ
京都大学法学部卒業　京都大学大学院法学研究科修士課程修了
大阪府立大学経済学部助教授，九州大学法学部教授を経て 2003 年 4 月より福岡大学法学部教授。現在は福岡大学法科大学院教授。
主な著書
『従業員とコーポレート・ガバナンス』（共編著，東洋経済新報社，2004年），『会社法（第 9 版）』（共編著，有斐閣，2005 年），『商法総則・商行為法』（共編著，有斐閣，1996 年），『商法総則・商行為法』（共編著，法律文化社，1992 年），『企業ビジネスと法的責任』（共編著，法律文化社，1999 年）。

執筆者紹介

森　淳二朗（もり　じゅんじろう）……………………………序章，終章

李　黎　明（り　れいめい）………………………………………第1章
　九州大学大学院法学研究院助教授
　北京大学法学院副教授（中国）
　（8Bプロジェクト当時。現在は福岡大学法学部助教授）

張　德　霖（ちょう　とくりん）…………………………………第2章
　国務院国有資産監督管理委員会政策法規局局長（中国）

杜　鋼　建（とう　こうけん）……………………………………第3章
　国家行政学院公共管理教研部教授（中国）
　（8Bプロジェクト当時。現在は汕頭大学教授）

王　舜　模（ワン　スンモ）……………………………第4章，第7章
　慶星大学校法学大学法学科副教授（韓国）

末永　敏和（すえなが　としかず）………………………………第5章
　大阪大学大学院法学研究科教授

髙橋　公忠（たかはし　きみただ）………………………………第6章
　九州産業大学商学部教授

砂田　太士（すなだ　たいじ）……………………………………第8章
　福岡大学法学部教授

〈アジア太平洋センター研究叢書 15〉
東アジアのコーポレート・ガバナンス
──中国・韓国・日本における現状と課題──

2005年8月24日　初版発行

編著者　森　　淳二朗

発行者　谷　　隆一郎

発行所　(財)九州大学出版会
〒812-0053 福岡市東区箱崎7-1-146
九州大学構内
電話　092-641-0515（直通）
振替　01710-6-3677

印刷／九州電算㈱・大同印刷㈱　製本／篠原製本㈱

© 2005 Printed in Japan　　　ISBN4-87378-870-6

〈アジア太平洋センター研究叢書〉

1	タイの工業化と社会の変容 —— 日系企業はタイをどう変えたか ——	小川雄平 編著 A5判 158頁 2,800円
2	現代タイ農民生活誌 —— タイ文化を支える人びとの暮らし ——	丸山孝一 編著 A5判 240頁 3,200円
3	国土構造の日韓比較研究	矢田俊文・朴仁鎬 編著 A5判 440頁 5,000円
4	アジアの都市システム	松原 宏 編著 A5判 352頁 3,400円
5	地域企業のグローバル経営戦略 —— 日本・韓国・中国の経営比較 ——	塩次喜代明 編著 A5判 308頁 3,200円
6	アジアの社会と近代化 —— 日本・タイ・ベトナム ——	竹沢尚一郎 編著 四六判 324頁 2,800円 (日本エディタースクール出版部刊)
7	アジア都市政府の比較研究 —— 福岡・釜山・上海・広州 ——	今里 滋 編著 A5判 396頁 3,800円
8	高齢者福祉の比較文化 —— マレーシア・中国・オーストラリア・日本 ——	片多 順 編著 A5判 220頁 2,800円
9	中国東北の経済発展 —— 九州との交流促進をめざして ——	小川雄平 編著 A5判 232頁 2,800円
10	21世紀の観光とアジア・九州	駄田井 正 編著 A5判 232頁 2,800円
11	アジア太平洋時代の分権	薮野祐三 編著 A5判 188頁 2,800円
12	台湾における技術革新の構造	永野周志 編著 A5判 270頁 2,800円
13	民族共生への道 —— アジア太平洋地域のエスニシティ ——	片山隆裕 編著 A5判 306頁 2,800円
14	雲南の「西部大開発」 —— 日中共同研究の視点から ——	波平元辰 編著 A5判 256頁 2,800円

(表示価格は税別)

九州大学出版会